センスメーキング
イン
オーガニゼーションズ

カール・E・ワイク著
遠田雄志・西本直人訳

文眞堂

SENSEMAKING IN ORGANIZATIONS
by
Karl E. Weick
© 1995

by Sage Publications, Inc. All Rights Reserved.
Japanese Translation rights is arranged
with Sage Publications, Inc. in California
through The Asano Agency, Inc. in Tokyo.

訳者まえがき

　ある未開の地に 2 人の靴のセールスマンが派遣された。現地に着き，そこの人びとがみな裸足でいるのを見て，一方のミスター・ダイタンは「とりあえず 1 万足至急送れ」と本社に打電した。他方のミスター・ショシンは「見込みなし，すぐ帰る」と打電した。これはとくにビジネスマンにはよく知られている寓話である。ところが，これは「センスメーキングとは何か？」「センスメーキングがいかに大事か」を教えてくれる格好の話なのである。

　ミスター・ダイタンは，裸足で歩く人びとの姿に未来の経済開発のイメージをダブラセて，靴の潜在需要がきわめて大きいと見なした。一方のミスター・ショシンは，同じ裸足の人びとの姿にこれまでの長い未開の歴史を重ねて，現在の需要はおろか将来の需要も無しと読んだのである。裸足の姿に，何を見るか，何を感じ取るか，何をセンスするか，すなわち何をセンスメーキングするか。同じ裸足の姿に，ミスター・ダイタンは靴の無限の潜在需要をセンスメーキングし，他方のミスター・ショシンはゼロの潜在需要をセンスメーキングしたのである。

　話はまだ続く。2 人のセールスマンのセンスメーキングがこうも違えば，当然その後の本社の意思決定もアクションも違ってくる。その結果，現地の人びとの足下が変わってくるかもしれないし，本社のビルも増築されるかもしれない。センスメーキング恐るべし，である。

　長びくこの平成不況に日本の経営者は何をセンスメーキングしているのか。みなミスター・ショシンになっているのではないか。

　今や，デシジョン・メーキング大事の時代からセンスメーキング大事の時代に移っている。マネジメントや経営学もポスト・デシジョンというかポスト・モダンの時代を迎えている。

　そのポスト・モダンマネジメントの旗手が K. E. ワイクである。そのワイクの 2 冊目の著書が *Sensemaking in Organizations*, SAGE Publications,

1995,で本書はそれを全訳したものである。組織でのセンスメーキングの特性,実態,留意点それに心構えまでが,理論と実践の両面からくわしく述べられている。

　読者は,良きセンスメーキングができるよう本書を通じて良きセンスを養ってほしい。そうすれば,一億総ミスター・ショシンが構築した平成不況も変わってくるかもしれない。

　翻訳は,第1章・第5章・第8章を遠田雄志が,第2章・第3章・第4章・第6章・第7章を西本直人がそれぞれ分担して行ったが,解釈や訳語それに表現は極力統一したつもりである。なお,難解な英文の解釈においては,今回も麻布大学Patrik Collins氏にいく度となく助けていただいた。記して感謝する。最後に,本訳書の出版に多大な尽力をいただいた文眞堂企画編集長前野隆氏およびセンスあるカバーを製作してくれた南風舎社長小川格氏に,両氏とも再度感謝する。

　追記：センスメーキングの種子をまくために本書と連動した形のホームページを,共訳者の西本直人が作りました。本書を読み終えた後立ち寄っていただき,ご意見・ご感想などお寄せいただければ幸いです。(センスメーキング　イン　オーガニゼーションズ　HP：http://www.i.hosei.ac.jp/~enta/)

　2001. 2. 9

遠　田　雄　志

序　文

　Lave and Wenger（1991）の"正統的周縁参加（周縁がいつとはなしに中心になっていること——訳者注）"という概念は，学習とは認知の徒弟修行であるという一面を見事に捉えているが，本書もそうありたいと願って書かれている。本書の主題であるセンスメーキングは，一塊の知識としてよりも，むしろ説明力のある一連のアイディアの展開として述べるのがもっともふさわしい。つまり，センスメーキングは，本書で述べているように，進行中の会話という形式において存在するのである。学問的対象としてのセンスメーキングということには新米の読者——とはいえ，その生涯のすべてがセンスメーキングに携わっているのだが——は，初め会話の周縁に置かれることになるだろう。しかし，読者が"先輩"の意図していることや，会話を理解するどころか豊かにしながら自分を表現できるのだとわかるにつれて，こうした状態は変わってゆく。言い換えるなら，センスメーキングの会話がどのようにイメージを作り上げるのかがよくわからないまま，あなたは会話の中に投げ込まれるが，話を聞いているうちに，パターンを理解するだけでなく，パターンを創造さえし始めるだろう。あなたは，周縁から中心に移行しているのである。

　本書を熱心に読み，いったんそれを横に置き，あなたが選んだトピックスについて考えるとき，あなたがそれをセンスメーキングに関連するものとして，たとえ短時間でも考えられるようになって欲しいと思って本書は書かれている。本書の諸々のイメージがまだ新鮮なうちに溢れ出てくる泡沫（うたかた）の思考こそ，本物のセンスメーキング的思考である。それは，アルゴリズムとしてではなく一群のヒューリスティクスとして考えるべき心の枠組みについての心の枠組みである。そのように信じるがゆえに，センスメーキング的思考を大雑把なガイド，それも読者が自在に応用できるガイドとして述べているのである。こうしたアプローチは，図らずも，本書の数々の引用にうかがえ

る。解釈を扱っている本が，もし引用された著者の言わんとするところのニュアンスを消し去り，読者の解釈を妨げ，多様な読みを抑えるような書き方をしているとすれば，それは噴飯ものである。

　本書で述べていることはどれも，暫定ゆえのすわりの悪さを読者に感じさせるかもしれない。それは私の感じるところでもある。なぜそうなのか？本書もその一冊であるこの出版シリーズでは，これまでほとんど暗黙的でしかなかったことを明示的にしてみることと，それを研究者に提示することが目標とされているからだ，というのが最も考えられうる答である。誰にとってもあまりにもよく知られていることだが，暗黙知を知識（Ryle,1949）に変換することは，リスクの高い仕事である。それを知るからこそ，私は，進行中の会話に加わるというメタファー——たとえそれが実際の会話よりも説明過剰だとしても——を好んで使うのである。つまり，そのメタファーは，私が明示的にするものの豊穣さと微妙さを何ほどか保っている最良の表現法だと思っているのである。

　驚くほど多くの優れた人びとから長年にわたって恩恵を受けてきたことを思うと，私もまた進行中の会話の一部なのである。そうした会話の良きパートナーとなってくださった方々のリストを作成しようと思い立ったものの，すべてのお名前をここに挙げることはとうてい不可能である。そうした認識自体，有り余る敬意と感謝の印なのだが。とはいえ，せめて次の方々に感謝の言葉を贈らせていただきたい。本書の初期の草稿に助言いただいたことについては，Bob Sutton, Dennis Gioia, Kathleen Sutcliffe そして Karen Weick に感謝している。また，Sherry Folsom にはタイピングの労とその快活さに感謝している。他の多くの方々には，せめて本書が実り豊かな会話のきっかけとなり，生の躍動感を喚起するものであってくれればと願うばかりである。また，私ども夫婦は，Kirk, Kyle, Kris の三人の子供たちと同じ程愛しい本書が，他の方々の協力を頂いて，次の世紀を意味づけてくれることをとくに願っている。少なくともその出発点は愛であろう。

目　　次

訳者まえがき……………………………………………………………… i
序文…………………………………………………………………………iii

第1章　センスメーキングとは何か …………………………… 1
　　センスメーキングの概念………………………………………… 5
　　センスメーキングの特質………………………………………… 8

第2章　センスメーキングの7つの特性 ………………………22
　　1．アイデンティティ構築に根づいたプロセス………………24
　　2．回顧的プロセス………………………………………………32
　　3．有意味な環境をイナクトするプロセス……………………40
　　4．社会的プロセス………………………………………………52
　　5．進行中のプロセス……………………………………………59
　　6．抽出された手掛りが焦点となるプロセス…………………67
　　7．正確性よりももっともらしさ主導のプロセス……………76
　　まとめ………………………………………………………………84

第3章　組織におけるセンスメーキング ………………………86
　　センスメーキングの歴史的ルーツ………………………………87
　　組織のセンスメーキングの重要な資源…………………………89
　　組織のセンスメーキング的考察…………………………………95
　　ホーイックにおけるセンスメーキング ………………………104

第4章 センスメーキングのきっかけ …………………113
- センスメーキングのさまざまなきっかけ …………117
- あいまい性と不確実性 ……………………………124
- センスメーキングのきっかけの一般的特性 ………135

第5章 センスメーキングの実質 ……………………143
- 最小有意味構造 ……………………………………147
- まとめ ………………………………………………177

第6章 確信主導のセンスメーキング・プロセス ……178
- 議論としてのセンスメーキング …………………181
- 予期としてのセンスメーキング …………………193

第7章 行為主導のセンスメーキング・プロセス ……206
- コミットメントとしてのセンスメーキング ……207
- 操作としてのセンスメーキング …………………216

第8章 センスメーキングの未来 ……………………224
- 組織的センスメーキングのまとめ ………………225
- センスメーキングの未来；研究 …………………227
- センスメーキングの未来；実践 …………………240
- センスメーキングの心構え ………………………252

欧文参考文献 ……………………………………………262
和文参考文献 ……………………………………………283
人名索引 …………………………………………………286
事項索引 …………………………………………………293

第1章
センスメーキングとは何か

　誰もまともには受け取ってくれはしないだろうというおそれから，話すのをためらうような，とても信じがたい事柄に出くわしたとき，センスメーキング（意味形成，わかり方）ということがとりわけ問題となる。そうした時，人は心の中で，そんなことはありえない，ゆえに存在しないと考えるものだが，まさにそのような事柄の一つが幼児虐待症候群である。
　「幼児虐待症候群とは，幼児ときには乳児が受けた（多くの場合，頭，腕，足，肋骨の）外傷で，それに対する両親の説明も要領を得ない。というのは，その外傷は，そんなことは知らなかったとか，不慮の事故だったと偽る両親から受けた暴行によるものだからである」（Westrum, 1982, p.386）。外傷は多くの場合，X線によってしか発見することができず，そのことも手伝ってかこの症候群が医学界に認知され，最終的に国内のあらゆる州議会によって刑事罰の対象と規定されるまでに，かなり長い年月を要した。
　幼児虐待症候群（The Battered Child Syndrome；以下 BCS と略記する）は，1946年，小児科の放射線医であった John Caffey の論文で初めて触れられた。6症例を扱ったその論文の中で，いずれの親たちも，X線写真の中に見られる外傷がどうして生じたかについて言を左右にしていた。そのうちのいくつかは，はじめに観察されてから8年後に報告されたものだった。Caffey は，それらの事故を，受傷児の放置とか，"不適切な手当て" が原因だろうと推測した。その論文は，小児科のジャーナルではなく放射線学のジャーナルに掲載されたために，1950年代の半ばまでそれ以上の進展は何もなかった。1953年に Silverman による3症例の報告，続いて1955年

Wooley and Evans による12症例の報告,そして1957年再び,Caffey による報告があったが,医者たちはこの"専門家の死角"にいぜんとして気づきはしなかった。

1961年の10月,つまりアメリカ小児学会において Frederick Silverman 議長による"幼児虐待症候群"の公開討論会が行われるまで,そうした状態は変わらなかった。この討論会がなぜ重大であったかといえば,そこで77人の地方検事と71の病院とによる全国的な調査データが報告され,その報告で,実に749の症例が確認されたからである。その調査結果とそれに関する論説が,『アメリカ医療協会会報』に"幼児虐待症候群"というタイトルで掲載された。

公機関の反応は素早く,2,3年を経ずして全米50州で,BCSの疑いのあるケースは法律によって報告が義務づけられた。そして,報告制度がさらに整備された1967年までには,該当者が実に7,000人もいると推定された。この推定数は,1972年,60,000人に,1976年には500,000人にまで達した (Westrum, 1982, p.392)。

これのどの点がセンスメーキングの事例になるのか? まず第一に,進行中の事象の流れの中に誰かが何かに気づく。その何かとは,驚きという形であれ,辻褄の合わない手掛りの集合であれ,どこかシックリとこない何ものかである。第二に,その辻褄の合わない手掛りは,誰かがすでに過ぎ去った経験を振り返って見るときに光が当てられる。見るという行為は回顧的なものなのだ。第三に,もっともらしい推測(たとえば,両親が外傷を放って置いたからだ)が,その妙な手掛りを説明するために仕立てられる。第四に,推測を下した人はしかるべきジャーナルに論文という形でその推測を公表し,それが他者にとって医療という世界の環境の一部となる。彼ないし彼女が,(初めから"外在的に"存在していたのではなく)今気づくべくそこに存在する対象を創造するのである。第五に,その推測は広範囲な注目をすぐには引かない。というのは Westrum が言うように,その観察は小児科医でなく幼児の両親とは日ごろ社会的接触を持たない放射線医師によって最初にもたらされたからである。そのような接触いかんが,問題の構築や知覚にとって重要である。そして第六に,この例は,アイデンティティと世評の受

け止め方が色濃く出ているので，センスメーキング的なのである。Westrum が指摘するように，隠れた事象に関する周縁的な社会的知識は，広がるにしてもきわめて遅い。そうした事象を報知することに対する障碍があるからだ。専門家は，もしそのような現象が実際に生じたとしたら自分たちこそそれを知りえたハズで，その確率も高いハズだと思い込んでいる。Westrum はこれを"中心性の誤謬"と呼んでいる。つまり，私がその事象について知らないのだからそれは生じていてはならない，というわけだ。Westrum はそれについて次のように述べている，「この誤謬は，それに陥っている人の好奇心にブレーキをかけるばかりでなく，そうした人の心の中に問題への敵対的スタンスを創り出してしまうという点で，弊害以外の何ものでもない。小児科医が親に起因する精神的外傷（トラウマ）と診断するのに抵抗したのは，親というものの危険性に関する彼らの評価がきわめて間違っている可能性があることを彼らが信じようとしなかったからかもしれない」(p.393)。ことほどさように，BCS はセンスメーキングの一つの例なのである。なぜなら，それはアイデンティティ（identity），回顧（retrospect），イナクトメント（enactment），社会的接触（social contact），進行中の事象（ongoing events），手掛り（cues），そしてもっともらしさ（plausibility）という，第2章でさらに検討される7つの特性を含んでいるからである。

　それでもまだ問題が残っている。これらの事象のどの点が組織のセンスメーキングなのか？　第3章でより詳しく答える予定であるが，その概要だけは示しておく。BCS 症候群が発見された場は，いくつかの点で組織的なのである。比較的公式的な"集合行為のネット"（Czarniawska-Joerges, 1992, p.32）で共に結び付けられている相互連結ルーティンを通して働く小児科医と放射線医師は，子供たちの健康を守るための専門的仕事に従事している。医療に携わっている人びとは，役割，専門的知識それに能力についての理解を共有してはいたが，利害集団の移ろいゆく連合体としても行為している。そのルーティンや仲間内の理解それに役割がすみずみまで確立しているため，人びとは互換可能である。

　このような組織化はいずれも行為に調和をもたらすよう作用するが，センスメーキングには"見えざる手"として働く。後者の点は集合行為のネット

の直接の副産物で Westrum いうところの中心性の誤謬に明瞭に現れている。Westrum の観察を敷衍すると，緊密にネットワーク化された組織は，その密度ゆえに中心性の誤謬が助長され，かえってその緊密な結合が予期せざる足枷となる。"ニュース"を今しがた聞いた人が，そのような事象が存在するのなら自分こそもっと早く聞いていたハズだとの理由で，そのニュースは信用できないと結論され，ニュースの価値が割り引かれる。このメカニズムは看過できない。というのは，このメカニズムのために，情報技術のセンスメーキングに寄与する能力が情報技術についてのわれわれの**認識**によって殺がれてしまうからである。情報技術が発展していると考えられれば考えられるほど，その技術を通さぬものは信用されなくなる可能性が高くなる。情報システムが拡充されればされるほど，中心性の誤謬のために，新奇な事象に対する感度が鈍くなる。

　組織は，インセンティヴと測定という形の統制手段によって結びついている。このため，異常を報告するインセンティヴや，反対に報告しなかったことのペナルティーがセンスメーキングに影響を与える。Westrum（1982）言うところの「異常の観察や経験」（p.384）が頻繁に報告されれば，誰かが同じような異常を見つけたと報告するまでの短い間あいまい性が募るだろう。そして，異常が共有されるにつれて，有意味性が高まっていく。

　組織はまた，独自の言語とシンボルを有していて，それがセンスメーキングに重要な影響を及ぼす。BCS の事例でいえば，"不適切な手当て"という表現と"幼児虐待"という表現の明白な違いがそのことを示している。後者の表現は，自分の子供を殴ったり，殺したりしている親の生々しい姿を想像させる。そして，そのイメージは怒りと行為を起こさせるに十分である。より一般的にいえば，活き活きとした言葉は新しい可能性への注意を呼び起こすということ（Pondy, 1978）であり，より多様なイメージを喚起できる組織は，貧困な語彙しか持たない組織よりも適応的なセンスメーキングをするだろうということである。

　BCS は，一般的なセンスメーキングと組織的なセンスメーキングの両方の要素を持っている。それでは，それぞれのセンスメーキングをより詳細に検討しよう。

センスメーキングの概念

　センスメーキングとは実にうまいネーミングの概念である。というのは，文字通りそれは意味（sense）の形成（making）を表現しているからだ。能動的な主体が，有意味で（sensible），知覚可能な（sensable）（Huber & Daft, 1987, p.154）事象を構築する。彼らは「未知を構造化するのだ」（Waterman, 1990, p.41）。彼らが構築するものをどのように構築するのか，なぜ構築するのか，それがどんな作用をするのかといった問題が，センスメーキングに関心のある人びとにとって重要だ。センスメーキングの研究者はそれをさまざまに定義している。多くの研究者（たとえば，Dunbar, 1981; Goleman, 1985, pp.197-217）は，Starbuck and Milliken（1988）による明確な定義，すなわちセンスメーキングとはある種のフレームワークの中に異なるものを置くこと，という定義を用いている（p.51）。"準拠枠（frame of reference）"という良く知られた用語は，元来，解釈を方向づける一般化された視点を意味していた（Cantril, 1941, p.20）。人が何ものかをフレームワークの中に置けば，それを「把握，理解，説明，帰属，類推，予想することができる」（Starbuck & Milliken, 1988, p.51）。たとえば，戦略は「組織に意味，目的，方向性を与えるべく，情報の調達，生産，綜合，操作，そして伝播にかかわる」（Westley, 1990, p.337）フレームワークの一つとして用いられる。

　Meryl Louis（1980）は，戦略ではなくて新入社員の社会化をベースにして同じような概念化をした。彼女によれば，センスメーキングとは，驚きを説明するために回顧的な省察を用いる思考過程である。「センスメーキングは，経時的な一連の営みから構成される一つの循環サイクルと見なすことができる。そのサイクルの始まりは，将来の事象を予測するための無意識的・意識的な予想や仮定を形成するときである。やがて，人は予想とは食い違うような事象を経験する。そして，食い違う事象や驚きが引金となって，説明の過程，ここでは事後的説明すなわち食い違いの解釈が展開される過程が生

ずる。解釈や意味づけは，驚きが引金になっている。・・・意味は，差異の知覚や発見と同時に生ずるというよりもむしろ，センスメーキング過程のアウトプットとして驚きにあてがわれるものと解されるべきである」（Louis, 1980, p.241）。

　Louisによれば，異なるものをフレームワークの中に置くという活動は予想が外れたときもっとも顕著であるが，そのことはセンスメーキングが一部分，予期に関連していることを示唆している。予期が裏付けられないということは，ある種の進行中の活動が中断したことである。したがって，センスメーキングを理解することは，人びとがどのように中断に対処するかを理解することでもある。予期と中断の双方が関連しているということは，センスメーキングが組織の問題であることを示している。なぜならば，組織は既存の筋書きやルーティンそれにレシピの適切性に依存しているからである。たとえば，変化を予期している組織では，何事も起きないときに謎が生じるのだ。

　Starbuck，Milliken，WestleyそしてLouisによって描かれたセンスメーキング活動の要点は，異なるものをフレームワークの中に置くことであったが，他の研究者たちは置くという活動以外の多くの活動をも考慮に入れている。たとえば，Thomas, Clark, and Gioia（1993）は，センスメーキングを「情報探索と意味帰属と行為の相互作用」（p.240）として論じているが，それは環境スキャンニングと解釈と"それにともなう反応"のすべてを含んでいる。Sackman（1991）は，組織メンバーが事象に意味を帰属させるのに用いる**メカニズム**について述べている。そのメカニズムには，「一定の文化的背景の下で知覚し，解釈し，確信し，行為する際に典型的に使用される基準やルールが含まれる」（p.33）。Feldman（1989）は，「組織メンバーが，組織は何をしているのか，組織は何をうまく行い何を行えないのか，組織が直面している問題とは何か，そして組織はそれをどのように解決すべきか，といった組織の個性を理解しそれを共有するため」（p.19）に必要な解釈過程としてセンスメーキングを論じている。Thomas等やSackmanの研究は，センスメーキングにともなうものとして"行為"を強調しているが，Feldman（1989）は，次のように言っている。センスメー

キングはしばしば

> 行為に結びつかない。センスメーキングは，行為すべきではないとの洞察，あるいは事象や状況に関するもっと優れた理解こそ必要だとの洞察で終わることもある。さらには，センスメーキングが，あいまいな問題に関して，より多くの情報や異なった情報を組織メンバーにもたらすだけで終わるかもしれない。（p.20）

ある研究者たち（たとえば，Gioia & Chittipeddi, 1991, p.444を見よ）は，センスメーキングを私的で個人的な活動に限定して考えている。たとえば，Ring and Rands（1989）は，センスメーキングを「個人が自らの環境の認知マップを開発するプロセス」（p.342）と定義している。彼らはセンスメーキングを個人的な活動に限定してしまったので，相互的な活動に言及するときには**理解**という言葉を使用する。しかし，この区別は言うに易く行うに難い。

> 個人の反応ないし応答が，もっぱら問題に対する自身の知見を得ようとの個人的な意図を反映しているとき，そういった行為はセンスメーキング過程であるとわれわれは定めた。・・・一方，この種の活動が相互的な活動の中で行われているときには，われわれはそれを理解として分類した。これにはもちろん，あいまいな部分があり，同じ活動が同時にセンスメーキング過程でもあり理解過程でもある場合があろう（p.344）。

センスメーキングは，個人的活動と社会的活動の両方にもとづいており，果たしてその2つを峻別できるかどうかは，本書の中でしばしば問題となろう。なぜなら，それは人間の条件における永遠の綱引きだからだ。Emily Dickinson にこのことを詠ってもらおう。

> 非常な狂気は明敏な目にとって――
> もっとも神に近い正気――

非常な正気は──まぎれもない狂気──
ここでも，あらゆる場合と同様，
幅をきかせるのが多数派──
賛成なら──正気とされ──
反対すれば──立ち所に危険人物とされて──
鉄の鎖に繋がれる──

(Mailloux, 1990, p.126より引用)

　意味はそれを見る人それぞれの目の中にあるが，それぞれが投票し，多数派が意味を支配する。

センスメーキングの特質

　センスメーキングとは，何ものかをフレームワークの中に置くこと，納得，驚きの物語化，意味の構築，共通理解のために相互作用すること，あるいはパターン化といったようなことだと述べてきた。しかし，逆に何でないかを示すことによってセンスメーキングとは何かがいっそう明らかになるだろう。そこで，センスメーキングを解釈（interpretation）と対比してみよう。なぜなら，解釈はしばしばセンスメーキングの同義語として用いられているからである。そうした使用も誤りではないにしろ，組織化された状況でのセンスメーキングの特異性を捉えようとするとき，それはいくつかの決定的とも思える違いをぼかしてしまう。解釈という活動は，社会科学の中でも論じられている（たとえば，Rabinow & Sullivan, 1987）が，法律（たとえば，White, 1990）人文科学（たとえば，Collini, 1992）に関する議論の中でもしばしばとり上げられている。まさにそのことこそ，解釈を一つの構成要素とするセンスメーキングが広範な適用可能性を持っていることを示している。解釈に関するほとんどの議論は，テクストをどう読むかが焦点になっている。しかし，センスメーキングは，テクストがどう読まれるかだけでなくそのテクストがどのように構築されるのかということも問題にしてい

る。センスメーキングは，読みだけでなく創作でもあるのだ。

　この違いを理解するために，解釈の特徴をいくつか考えてみよう。『ウェブスター同義語辞典』（1951）によれば，解釈とは，「詩や夢の中に限らずなべて知的謎を提示している」テクストを理解しようとするときに，「特殊な知識や想像力，共感などを必要とする」（p.318）一種の説明である。

　解釈のより簡潔な定義としては，Mailloux（1990）の，解釈とは「受容可能で近似した翻訳」（p.121）というのがある。"受容可能な"読みとは，一つのコミュニティーの中で市民権が得られる読みのことである。"近似した"読みとは，"そこに"あると思われる（たとえば意図のような）何ものかを捉えている読みのことである。そして，"翻訳"とは，その近似に形を与えるような歴史化や寓話化あるいはもじりのような活動のことである。一言で言えば，解釈とは文字通り，ある言葉が他の言葉で説明される一種の表現だ。

　解釈が翻訳と等しいというとき，その解釈は2つの方向を同時に指し示している。一つは解釈されるテクストの方向を，もう一つは解釈を必要としているオーディエンスの方向である。解釈者はこれら2つの地点を媒介する。しかしながら，この媒介はコンテクスト抜きにはできない。このことは，解釈が決して"私的な"読みではないことを意味していて，あらゆる読みが，「歴史的なコミュニティーの権力関係の中で」（Mailloux, 1990, p.127）何らかの立場を反映しており，政治的な利害や影響，強制，説得，そしてレトリックを含んでいることを意味している。

　この点は，解釈が組織研究の中で考察されるとき（たとえば，Jeffcutt, 1994），顕著となる。というのは，あいまい性や多義性は明らかに組織的行為にともなうものと見なされているからである（たとえば，Chaffee, 1985; Huber & Daft, 1987）。たとえば，March and Olsen（1976）は次のように述べている。

　　組織的選択状況における諸要素についてわれわれが知っていると信じているものの多くは，事象それ自体ではなく，事象についての組織の行為者と観察者による解釈を反映したものである。それらの解釈は，かなりの認

知的あいまいさに直面している組織の中で生み出される。(p.19; 邦訳17ページ)

　組織の生は，意思決定とか環境への対処のみならず，解釈や謎解きあるいは理論化それに組織の生の歴史化にもかかわっているのだ，と March (1984, p.18) が言うのは，まさにこのあいまいさから逃れ難く，それに直面したときに感ずる不安が拭い難いからである。
　解釈的な読みが何を柱としているかといえば，それは Porac, Thomas, and Baden-Fuller (1989) が行ったスコットランドの南部境界周辺で高品質のカシミヤ・セーターを製造している17の企業の研究の序に要約されている。彼らは解釈的研究を4つの仮定にもとづくものとみなしている。

1．組織の活動と構造は，メンバーのちょっとした瞬間的な行為によってかなりの部分決定されている。
2．行為は，"個人が環境内の手掛りに注目し，その意味を解釈し，具体的な活動を通してその解釈を外在化させる"というサイクルにもとづいている。
3．手掛りが"周知かつ／あるいは発展的な認知構造"と結び付けられるとき，意味が創り出される。
4．解釈やそれを生み出すのに用いたプロセスは言語化できる。

　これまでの議論をふまえると，センスメーキングというものの特質についてさらに多くのことが語れる。解釈的研究の性質に関する Porac 等の4つの仮定は，手掛りへの注目，解釈，外在化そして結び付けにもっぱら集約されている。その際何ら触れられていない問題は，そもそもそれらの手掛りがどのようにしてそこにあったのか，そしてそうした特定の手掛りがどのようにして経験の進行中の流れの中から選び出されたのか，という問題である。また，それらの手掛りの解釈や意味が，"具体的な活動"の結果どのように修正され，より明確かつ意味深くなるのか，という問題も触れられていない。センスメーキング過程は，行為やその結果にもとづく解釈の修正だけで

なく，解釈されるテクストのような手掛りの構築や囲い込みをも含む，あるいは含むべきものである。センスメーキングとは単に解釈だけでなく創作にも，発見だけでなく創造にもかかわっている。後で見るように，Porac 等は自分たちの研究を解釈的研究の一例として考えているようだが，その実彼らはセンスメーキング過程の全局面を取り上げているのだ。

　Schön（1983b），Shotter（1993）そして Thayer（1988）の著作の中に，解釈からセンスメーキングを区別する特質についての明確な記述が見られる。とくに，Schön が問題設定こそプロフェッショナルな仕事の核心であると論じるとき，それがよくわかる。

　実際の現実世界では，問題が所与として現われることはない。問題は，謎めいていて，面倒で，不確実でやっかいな状況という素材から構築されるものだ。やっかいな状況を問題に変換するために，何事かを成す人はある種の作業をしなければならない。すなわち，もともと何の意味もない不確実な状況に意味を付与しなければならない。プロフェッショナルが，たとえば，どのような道を敷設するかを思案するとき，彼らは通常，地理的，地勢的，財政的，経済的，そして政治的な問題などがすべて一緒くたに混じり合った複雑で漠然とした状況を取り扱っている。どのような道を敷設するかをとりあえず決定し，それをどのように作るかについて考える段になると，彼らは利用可能な手段によって解決できそうな問題を持つことになるのだが，その道が図らずも周辺を破壊することが明らかになったりすれば，再び彼らは不確実な状況の中に投げ込まれる。

　プロがこれぞ自分の仕事の中核だと次第に考えるものは，この種の状況である。彼らは，問題設定は技術的に問題を解決するための必要条件であるがそれ自体は技術的問題ではないということを認識するようになる。問題を設定するとき，状況のうち"大事なこと"として扱うだろうものを選択し，注意の境界を定め，（何が誤りであるかを示したり，状況の進むべき方向を示唆するような）首尾一貫性をそれに押しつける。問題設定は，相互作用を通して，自分たちが注意するだろう大事なことに名前を付け，注意する際に用いるコンテクストをそれらに当てはめる過程である

(Schön, 1983b, p.40)。

Shotter (1993) は，管理という活動を会話の創作ということになぞらえて，管理者の仕事を

選択することなどではなく生成することとして論じている。ここで生成とは，やっかいな状況を"このようなもの"だといった明確で適切なフォルムに形成すること，すなわち矛盾し無秩序な一組の事象から（今の現実とそれ以上の可能性の両方に有意味な"場"を与えうるような）首尾一貫した"構造"を創造すること——そしてこのすべてを，一人ではなく関連しているすべての他者との継続的な会話の中で行うことである。管理者のそうした創作を正当化するために，物のわかった人は，（共有された環境から生まれる）すでに共有されている感覚に，共有可能な言語形式を与える。そしてそれはおそらく，既存の何らかの理論によってというよりもメタファーの使用を通して行われるだろう（pp.150, 152）。

Thayer (1988) は，以上述べた事柄をリーダーシップに関する優れた分析の中でまとめている。その核心は次のようなアイディアにある。

リーダーとは，世界に"顔（face）"をあてがうことによって，部下が世界に"気を配る"仕方を変えたり，導いたりする人である。本物のリーダーは，世界を違った形に創造し直すことによって世界に違った"顔"をあてがい，世界の**意味**に違った感じを他者に与える。それは，あたかも時代を画するような画家や彫刻家そして詩人が後世の人びとに異なった世界の見方——ひいては，言い方や行動の仕方あるいは知り方を授けるのと同じだ。リーダーは世界を"そうであるものとして"語らず，世界をそうで**あろうもの**として語り，それによって，そうで"ある"ものに異なった"顔"を与えるのである。リーダーとは意味を**付与する者**である。リーダーは常に，さもなくば把握不可能な，混沌としてメリハリがなく手に負えない世界——つまり完全にはコントロールできないような世界——から

脱却する可能性を**体現している**人である（pp.250, 254）。

　以上の考察はそれぞれみな，センスメーキングを解釈と区別した最初の優れたものであるが，さらにそれを補うために，私がどのようにしてセンスメーキングに関心を持ちはじめたのかという若干個人的な話をしよう。私がこの問題に惹かれたのは，私が1960年代初めに Harold Garfinkel と Harold Pepinsky と話をしたことに遡る。そのときの話題は，陪審における意思決定に関する Garfinkel の研究だった（後に公刊，Garfinkel, 1967, pp.104-115; Garfinkel の研究の最新情報は Maynard & Manzo, 1993を参照のこと）。私が大変面白いと思ったことは，陪審員たちが被告の悪意や犯意をまず確かめ，それからそれを非難し，最後に一つの量刑を選択しているようには見えないという Garfinkel の主張だった。そうではなくて，陪審員たちはまず量刑を決定し，それからさまざまな主張の中からその量刑を正当化するような"事実"を決定するのである。陪審員は本質的に，意味的に一貫している一本の筋を創り出し，それからその筋があたかも現実に起こったことであるかのようにしたのである。「もし，解釈が具合のよい意味を生み出すなら，その解釈は起こったことなのだ」(Garfinkel, 1967, p.106)。
　事実とは，陪審員の評決を立証するために，回顧的に有意味に造られるものなのだ。Garfinkel (1967)は日常の選択状況における意思決定を次のように要約している。

　必要にせまられて決定がなされるという見方の代わりに，別の図式で眺めてみる必要がある。それは，すでになされたものを人が決定と回顧的に定義したのでは，というものである。**結果は決定に先行する**。ここで報告されている資料によれば，陪審員は決定を下してはじめて，それを正しい決定とする条件が現実にわかったのである。彼らはただ，彼らの決定を正しいものにすべく自分たちがしたことを回顧的に決定したに過ぎない。ある結果が出来したとき，人はその"理由"すなわちその結果を導き出したものを見つけようと遡る。・・・もし上で述べたことが正しいとすれば，日常の意思決定は，一つの重要な特徴として，「一連の行為を正当化すると

いう意思決定者の作業」を含んでいるだろう。・・・［日常の意思決定は，］実際の選択にせまられて一定の条件下でいくつかの行動案の中からどれか一つを選ぶ問題というよりは，結果に正当な歴史を当てはめる問題により大きく与っているようだ。(pp.114-115)

　人間を取りまく状況は時間軸に沿って明確にされていくということがあるが，この明確化が逆に進むときがよくある。これこそセンスメーキングの重要な特性である。結果がそれ以前の状況の定義を満たしていくという場合が少なからずあるが，結果がそれ以前の状況の定義を**開発する**場合の方が多い。Garfinkel (1967) がそれについて論じているように，行為者は，「**一連の行為からなる経歴の中に**，自分が行為している状況の性質を発見する。・・・行為者自身の行為こそ，状況のもつ意味を左右するもっとも重要な決定要因であり，文字通り，その中で行為者は自分自身を**発見する**のである」(p.115)。

　認知的不協和理論（Festinger, 1957）も，結果がそれ以前の状況の定義を開発するという考え方を同じように強調している。不協和理論は，否定的な結末をもたらす決定の意味を修正しようとする決定**後**の営みに焦点を置いている（Cooper & Fazio, 1984; Scher & Cooper, 1989; Thibodeau & Aronson, 1992）。たとえば，それぞれに独自の誘引がある選択肢の中から一つを選択する場合，人は選択されない選択肢の誘引をあきらめ，選択された選択肢の否定的な一面を引受けることになる。そのような選択を下した後，人は不安で心がかき乱される（不協和）。この不協和を低減するために，人は，選択されない選択肢の否定的な面と選択された選択肢の肯定的な面を膨らますことによって，選択肢を"ゴムのように伸ばす"。このような操作によって，決定の意味や選択肢の性質あるいは（Garfinkel の陪審員の追想的な）決定の"歴史"が回顧的に改変される。評決であれ，選択であれ，どちらの場合も，手元にある結果から始め，次にその結果を生み出すもっともらしい物語を構築することによって，その結果を意味あるものにする（Garfinkel の言葉では「解釈が具合のよい意味を生み出すのである」）。

　組織研究のかなりの部分は，認知的不協和理論の名残を留めている。たと

えば，イナクトメント（Abolafia & Kilduff, 1988; Weick, 1977），コミットメント（O'Reilly & Caldwell, 1981; Salancik, 1977），合理性と合理化（Staw, 1980），エスカレーション（Staw, 1981），帰属（Calder, 1977; Staw, 1975），正当化（Staw, McKechnie, & Puffer, 1983），動機づけ（Staw, 1977）といった考え方がそれである。これらの多様な考え方のいくつかの共通する強調点は，不協和理論にまで遡れるということである。それは次のようなアイディアである。

1. 正当化によるセンスメーキング。決定に符合する認知要素の数を増やすことによって不協和を低減するという（不協和理論で）古くから強調されている部分を反映しているアイディア。
2. （センスメーキングや正当化に導く）イベントとしての選択。（不協和理論の）決定後の行動を強調した部分を反映したアイディア。
3. 回顧によるセンスメーキング。決定後の結果を決定にいたる歴史の再構築のために用いるという不協和理論の強調点を反映したアイディア。
4. センスメーキングのきっかけとしての乖離。不協和理論の出発点，つまり行為者の認知の食い違いを引金とする行為を単に言い換えたアイディア。
5. 正当化の社会的構築。社会的な支持や改宗による不協和の低減を反映したアイディア。
6. 行為が認知を形成する。上記の項目2，3，4から合成されるアイディア。

これら6つの論点はすべて不協和理論の中や，さらに最近では，コミットメントや，エスカレーションそしてイナクトメントといった考え方の中にも見出せる。また，日常の意思決定に関するエスノメソドロジー的な論述の中にもこれらの論点が暗示されている（たとえば，Handel, 1982; Heap, 1975; Gephart, 1993）。そして，センスメーキングを論ずるとき，これら6項目のいずれもが不可欠であるということが，われわれの目的にとって重要

である。

このことを知るために，Graham Wallas によって述べられた，センスメーキングに関する簡潔だが素晴らしい論述について考えてみよう。「話す前に自分の伝えたいと思っている意味をキチンとしておくようにと言われたとき，『私が言うことを私が知るまで私が考えてることをどうして私がわかるっていうの？』と応じた少女は詩人の才がある」（Wallas, 1926, p.106）。組織のセンスメーキングにおいて中心となるこのレシピ（Weick, 1979, p.133）は，不協和理論を構成しているいくつかの要素を含んでいる。確かにそのレシピには以下の要素がある。正当化（私の考えは私の以前の言葉を正当化する），選択（注目されるべき言葉とそれらの言葉を説明してくれる考えとを私は選択する），回顧的なセンスメーキング（話が終ったときの遅ればせの時点で，その前に言ったことを私は振り返って見る），乖離（意味不明になったとき，私は自分が言ったことを知る必要を感じる），正当化の社会的構築（ラベリングを受容可能なものとするために，私は社会化された自分の考えを持ち出す），そしてセンスメーキングのきっかけとしての行為（私の話すという行いが，センスメーキングを開始させる）。

社会心理学者にとってセンスメーキングとは，確信や自己概念からハミ出たような行為の意味づけのことであり，一方，エスノメソドロジストにとってのセンスメーキングとは，科学的な思考にともなう合理的方法とは異なる方法による推論を意味していた。センスメーキングは，不協和理論に影響を受けていたので，認知研究の今日の焦点である冷めたフォーメーション処理ではなく，もっぱらコンフリクトや，情緒，動機づけ，変化の予兆としての不安などに焦点を置いていた（Markus & Zajonc, 1985, p.207）。

センスメーキングに関する現在の考え方を強固なものにしているのは，エスノメソドロジー（Czarniawlka-Joerges, 1992, 第5章; Gephart, 1993）と不協和理論の両者が，今もなお中核となるいくつかのアイディアを提供してくれているからである。その上，両者のパースペクティヴには共通のアイディアがある。エスノメスドロジーでは，社会的能力と行為の合理性を証明するために他者の面前での行動を持ち出すが，それは不協和理論の自己正当化にきわめて類似している。というのは，そこでの正当化は現実もしくは仮

想の聴衆を意識したものであるからだ。センスメーキングは，非常に明確な理論からの演繹にもとづいていると同時にあいまい性を削減するための数々の生々しい個別事例からの帰納にももとづいている，という点で特異なテーマである。研究者たちにとって非常に恵まれた点は，こうした見通しを支え，実際にもある期間支えていた一連のアイディアがあるということである。本書の目的の一つは，そのようなアイディアを明らかにすることである。

次章でセンスメーキングの重要な特性がより詳細に論じられるが，ここでは少なくとも，センスメーキングが（しばしばそれと混同される）解釈といかに異なるかを要約することができる。センスメーキングには，自分たちの解釈するものを自分たちが生成するという重要な特徴がある。たとえば，陪審審議が一つの評決に達する。陪審員がその評決を下すやいなや，自分たちがどのようにその評決にいたらねばならなかったかに関してもっともらしい説明を構築するために振り返って見る。審議の間彼らがやっていることは，多かれ少なかれそうしたことなのだ。審議の主眼は，これからの審議というよりは，これまでの審議の意味を開発することなのだ。陪審員は文字通り審議して，そして自分たちが何について話し合っているのか，また何が証拠を構築するのかを発見するのである。彼らはすでに語られたことの中に有意味な一貫性を探し求め，次にその一貫性を修正するのだ。創作と解釈は交織している。センスメーキングという概念は，解釈そして再解釈される痕跡を刻む行為や活動や創造を浮き彫りにする。

それゆえ，センスメーキングは以下のような点で解釈とは異なっている。センスメーキングは明らかに活動あるいは過程に関するものであり，一方，解釈も過程と言えなくもないが，どちらかといえば結果を記述するものである。誰かが"解釈"を下したとは良く聞くが，誰かが"センスメーキング"を下したとはめったに聞かない。せいぜいわれわれが聞くのは，何かに意味を付与するという言い回しだが，その言い回しでさえ結果よりも活動が前面に出ている点でセンスメーキングの特徴を捉えている。センスメーキングの真髄は過程に焦点を当てるという心構えを喚起することだが，この点は解釈にはあまり当てはまらない。

解釈が過程として扱われるときですら，その過程なるものはセンスメーキ

ングのそれとは異なっている。解釈するという営みは，何かすなわち世界の中のあるテクストがそこにあり，発見され近似されるのを待っているということを匂わせている（Daft & Weick, 1984を参照のこと）。しかし，センスメーキングは発見よりも発明に近い。センスメーキングをするということは，構築すること，フィルターにかけること，枠を組むこと，事実性を創造すること（Turner, 1987），そして主観性をもっと実体的な何かにすることである。

　発見と発明の違いは，**センス**という言葉で暗に示されている。何かを感じる（sense）ということは，発見という営みに似た響きがなくもない。しかし何かを感じるためには，その感覚を生み出すような何かがそこになければならない。だから，センスメーキングとは，やがて有意味になるものの構築を暗示しているのである。センスメーキングは，対人認知というより対物認知の世界を創造する絶え間ない，しかし決して成功することのない努力として記述されるかもしれない（Swann, 1984）。Morgan, Frost, and Pondy (1983) がそれについて次のように述べている，「人は，自分の行っていることを何ほどか合理化するために外的リアリティーのイメージを創造し維持するのであって，外的リアリティーに関連して自らの生を生きたり行動しているのではない。人は重要な意味のパターンを状況 'に読み込む' ことによってリアリティーを知るのだ」(p.24)。

　したがって，センスメーキングという概念は，それが解釈に先立つ発明に光を当てているがゆえに価値がある。またその概念は，行為者のより高次の社会参加（engagement）を暗示するので価値がある。一方，解釈は，センスメーキング活動よりも，受動的で社会との関わりも薄い活動を意味している。センスメーキングこそ重要なのだ。センスメーキングにおける失敗は，実存的であるだけでなく，実害をともなうものでもあって，自己の本質とか世界といった問題に直結している。Frost and Morgan (1983) が述べているように，人が物事の意味を作り出すとき，彼らは「物事の中に自分たちの見たいと願う意味を読み込んでいる；つまり彼らは物事や，発話，行為などに，（世界を自分たちにとって理解できるようにしてくれる）主観的な意味を付与しているのだ」(p.207)。解釈が失敗したときの損害が大きいこと

はめったにない。解釈は，自己認知にあまり影響を及ぼすことなく付け足されたり，削られたりするが，それは世界のあるセンスを他のセンスに置き換える営みには当てはまらない。また，センスが失われるときは常に，その損失は非常にやっかいなものになるが（たとえば，Asch, 1952; Garfinkel, 1963; Milgram, 1963），他方，解釈から生じる損失は単なる迷惑といった程度である。

センスメーキングを解釈から区別することは重要である。というのは，センスメーキングは，解釈がそうであるよりも，もっと前の不確かな段階にあるパズルの萌芽に焦点を当てるからである。解釈といえば，普通，解釈の必要性と対象が明確になっていることが前提となっている。センスメーキングには，そのような前提はない。センスメーキングは，ものごとを所与として扱ってよいかどうか，という根本的な疑問から始まる。そして，もしその答えがノーであるなら，自動的な情報処理を続けることは不可能になり，問題は，なぜそうなのか？，次に何が？　ということになる。そしてそれらの問題は解釈が行われる前に処理される必要がある。センスメーキングの関わる初期段階の諸問題をどのように解決するかは，どのような解釈が可能で適切かを左右する。

Drucker（1974）が明らかにしているように，センスメーキングを意思決定から区別するのは，センスメーキングとなる初期段階である。

西洋人と日本人は，"意思決定"について語るとき，別々のことを言っている。西洋では，問題に対する**答**にすべての重点が置かれている。なるほど確かに，意思決定に関するわれわれの教科書は，一つの答を与えることに対して体系的な手法を開発しようとしている。しかし，日本人にとって，意思決定の重要な要素は**問題を定義する**ことなのである。その重要かつ決定的なステップでは，そもそも決定する必要があるのかどうか，またその決定は何に関するものなのか，が決定される。そしてそれは，日本人がコンセンサスを得ようと努力するステップで行われる。確かに，日本人にとって，決定の急所はこのステップである。問題に対する答（西洋が決定だと考えているもの）は，問題の定義から自ずと導かれる。決定に先立

つプロセスの間，その答がどんなものになるのかについて，何も言われない。・・・したがって，その全プロセスは，その決定がどのようなものであるべきかにではなく，決定が実際に何についてのものなのか，を発見することに焦点が置かれている。(pp.466-467；邦訳146-7ページより)

センスメーキングについて語ることは，状況の意味を回顧的に意味づけるときに作り上げる進行中の達成物——その中に自分自身と自分たちの創造物を見つけるのだが——としてリアリティーを語ることである。このプロセスはきわめて再帰的である。人は自分たちが信じていることをすでに押しつけた世界を創り，次にその世界を見ることによって物事の意味を作り出すのである。人は自分自身の発明を発見する。センスメーキングを発明として理解し，解釈を発見として理解するのが双方にとって役立つのはまさにこのことからである。センスメーキングが発明という活動であるなら，それが作り出す人工物は言語ゲームやテクストである。

しかし，組織の生の大部分をテクストの読みというメタファーで捉えることができるとの議論は，その生にかかわる多くのものを無視することになる。私はCzarniawska-Joerges（1992, pp.253-254）の次のような論述に同意したい。すなわち，テクストのメタファーは，社会的構築活動を静態的な結果としてみなしており，意味は（生じなかったり失敗したりするような構築を必要とするというよりも）すでに存在し発見されるのを待っているのだと暗に示しており，意味の下位世界が複数存在するときその統一性を維持しえないことを示している。「組織はテクストではない。テクストとは，われわれが行う解釈の共通形式である」（Czarniawska-Joerges, 1992, p.123）。

最後に，センスメーキングで**ない**ものがメタファーである。私がこの点にこだわるのは，Morgan等がセンスメーキングを（解釈的アプローチから組織を研究しようとする人たちによって使用されている）3つのメタファーの一つとして（他の2つは言語ゲームとテクストである）論じているからである。Morgan等は次のように述べている。これら3つのメタファーはすべて，「有意味な行為の創造について理解すること，つまり個々人はいかに自分の状況に意味を付与するか（make sense）［原文のまま］，ひいてはか

なりルーティン化された仕方で客観視されるようなリアリティーについて定義し共有するようになるのかといったことに関係している。手短に言うと，客観的で当然視される日常生活の諸相が，シンボリックなプロセスを介してどのように構築され，リアルとされるのかを理解することに関わっているのである」（Morgan 等，1983, p.22）。

　テクストと言語ゲームは解釈のメタファーであるとしても，センスメーキングはメタファーではない。センスメーキングはまさにその言葉そのもの，つまり何かを意味あるものにするということである。センスメーキングは，文字通りに理解されるべきであり，メタファーとして理解されるべきではない。Morgan 等が，センスメーキングの"メタファー"なるものを"人が自分の状況に意味を付与すること"として論じるとき，不注意にもこのことを認めてしまっている。この論理階型（Bateson, 1972）上の混同は，センスメーキングをいわゆる解釈的活動のクラスから分離し，解釈的活動を包含するより高次の抽象レベルのものとして見なせば回避できる。**センスメーキング**という言葉はくだけた詩的な香りがするが，だからといって，それがまさに文字通りそうであるといっているものだという事実をあいまいにしてはならない。

第2章
センスメーキングの7つの特性

　これまで論じてきたところによると，センスメーキングには，理解や解釈や帰属といった他の説明プロセスとは異なる少なくとも7つの顕著な特性がある。すなわち，センスメーキングとは以下の特性，

1. アイデンティティ構築に根づいた，
2. 回顧的，
3. 有意味な環境をイナクトする，
4. 社会的，
5. 進行中の，
6. 抽出された手掛りが焦点となる，
7. 正確性よりももっともらしさ主導の，

プロセスである。

　これら7つの特性を論じた後，特に組織のセンスメーキングに関わる重要な研究（Porac 等，1989）にこれら7つを当てはめてみる（第3章の104ページ）。これら7つの特性は，議論を系統立てるために以下のいくつかの理由から選び出されたものである。すなわち，これらの特性はセンスメーキングに関する論文の中でよく言及され；実用的な意味合いを持っており（たとえば，人員削減のときにアイデンティティが不安定な状態に陥ると，センスメーキング・プロセスが脅かされ，その脅威は広がる）；それらはそれぞれ，他の6つの特性に関連しながらも，一つの独立した研究課題ともなり；

それぞれはセンスメーキングの主要な側面である行為とコンテクストとを含んでおり；そして，これら 7 つすべての特性を大雑把ではあるが一つの連鎖として説明することも可能である（他者とのコンテクストの中でアイデンティティを気遣っている人びとは，進行中の事象と関わっており，その事象の中から手掛りを抽出し，回顧的にもっともらしい意味を形成し，そしてこの過程において，進行中の事象の中に何ほどかの秩序をイナクトする）。連鎖をこのように記述して事足れりとするなら，それは確かに大まか過ぎる。というのは，それにはフィードバック・ループが欠けている一方，いくつかのステップが重なっていたり，逆に省略されていたりするという事実が抜けているからである。

　これら 7 つの特性は，センスメーキングとは何か，またセンスメーキングはどのように機能するのか，そしてセンスメーキングが失敗しやすいのはどこか，を示唆してくれるという点で，センスメーキング研究のための大まかな指針として役に立つ。この 7 特性のリストは，精緻化され検証されるべき命題の源泉というよりは，観察者が用いるマニュアルや鍛え上げられた想像力（Weick, 1989）のための手引きとでも言ったほうがふさわしい。このリストが結果的には前者の目的に役立つこともあるかもしれないが，それが本章でリストを論ずる狙いではない。私は単に，センスメーキングという現象に何らかの輪郭を与えたいと願っているだけなのである。ここで，7 つの特性がそれぞれ手短に論じられるだろうが，それは，後の章で再び触れるセンスメーキングについてのアイディアを無理なく導くためである。本章を読んだ読者は，自ら意味を形成しようとするときのコツや手順に気づき始めるだろう。読者は，ここでのアイディアをより確かなものにするために，自分自身の経験を用いるとよい。そうすれば，あなたはより多くの，そしてより意義あるデータが得られるようになり，その結果本章で述べられている構造がいっそう明瞭になろう。

1．アイデンティティ構築に根づいたプロセス

　センスメーキングはセンスメーカーなくしてははじまらない。「私が言うことを私が知らずして私が考えていることを私がどうしてわかろうか？」というフレーズは，4つの代名詞を含んでおり，その4つすべてがセンスメーキングを行っている人を指している。そのフレーズは実にわかりきったことのように思えるかもしれないが，そこには罠が潜んでいる。その罠とは，**センスメーカー**なる言葉は単数だが，どの個人も単数としてのセンスメーカーのようには振る舞わないというものだ。Mead の言葉を使えば，どのセンスメーカーも"複数の自己から構成された一つの政府"である。『私は無数の自分』という Pablo Neruda の詩ほど，人間についてのこの真実をうまく捉えているものは他にはない。

　数知れぬ者の中の誰が私なのか，私たちは何者なのか？
　私は見つけられぬ，只ひとりの私を，
　その者たちは，私の衣装の中に姿を消し，
　他所の街に行ってしまう。

　万事が都合よく運んで
　私を聡明に見せようとするとき，
　私の中に隠れている愚か者が
　姿を現し，私に取って代わって話し始める。

　私は眠っている
　一廉の者達の中で，
　勇気ある自分を探し求めるとき，
　見知らぬ臆病者が
　突然姿を現し私を取り繕う

何やらうまい言い訳で。

瀟洒な家が火に包まれ，
私は消防士を呼ぶ，すると
現場に突然現れるのはこの家の放火犯，
しかも，それはこの私。何ということだ？
いったいどっちが私なのだ？
どうけりをつければいいのだ？

私の読む本の
眩しいほどの主人公は，
いつも確かな自分自身だ。
彼らがたまらなく羨ましい；
そして，吹きすさぶ風と硝煙いっぱいの映画の中で
私はカウボーイに目をみはり，
馬を見ては感動する。

でも，私が英雄を必要とするとき，
古い怠惰な私が現れる。
そして私は知らない　自分が何者であるか，
自分が何人であるか　あるいは何人になるかを，
ベルを鳴らし
本当の私を召集したい，
なぜならもし私が本当に私自身を必要とするなら，
私は姿を消してはならない。

私が書いている間，私は遠くにいる；
そして私が戻ってくるとき，私はいなくなっている。
私は知りたい，
他者も私と同じことをしているのか，

私と同じくらい多くの自己を持っているのか,
そして,その多くの自己が似ているのかを;
そして,私がこの問題に悩むとき,
私はすごく勉強しているのだ,
私自身を説明するのは,
地理学を語ることだと。

Pablo Neruda
From EXTRAVAGARIA

　同じことを散文的に言えば,"個人"とは「類型化された言説的構築物である」(Knorr-Cetina, 1981, p.10) ということになる。アイデンティティは相互作用のプロセスから構成されるものだ。相互作用を変えれば,自己の定義も変わる。したがって,センスメーカーとは自分自身が進行中のパズルで,再定義を繰り返し,その都度他者に対してある自己を提示し,いずれの自己が適切かを決定しようとしている存在だ。そして,私が何者かということが変われば,"そこにあるもの (out there)" もまた変わる。私が自己を定義することは,私が"それ (it)"を定義することであり,逆にそれを定義することは,私を定義することでもある。自分が誰であるかを知ることは,そこに何があるかを知ることである。しかし,自己の定義から状況が定義されるのとは逆に,状況の定義から自己が定義されることがよくある。そしてこれこそ,アイデンティティの確立と維持がセンスメーキングの中核的な前提となることの理由であり,またわれわれがリストの一番最初にアイデンティティを持ってきた理由でもある。

　Erez and Earley (1993) は,その文化的自己表現理論の中で,自己——I, me, mine, myself といった単語を含む文章によって表される——とは,社会的に状況付けられた「ダイナミックな解釈構造で,それが最も重要な個人内的・個人間的プロセスを媒介する」(p.26) と論じている。彼らはさらに,自己概念は自分自身を創造するのに大きく与っていると論じている。個人の自己感覚を発展させ,維持するプロセスは,以下の3つの自己導出欲求 (self-derived needs) の作用によると推定されている。

(1)自己啓発欲求：自己についての肯定的な認知的・感情的状態を求め維持する際に見られる。(2)自己有能動機：優秀で有能な者として自分を認知したいという欲望。(3)自己斉合欲求：一貫性と連続性を知覚し経験したいと望む欲望。(p.28)

これら3つの移ろう欲求が，組織における個人のセンスメーキングに影響を及ぼしている。これに関しては，Dutton and Dukerich (1991) の研究の中に見事に記録されている。その研究とは，増大し続ける大量のホームレスによる施設の占拠という問題に，ニューヨーク港湾局が対処したときの様子を記述したものである。上品なサービスを提供しているとき，港湾局の職員が思い描いていた自らのアイデンティティは，一つの家族のように行動するプロフェッショナルかつ利他的で行動的な機関というものであったが，彼らは徐々に，他者が港湾局に対して否定的なイメージを抱いているにちがいないと感じるようになった。肯定的なアイデンティティと否定的なイメージのどちらもが，自分たちは何者なのか，自分たちは何を感じているのか，自分たちは何に直面しているのか，そして自分たちはいま何を行っているのか，といったことに関する解釈に影響を及ぼした。Dutton and Dukerich (1991) がそれについて次のように述べている，「個人の自己概念とその人のアイデンティティは，自分たちの属している組織を他者がどのように描いているかについての思い込みによって一部形成され修正される。・・・そしてこの個人の特性と組織イメージとの間の密接な結びつきは次のことを暗に示している。すなわち，個人は課題に対して行為したりしなかったりして，肯定的な組織のイメージを保ち，否定的なイメージを修復するよう個人的に動機づけられているということである」(p.548)。

アイデンティティのみならずイメージに対する脅威と見なされるものや，逆にそれらの修復や再確認のための好機と見なされるものと連合したり分離することによって，そこに何があり，それは何を意味するのか，についての個人の物の見方が影響を受ける。たとえば，ホームレスのための更生センターへの融資であれ，バスターミナルでのルールや規制作りであれ，ホーム

レスといってもさまざまなのだとバス利用者を教育することであれ，すべからく同一の事象でも，責任の遂行なのか回避なのか，受動的か積極的か，組織のアイデンティティと一致するのか矛盾するのか，脅威なのか好機なのかといった具合にまったく正反対に受け取られうる。そのうちのどちらの意味が実際に社会的に支持されるかと言えば，組織に有利に働き，なおかつ自己啓発や自己有能，自己斉合を高めてくれるもののようだ。もし否定的なイメージがこれら3つの自己表出のいずれかでも脅かすようなら，たとえ組織のアイデンティティを定義し直してでも，人はそうした組織イメージの意味を変えようとするだろう。さらに，そうした再定義がうまくいかないことがわかったなら，その組織とは別のもの（たとえば，宗教的正義との政治的取り引き）が鏡となって，個々人はその鏡を利用して，（行為し，解釈し，コミットするようになる）自己を装い，評価し，調整するようになるだろう。

Dutton and Dukerich 論文のタイトル（「鏡に注意するということ」）から，結論（「・・・彼らが鏡に映った像を好もうと好むまいと」）にいたる鏡のイメージの一連の流れを読むにつけ，Cooley（1902）がミシガン大学在職中の1902年に，鏡と鏡に映る自己というアイディアをはじめて提示したとき，彼がいかに明敏であったかと思わざるをえない。

私は，自分の顔や容姿や服装を鏡の中に見，それらこそ私だとして，それらを気にして，こうありたいとの願いにそれらが応えているか否かに一喜一憂する。それと同様に，私は自分の外観やマナー，目的，行動，品性，友人などについての考えに関する他者の（私が察する）想像に関心を気にして一喜一憂し，それによってさまざまに影響を受けるのである。

この種の自己観念は，3つの主な要素を持っているようだ：第一に，他者に向けられた自分の外観に関する私の想像；第二に，その外観に対する他者の判断に関する私の想像；第三に，誇りや屈辱のようなある種の自己感情である。単なる鏡の比喩では，欠くべからざる第二要素つまり他者の想像上の判断はなかなか気づかれない。われわれに誇りや恥を感じさせるのは，単なる機械的な反射像の作用などではなく，湧出された感情，つまり反射像の他者の心への想像された作用なのだ。このことは，われわれが

自分自身を他者の心の中に見出すが，その他者の性格や重要性がわれわれにさまざまな感情をもたらすという事実から明らかである。たとえば率直な人の面前では自分が言い訳がましい人に見えたり，勇敢な人の面前では臆病に見えたり，洗練された人の面前では粗野に見えたりして，恥ずかしいと感じる。われわれは常に，他者の心の判断を想像し，想像しながら共有しているのである（pp.152-153）。

　隣近所の野外パーティーで「よくもまああんなバスターミナル（あるいは石油会社，煙草会社，融資会社，警察それにテーマパーク開発会社）にいられるねえ」などと話している傍観者が，港湾局職員（あるいは組織一般のメンバー）にとって，文字通りとはいわないまでも比喩的には鏡となりうる。そんな野外パーティーでの些細なセンスメーキングの営みは，そのように言う人の"重要性と性格"，その人が下したであろう判断についての想像，その結果生じる自己感情にしたがって，個人の解釈や行為に影響を及ぼすのであるが，その解釈と行為は拡散し，より大きな組織のレベルにまでいたるようになる（Tice, 1992を参照のこと。その研究データは，鏡像がどのように拡散していくかを示している）。このようなことはすべからく，センスメーキングが自己意識的なセンスメーカーから始まればこそ生じるのである。

　同様のことが，Turner（1987）の研究を応用した Ring and Van de Ven（1989）によるイノベーションのきっかけとしての人と人とのやりとりに関する研究でも触れられている。

　センスメーキング・プロセスは・・・アイデンティティ感覚を持ちたいと願う個々人の欲求——つまり，自己概念の尊厳と一貫性を維持できるような状況への一般的な志向——から生ずる。センスメーキング・プロセスは，組織において個々人が他者とのやりとりを始めるときの態度を大きく左右する。しかしながら，自分自身でイナクトした"自己"の確認に失敗すると，センスメーキング・プロセスが再び生じ，イナクトメントと自己表出がその後再び行われる。・・・組織の参加者は，彼ら自身の組織アイデンティティを再形成したり明確にすることによって，他者とのやりとり

の性質と目的を理解するようになる。組織は，それ自身を環境に投企することによって組織自身のアイデンティティについて自己言及的な理解を発展させ，そのことによって逆に，組織は環境とのかかわり合いの中で行為することができるのである。(Ring & Van de Ven, 1989, p.180)

　この記述には注目すべき論点がいくつかある。第一に，コントロールされた意図的なセンスメーキングは，自己の確認に失敗することから引き起こされる。第二に，一貫性のある肯定的な自己概念を維持しようとするときにセンスメーキングが生ずる。そして，Steele (1988) が例証したことであるが，自己概念を再確認する機会があれば，(不協和の低減を駆動させる乖離と良く似た) 確信と行為との乖離に直面したときに感じる不快感は減じる。第三に，人びとは，自分たちを環境の中に投企し，その結果を知ることによって自らのアイデンティティについて学習する。Ring and Van de Ven は，望ましい結果として学習よりも確認の方により多く焦点を当てているが，学習を決して排除してはいない。ここで彼らの引用について一言付け加えておくと，彼らの先の論述には次のような分析レベルの混同が見られる。すなわち，引用文によれば，自分自身で (one's own) イナクトした自己の確認が，「彼ら自身の (their own) 組織アイデンティティを明確にすること」になってしまい，さらにいつのまにか組織が「組織自身の (its own) アイデンティティの理解」を展開するようになってしまっている。そのようなスリ替えは，センスメーキングの議論において避けられないものではない。Chatman 等 (1986) は，それに対する一つの解決策を示している。

　組織における個人の行動を観察するとき，われわれは実際には2つの実体を見ている：つまり彼個人としての個人と，集団性の代表者としての個人である。・・・したがって，個人は，普通いわれるところのエージェントという意味において組織のために行動するだけでなく，集団性の価値観や確信や目標が染み込んでいるときは，無意識に"組織として"行動してもいるのである。その結果，個人の行動は，思われている以上に"マクロ"なものである。(p.211)

先の Ring & Van de Ven の引用文に関する最後の 2 つの論点は，相互作用と，テクストとしての自己である。前者に関していえば，人びとは直面している環境を形成し，同時にそれに反応している。人びとは他者の行動から自分たちのアイデンティティに適した手掛りを選び取るのだが，彼らは最初にこの他者の行動に影響を及ぼそうとして積極的に努力するのである。先導的行為（proaction）と反応的行為（reaction）とは複雑にからみあっているが，このような複雑性はセンスメーキングにおいてはごく当たり前のことである。

　そしておそらく最も重要なのが，最後の，センスメーキングは自己言及的であるというアイディアで，それによれば，環境よりもむしろ自己が解釈のテクストになるのである。彼らが何をするかを私が知らずして私が誰であるかを私がどうしてわかろうか？　これに似たようなことが，アイデンティティに根づくセンスメーキングに暗示されている。私の身の回りで起きた事象が，私がなるであろう者にとって，どのような意味合いを持っているのか，と問い掛けることによって，私はそれらについて意味を付与する。状況が私にとってどのような意味を持つかは，その状況に対処する際に私が採用するアイデンティティいかんで決まる。逆に，アイデンティティの選択は，何が現在生じつつあるかについての私の考えによって左右される。状況の意味は，それに対処する際に私がどのような人間になるかによって，すなわち私が何を，そして誰を代表するかによって定義されるのである。私は，そこで（out there）何が進行しているかにもとづくのはもちろん，状況に対処するのに最も適していると感ずる自己にももとづいて，状況の意味に関する手掛りを抽出するのだ。

　アクセスできる自己の数が多ければ多いほど，抽出し，押しつけることのできる意味の数も多くなる。さらに，アクセスできる自己が多ければ多いほど，びっくりしたり（Louis, 1980），驚いたりする（Reason, 1990）可能性は減るが，その分，可能な意味が過剰で混乱し，多義性に対処するのに追われることになるかもしれない。自己概念にとって柔軟性や可変性や適応性が大事なのだと思われないところでは，融通無碍な自己も，"自己概念の斉

合性"にとってかえってマイナスとされてしまうだろう。

2．回顧的プロセス

　現在のセンスメーキング概念を顕著に特徴づけているものは，おそらくその焦点が回顧性に置かれていることであろう。しかしながら，回顧はセンスメーキングにとってのみ重要な特徴というわけではない。それは組織構造というもっと広い問題にとっても重要な特徴である。というのは Starbuck and Nystrom (1981) が論じているように，構造それ自体が「後知恵や観察や説明の人工物」(p.12) なのだから。回顧性を中心的問題としてとりあげた基本的議論は，1969年（Weick, 1969, pp.63-69）に詳しく展開されている。それは，組織のセンスメーキング研究に絶えずエスノメソドロジーの影響があったことを示す好例である。

　回顧的センスメーキングというアイディアは，Schutz (1967) の"有意味な生きられた経験（meaningful lived experience）"の分析に由来する。そのフレーズのキー・ワードである**生きられた**という言葉がなぜ過去時制であるかといえば，人は自分たちの行っていることを行った後でのみ知ることができるという現実を捉えるためである。Winokur (1990) によれば，Pirsig はこの点について次のように語っている，「知的に考察される対象は常に過去にあり，それゆえそれはリアルではない。リアリティーとは常に，知性の働きかけがなされる前の見え (vision) の瞬間のことである。それ以外のリアリティーなど存在しない」(p.82)。

　Hartshorne (1962) は同じ点を次のように論じている：

　人は自分の知覚している世界が実際は過去の世界であることを知っている。・・・どんなに身近なものであっても，身体の外部にあるすべての対象は，われわれがそれを知覚するまでに，短時間ではあれ過去のものとなっている。したがって，もし"記憶"を"過去の経験"と定義するなら，あらゆる知覚は，この言葉の定義から，記憶の一形態である。繰り返

して言えば，近接した対象の場合，その知覚の時間差がきわめて小さいからといって，知覚が個人の記憶とは異なるということの証明にはならない。なぜなら（哲学者にはこのことを忘れてしまう根深い傾向があるが），はっきりと認識できる時間差――一分や一日や一年――を有する明らかな記憶の事例があるのはもちろんだが，一秒の何分の一といった時間差の一見記憶らしからぬ事例もあり，それも立派な記憶なのだ。われわれは，そのような即時的な，換言すれば一瞬前の記憶に取りまかれているので，そのことに気づかないだけだ。哲学はこのような見過ごしによっておおいに損なわれている。長い単語の終わりの部分にさしかかったときには，最初に発音した部分はすでに過去のものとなっている。それにもかかわらず，この終わりの部分を新たなスタートとして経験するということはなく，はじめの部分からの続きとして経験するのである。というのは，記憶の誤りについてよく言われるが，身近な対象の見えがもっとも誤りのないものであるのと同様に，非常に近接した過去の記憶もまた信頼しているからである。（p.442）

Schutz，PirsigそしてHartshorneの3人はみな，時間が純粋持続（pure duration）と離散的断片（discrete segments）という2つの異なった形態で存在することをよく弁えている。純粋持続は，William Jamesの"経験の流れ（stream of experience）"というイメージを用いて論じることができる。その**経験**という言葉が複数形ではなく単数形であることに注意して欲しい。複数の経験について語るということには，明確に分離されたいくつかのエピソードが暗に意味されているが，純粋持続はこのような性質を持たない。つまり，純粋持続とは「生まれそして過ぎ去っていくことであって，それには何の輪郭も境界も分化もない」（Schutz, 1967, p.47）のである。

　読者はこれに反論して，自分たちの経験はめったにこのような連続的な流れという性質を帯びることはないと言うかもしれない。つまり，われわれがよく知っているように，経験は複数の明確な事象の形で存在しているのだ，と。しかし，このような印象を持つのは，経験の流れのなかから外へ出てそ

れに注意を向けるからこそなのである。そして，その注意の対象となりうるのは，存在するもの，つまりすでに経過し終えたものだけである。Schutz (1967) の言葉で言えば次のようになる，

> 私が内省という行為によって私の現在の経験に注意を向けるとき，私はすでに純粋持続の流れのなかにはいない。私はもはやその流れのなかで生を送っているのではない。諸経験が感知され，識別され，浮き彫りにされ，お互いが分かたれる。そして，持続の流れのなかの諸相として構成されていた諸経験は，構成された諸経験としての注意対象となる。・・・意味の研究にとって最も重要である**注意という行い**は，過ぎ去った経験，要するにすでに過去の経験を前提としているのである。(p.51)

この持続的経験の概念と複数の経験ということを合わせて考えてみると，いくつかの重要な点が浮かび上がってくる。第一に，意味の創造とは注意，それもすでに生じたことに対する注意の過程のことである。第二に，注意はある特定の時点（ある特定の今ここ）から過去に向けられるので，その注意の瞬間に生じている諸々のことが，過去を振り返って見るときそこに何が見出されるかを左右する。第三に，解釈されるテクストはすでに過ぎ去ったもので，一つの記憶なので，想起に影響するものすべてが，その記憶に付与される意味に影響する。第四に，刺激－反応という連鎖の図式は，陪審員の意思決定の事例で見たように，誤解を招きやすい。正しくは，反応が生じたときにのみ，相応の刺激が定義されるのである。このような逆転が生ずるのは，われわれが決して始まりの局面を知りえないからである。行為は，すでに行われた後にのみ，注意の対象となりうる。行為が注意されるとき，いくつかの可能な先行条件があるだろう。そのうちの"どれ"を刺激として選択するかが，行為の"意味する"ものの選択を左右する。そしてどちらの選択も，状況のコンテクストに強く影響を受けるのである。

George Herbert Mead (1956) も，根本的に Schutz が論じたのと同じことを述べている；「われわれは絶えずし終わったものを意識しているのであって，決してしていることを意識するのではない。われわれは絶えず感覚

過程だけを直接に意識するのであって,決して運動過程を意識するのではない。それゆえ,われわれは感覚過程を通じてしか運動過程を意識しておらず,運動過程は感覚過程の結果として生ずるものである」(p.136)。行為は,それが完了したときのみわかる。そのことは,われわれが常に少しだけ遅れており,行為のほうが常にほんの少しだけわれわれに先行していることを意味している。そう考えると,後知恵がバイアスであるかぎり(たとえば,Hawkins & Hastie, 1990),すべての人がいつでも偏っているということになる。時間と知覚の性質上,そのような結果はまぬがれない。

特定の意味がどのようにして回顧的に浮かび上がってくるのかを理解するために,ある特定の現在から過去に向かって広がる円錐状の光として内省という行為を考えてみよう。この円錐状の光が,生きられた諸経験のある部分を照らす。円錐の光は現在から発しているので,現在進行している計画や感情が,過去の風景やそこに何が見られるのかに影響を及ぼすだろう(Schwartz, 1991)。したがって,「生きられた経験の**意味**は,その経験に対して自我が向ける特定の注意の種類次第で変わる」(Schutz, 1967, p.73)。意味は,当該の経験に"付着し"ているわけではなく,経験に向けられる注意の種類の中にあるのだ。

この意味するところを知るために,人間とはプラグマティックな存在であり(James, 1890/1950; Rorty, 1982),「社会的な思考は実行するために存在している」(Fiske, 1992, p.877)と仮定してみよう。内省行為はすべて,今ここにおいて生じておりそこではさまざまなプロジェクトがあって,あるプロジェクトはまだ思案中であったり,別のプロジェクトはすでに進行中,さらに他の計画はちょうど完遂されているといった具合である。「意味を思考し,固定し,それに固執するといった働き全体は,それをする人が特定の目的と個人的な目標を持つ生き物だという事実を考慮に入れなければ,ナンセンスである」(James, 1890/1950, Vol.1, p.482)。だから,いま,この瞬間に進行しているものすべてが,すでに生じたものの意味を決定づけるのである。

現在のプロジェクトや目標が変わると,意味もまた変わる(Gioia & Chittipeddi, 1991, p.435)。プロジェクトが意味に及ぼす影響は,Lanir,

Fischoff, & Johnson（1988）の論述の中に見られる。彼らによれば，軍事的な指揮統制システムは，戦略的で計算されたリスク・テイキングな物の見方をする上部の人間と，戦術的で局所的，請負人的な物の見方をし，大胆さと奇襲が大事とする下部の人間とを結びつける。上部のプロジェクトと下部のプロジェクトはきわめて異なるので，"全く同じ"出来事を別のように読み取る。Gephart（1992, pp.119-120）は，事故調査の研究をしている時にこれと同じことを見出している。事故調査の際に，手順や手続きに規定されたプロジェクトから形成されている最高経営層の論理は，現業員自身の状況の論理とは異なっていて，現業員は同じプロジェクトを異なった風に見ていた。目標は，スピード（それは経過した経験を検討するときに期待の確認を急がせる）ないし正確性（それは経過した経験のより複雑な検討を促す）によって分類することができるとFiske（1992, p.884）は論じている。脅威か好機かという重大な区分（Dutton & Jackson, 1987; Jackson & Dutton, 1988）は経験に対する対称的なラベルとして，思っている以上に早い段階のセンスメーキングに影響を及ぼしているようだ。なぜなら，そのラベリングが計画の定義を左右し，ひいては過ぎ去った経験から何を抽出するかに影響すると考えられるからだ。

　人びとはたいてい，進行中のプロジェクトを2つ以上持っており，これらのプロジェクトについてさまざまな自覚を抱いているので，内省は過剰決定に陥り，明晰性は保証されない。その結果，過ぎ去った経験は多義的なものとして現れるが，それは，経験が何の意味ももたらさないからではなく，あまりに多様な種類の意味をもたらしてしまうからである。それらのある種の意味は，他の種の意味と矛盾しているかもしれない。しかし，個々のプロジェクトが独立性を有し，重なる目標をそれぞれが相前後して追及しうるという事実を考慮するなら，そのことは特に驚くにあたらない。

　回顧的センスメーキングとは，内省がなされる際に多数の異なるプロジェクトが進行しているために，多くの意味がありうるが，それらを統合する活動である（たとえば，Boland, 1984）。問題は意味が少なすぎるのではなく，あまりに多過ぎるという点にある。センスメーカーの直面する問題は，多義性であり，不確実性ではない。問題は混乱にあり，無知ではない。私は

これらの点を特に強調しておきたい。というのは，情報処理のメタファーを好んで用いる研究者たち（たとえば，Huber, Ullman & Leifer, 1979）はしばしば，他のほとんどの問題に対するのと同じように，センスメーキングをより多くの情報が必要な状況と捉えているからである。多義性に苦しめられているとき，必要なのはより多くの情報ではない。必要なのは，どのプロジェクトが重要かを教えてくれる選好についての価値観や優先順位や明確さなのである。価値が明確になると，過ぎ去った経験の中で何が重要かが明確になり，ひいては，過ぎ去った経験の意味するものについて何らかのセンスが得られるのである。

　研究者が，回顧的センスメーキングのアイディアを用いるのにプラグマティズムにこだわる必要はない。他のいかなるパースペクティヴも，今ここに挿入されうる。ただし，それは，進行中の活動に自分がなぜこれこれの意味を付与するのかという問に答える際に，パースペクティヴが想起にいかなる作用を及ぼすか追跡できるようなものでなければならない。もし，ある人が今ここで，ある何かを先入観としているならば，他の何かも先入観でありうる。そして，その先入観がどのようなものであれ，過ぎ去った経験の上に図と地の関係を押しつけ，センスメーキングを促進する。したがって，「たった一つの解釈図式によって言い尽くされてしまうような生きられた経験など存在しようもない」（Schutz, 1967, p.85）。

　この議論を今日の問題に敷衍すると，センスメーキングに関する最近の議論，特に後知恵のバイアスに関する議論は，振り返って見ることがいかに多くの物事を省略してしまうか，そしてその省略によってもたらされる問題点を過大視するきらいがある。このことに関して研究者たちが決まって拠り所とするひとつの基礎的発見がある（たとえば，Hawkins & Hastie, 1990）。それは，絡み合った不確定な事象の複雑な歴史の結果を知った人は，すでに知っている結果を"必然的に"導くかなり確定的なものとして歴史を想起するというものである。さらに，結果を良いと見なすか否かによって，そうした確定的な歴史はそれぞれ別の姿に再構築される。もし結果がまずいと知覚されたなら，不適切な行為や欠点だらけの分析あるいは不正確な認知を強調するように，先行条件が再構築される。たとえ，そのような欠点が些

細なものであったり,その時すべてが明らかではなかったとしてもである (Starbuck & Milliken, 1988, pp.37-38)。このように,後知恵は,因果の結びつきをことさらに強め,直接結果に導くようないわば出来レースとして歴史を再構築するのである。Starbuck & Milliken (1988) はその点について次のように述べている,「回顧は,過ちは予測されるべきであり,良い認知や良い分析,そして良い議論は良い成果をもたらす,という誤った考えを抱かせてしまう」(p.40)。

「誤った考えを抱かせてしまう」というフレーズに注意を払う必要がある。それを言うなら,後知恵において形成されるタイトな結合は,未来が事実上不確定で,予測不可能なことを端折っているがゆえに誤りである,とするのが正しい。また,物事は思い出されるようには決して生じていないという意味で,過去は結果を知ったとき再構築されるというのが正しい。回顧的センスメーキングは,最終的結果に達するのを複雑にした因果連鎖の多くを「消し去る」(Starbuck & Milliken, 1988, pp.37) のである。

しかしである。もし人びとが自らのプロジェクトを完遂させたいと欲し,努力やモティベーションがその遂行を何ほどか促進し,環境が柔であるならば,秩序を強調し,因果性を単純化するような(過去の不確定性の)読み違えは (Reason, 1990, p.91),たとえそれが誤った歴史化であろうとも,効果的な行為をもたらしてくれるだろう。Brunsson (1982) が基本的に論じているのは,Gollwitzer (1990) と同様に,この点なのである。

パースペクティヴとしての後知恵のバイアスについての発見から,3つのことに注意する必要がある。第一に,日常生活における回顧的センスメーキングでは,行為と内省との間に比較的短い時間差しかない。そのことは次のことを意味する。つまり,記憶の痕跡は一般的に真新しく,不確定性に満ちているということ,そして人びとは何が発生したかを振り返って見るとき,一握りのプロジェクトにしか思いが及ばないということである。このどちらの傾向も,歪みが重大な結果をもたらす可能性を減じる作用がある。第二に,回顧は「現在や未来よりも過去を少し明確にするだけである;つまり回顧は過去を透明にすることはできない」(Starbuck & Milliken, 1988, pp.39-40)。過去は,一部消去されるかもしれないが,すべて抹消されはしな

い。第三に，秩序や明確さや合理性といった**感覚**が，センスメーキングの重要な目標となる。これは，こうした感覚が得られたら，それ以上の回顧的処理が行われないことを意味している。

　センスメーキングの研究者は回顧という概念にもっと慣れていてもよいハズだ。というのは，組織研究における著作でも，回顧の働きを仮定しているものが少なくないからだ。たとえば，戦略策定に関する Mintzberg の研究（1978, p.935）は，回顧という操作から成されている。戦略を過去の意思決定活動の中に観察されたパターンと見なす彼の定義（感得された戦略＝一貫した行動）は，回顧というものをよく知っていることを示している。Boland（1984）は，1980年にレンタル・フィルム会社の経営者を集め，1982〜85年度の会計報告書を彼らに示して，今日は1985年の7月21日だと想像し，フィルム・サービスはどのように推移したのか，またその理由を議論してもらった。この未来完了思考の実験は，事象を過去の中に置けば，たとえその事象がまだ生じていなくとも付与しやすいという命題を検証するための試みであった。Boland はその実験の重要な結果として次のことを報告している。参加者たちは，想像上の未来で何がすでに行われたかを理解しようとする内に，現実の過去についてあまり理解していなかったことに気づいた。その実験は，過去の事象の性質や意味に関する不一致（人はそれについて気づかない）が，現在の意思決定の障害となっていたことを明らかにした。

　Boland の研究，そして未来完了思考のより一般的な概念（Weick, 1979）の要点は，センスメーキングは字義通り現在を越えて拡張しうるということである。その結果，現在の意思決定は，通常考えられているよりも広いコンテクストの中で有意味となりえて，過去と未来も現在の意思決定に関与しうるのである。

　最後に，回顧がどのように働くかを示す鮮やかな事例を Staw（1975）が提供している。彼は60人の学生を各々3名からなる20組の集団にランダムに振り分け，1970年の売上高と一株当たり収益を見積もるために，中規模の電子機器会社の1969年度年次報告書を研究させた。集団にはこの財務的課題を解くために30分間が与えられた。それぞれ結果を発表した後に，各集団は，

高業績集団（「あなたの集団はきわめてよくやった」，売上高の見積額はわずか1万ドル程度しか離れていない）か，低業績集団（「あなたの集団はあまり芳しくない」，売上高の見積額は1千万ドル近くも離れている）かどちらかにランダムに振り分けられ，次に偽りの業績がフィード・バックされた。業績を告げられた後に，集団の団結力や，影響力，コミュニケーション，タスク・コンフリクト，変化への対応力，モティベーション，能力，指示の明確性などについて「あなたの集団ではどうでしたか？」という質問項目を参加者たちに埋めてもらった。タスク・コンフリクトの項目を除くすべての項目に対して，高業績集団にランダムに割り当てられた人は，低業績集団に割り当てられた人よりも，自分たちの集団を有意に高く評価した。Staw のこれらの学生たちは，結果を生み出したプロセスに関してもっともらしい歴史を構築するために，自集団の業績という知識を利用したのである。それはちょうど，Garfinkel の陪審員たちにとって，自ら下した評決が審議の際に重大な意義を持ったものの説明に影響を及ぼした独立変数となっていたのと同じである。われわれが何を生み出したかを私が知るまで，われわれが何をしたかを私がどうしてわかろうか？　未来予測や，コンティンジェンシー・プランニング，戦略計画，その他の魔術的なテクニックが内省的行為や歴史から切り離されると，それらは時間の無駄でなおかつ誤謬を招くものだとセンスメーキングの研究者が批判するが，その理由は，彼らが回顧こそセンスメーキングにおいて主要な役割を果たしていることを知っているからである。

3. 有意味な環境をイナクトするプロセス

　アイデンティティと回顧に関するこれまでの議論では，センスメーキングのうちのセンス（sense）の性質について詳細に論じてきた。今度は，センスされるものを"メークする（making）"活動について論じてみたい。後者に関する議論は，これまでも次のような諸点に触れたときすでに暗示されていた。すなわち，センスメーキングという概念は認識のみならず，行為を

含んでいるという Thomas 等（1993, p.2）の主張を引用したとき；解釈は，すでに存在する実体にいかにして対処するかを説明するものであるのに対し，センスメーキングはいかにして実体がそこに存在するにいたったかを説明するものであると論じたとき；また，たとえば発話という行為によって初めて自分の考えていることがわかるように，行為がセンスメーキングの先行条件であることを暗示したときである。

　私は，組織の生において自分の直面する環境の一部を自分が生み出しているという事実（Pondy & Mitroff, 1979, p.17）を強調するために，**イナクトメント**（enactment）という言葉を用いる。私はこの言葉が大変気に入っている。というのは，この言葉が，法律制定者のやっていることと経営者のやっていることがきわめて類似していることを示してくれるからである。どちらも権威ある行為を通してリアリティーを構築している。人が法律を制定する（enact）とき，彼らは未定義の空間や時間それに行為をとり上げ，境界線を引き，カテゴリーを確立し，以前には存在しなかった環境の新しい面を創り出すラベルをはりつける。たとえば，ミシガン州議会が，利用者の一月の通話回数が400回を越えると，それ以降の通話一回ごとに料金を課す権利をミシガン・ベル社に認める法律を最近公布するまで，399, 400, 401という数字には格別何の意味もなかった。しかしいまや，400回目の通話は，金のない者にとって，実体的な障害物のように際立った，目に見え，かつシンボリックなものとなったのである。法律制定者は，有権者に対して制約をイナクトしたのである。その制約は，高くつく400回目の電話をするときに有権者が押すボタンと同じようにリアルなものである。もっとも，その法律制定者は自らを落選させるような条件をイナクトしてしまったのではないかという問題が残ってはいるが。

　イナクトメントの事例を他にも考えてみよう。二人の警察官がパトロール・カーに乗って巡回中，ある10代の若者が通りすがるパトロール・カーに向かって中指を突き立てた。警察官はその少年を無視することも，車を止めることも，あるいはもっともありうるのだが，そのしぐさを返すこともできる。Bill Walsh は，サンフランシスコ49ersでコーチを務めていたとき，競技場に着く前に，ゲーム中に使用する最初の20通りの攻撃プレーを書き出し

たものだった（ビジネス・ウィーク誌，1983年10月24日号）。1987年にペルシャ湾で，合衆国はクウェートの船にアメリカ国旗を立て，その船を「ガソリンの王子」と呼び，船の周囲を合衆国の戦艦で護衛した。1980年の10月7日，アトランタのハーツフィールド空港で，管制官が5機の飛行機に同じ待機パターンを維持するよう要請した。その結果，快晴にもかかわらず，8時14分から20分の間に，その5機の飛行機の間で10回ものニア・ミスが発生した。それぞれのケースで，人が自らの環境を創造し，次にその環境が彼らの行為を制約した。警察官は，若者にいかなる反応をしても，自らが対処しなければならなくなる環境をそれなりに創造する。Bill Walsh は，その20通りの攻撃プレーをそのまま実行に移すと，その攻撃陣が直面するであろう守備環境を彼が創り出す。合衆国政府は，自ら対処しなければならない挑戦を創り出した。アトランタの管制官は，次第に統制できなくなるような飛行環境を創り出していった。

　これらのケースにおいて，先の当事者たちから独立し，かつその外部に存在するような，特異で単一の，固定された何らかの環境が存在するわけでは**ない**。そうではなく，それぞれのケースにおいて，人びとはまさに彼ら自身，環境の一部なのである。彼らは行為し，そして行為する中で，自分たちの直面する制約や機会となる素材を創り出している。受動的人間の面前にそのような環境を置く，そんなことを人間以外になしえる"もの"があるだろうか。その"もの"は，能動的な人間でしかありえない。組織にいる人たちはあまりにこの事実を忘れてしまっている。"その環境（the environment）"という言葉が中立的な響きを持つので，彼らはこの響きの犠牲になっている。"その"という言葉は，何かしら単数の固定されたものを思い起こさせる；そして"環境"という言葉は，この何かしら単数の固定されたものが個人とは関わりがないかのように感じさせる。どちらの意味合いもナンセンスである。

　私は，本書では一貫して，行為がセンスメーキングにとって決定的に重要であると仮定している。その際，私はFollett（1924）に導かれ，彼女の著作を長々と引用するが，その理由は，彼女の業績はあまり知られてはおらず，私自身も含めほとんどの人がしばしば見過ごしている大事な点を彼女は

捉えているからだ。

　Follettの思想の中核は，人は自らの活動の結果として刺激を受けるというアイディアであり，それはイナクトメントという言葉が暗示するものでもある。環境に関して，彼女は次のように述べている。「私たちは環境の主人でも奴隷でもない。言葉のもっとも正確な意味において，私たちが命令し，環境がそれに応えるとは言えないし，有機体が自らを環境に適応させると言うこともできない。なぜなら，いずれもより大きな真実のほんの一部を言っているに過ぎないからだ。私の隣人の農民はそのことをわかっている；私たちはある木を刈り込み，接ぎ木し，肥料をやる。そういった行動が徐々に林檎の実る木にふさわしいものになるにつれて，その木は次第に林檎の実る木になっていく。その木は私の中のエネルギーを解放し，私はその木の中のエネルギーを解放する；つまり，その木は私が考えたり，計画を立てたり，働いたりするようにさせるが，逆に私もその木に実をつけさせるようにしているのである。それはどちらの側にとっても解放プロセスである。そしてこれこそ創造プロセスなのである」（Follett, 1924, pp.118-119）。

　意図的な接ぎ木や刈り込みというイナクトメントのメタファーは，進化論における人為的淘汰の一例である（Weick, 1979, p.176）。イナクトメントのアイディアも人為的淘汰のアイディアも，相互依存的活動やプロセスそれに連続的変化に対してわれわれの注意を大いに呼び起こす。これらはまた，刺激-反応という分析方法に潜む罠に対する用心を呼び起こす。

　個人の活動は，きわめて限定された意味においてのみ状況からの刺激によって引き起こされる。なぜなら，ほとんどの場合，その活動自体が，個人の活動の原因となる状況を生み出すのに与っているからである。別の言葉で言えば，行動とは，"主体"そのものと"客体"そのものを関係づけることではなく，2つの活動を関係づけることである。そうした行動プロセスを語る際に，私たちは"…に"働きかけるという表現（主体が客体に働きかける，客体が主体に働きかける）をあきらめなければならない；行動プロセスにおいては，活動の出会い（meeting）と相互浸透（inter-penetrating）こそが重要な真実なのだ。いまや生理学と心理学は私たち

に次のことを教えてくれる。つまり，反応の**本質**は一部分，いわゆる反応を引き起こした活動をもたらす変化である，つまり私たちは決して，刺激する刺激や反応する反応を捉えることはないのである（Follett, 1924, p. 60）。

センスメーキングのときに生じている進行中の相互限定（codetermination）ということを銘記するために，私たちが普段どのようにプロセスを描写しているか考えてみる必要がある。「ある著者たちは，行動プロセスについてその他の点では正確に述べているにもかかわらず，いまだに結果（result）——プロセスの結果——という言葉を用いている。プロセスの結果など存在せず，ただプロセスの中の瞬間が存在するだけなのだ」（Follett, 1924, p.60）。言い換えれば，思想や，原因 - 結果，刺激 - 反応，主体 - 客体とは，プロセスの中の瞬間についての記述に過ぎない。別の瞬間を観察すれば，別の瞬間の観察による仮の"産物"の意味が組み替えられるだろう。

Follett（1924）は，"結果"について論じるよりも，むしろ"関係づけ"について論じるべきだと述べている。

私たちが一定の行為を行うとき，その行為に向けられていた思考は変化し，その変化が活動を変える。・・・あなたが次のように言う，「X 氏と話しているとき，いつも彼は私を刺激するんですよ」。X 氏がすべて刺激するということは真実ではないだろう；そうではなくて，あなたの中の何かが彼の中の何かを呼び起こしたのだろう。これこそ，客体が主体に働きかけるといった"…に働きかける"という表現を止めるべきだ，と私が上で述べた理由である。・・・私はあなたに反応するのではなく，「あなた＋私」に反応する；もっと正確に言うと，「あなた＋私」に「私＋あなた」が反応しているのである。"私"が"あなた"に影響を及ぼすことなどできない，なぜならあなたはもうすでに私に影響を及ぼしてしまっているのだから；つまり，出会いというプロセスの中で，また出会いというプロセスによって，私たちは互いに異なるものになる。その変化は，私たちが出会う前，つまり出会いを予測しただけでも始まるのである。私たちは会議

においてこのことをよく知っている。変化がどこから生じたかを見つけたいなどと誰が思うだろうか？　誰も思わないだろう。(pp.62-63)

　センスメーキングを関係づけとして考えると，組織研究のいくつかの古典的な問題が書き直される。私は本書を通じていろいろ書き直しをしてはいるが，しかし変化への抵抗に関するFollettの議論に対しては，付け加えるべき何物もない。
　"変化への抵抗"というフレーズは，"環境の抵抗"といったより普遍的なアイディアを組織に適用したものである。Follett（1924）は次のように述べている。**抵抗**という言葉を使用すると，あたかも人が環境を処理しているのだと思わせてしまういわば不適切な考え方を生み出す。彼女は言う，抵抗として論じるよりもむしろ，

　　環境の活動と向き合うこと（confronting）として論ずるべきである。そうすれば，私たちは先を見越した判断をする必要などなくなる；反対や抵抗ももちろんあるだろうが，しかしこの新しい定義にしたがえば，反対や抵抗だとわかるまで，判断を留保することができる。これは社会科学に重大な変革をもたらすだろう。いまや，利害の対立ではなく，利害の向き合いが問題となる。［本書第6章の議論としてのセンスメーキングを参照せよ。］向き合うことにおいても，利害が両立しえないこともあるだろう，しかしそのとき何がなされるかについて，あらかじめ判断する必要はない。向き合うことは闘争を意味しない。言い換えるなら，向き合いには，差異に折り合いをつける方法として統合（integrating）の可能性が残されているのである。(p.120)

　抵抗と闘争という仮定が取り除かれたなら，人口生態学の諸概念（たとえば，Hannan & Freeman, 1977）は崩壊してしまうだろう。資源の枯渇に向き合うとき，われわれの選択肢は，単なる生か死かよりもはるかに多数になる。
　これらFollettの著作の引用は，行為を回顧と，そしてセンスメーキング

を解釈と結びつける。人びとは自らの環境を創造するが，その環境もまた人びとを創造する。このプロセスを深く理解するなら，そして，そのプロセスの瞬間と結果を凍結して把握するのがいかに不完全であるかを深く理解するなら，センスメーキングを研究するとき多くの人にとってブレーキとなっているものの正体がわかってくる。そのブレーキとは，Burrell and Morgan (1979) による巧みな揶揄「存在論上のふらつき（ontological oscillation)」(p.226) である。彼らは次のように断じている。解釈学や現象学，そしてシンボリック相互作用論といったアイディアで研究している理論家（批判理論や葛藤理論といった必ずしもこれらと無関係でない研究者はなぜか該当しないようだが）は,

> 社会構造や，その他あらゆる形の具体的な社会的リアリティーの存在を否定する主観主義者のスタンスを強調することが多い。ところが一方，彼らが経験論的なコンテクストで彼らのアイディアを操作化しようとするとき，実在論的な形式の存在論に密かに身をゆだねてしまうことが多い。・・・こうした存在論上のふらつきは，日常生活から取り出された状況の経験論的研究を通してその基本的前提を説明しようとする現象学的社会学すべてに見られる。(Burrell & Morgan, 1979, p.266)

組織の生の一見堅固で具体的かつ実体的な面が実は主観的な構築物に依存していることを明らかにするという試みの裏側で，主観的な構築物から独立して存在する諸々の制約や客体を措定する実在論者の仮定をひそかに持ち込むとき，ふらついていると批判される（Morgan 自身がどうして同様の"過失"を犯してしまったか，その説明は Shotter, 1993, p.154を参照されたい）。これまで私は，彼らが言うところの"ふらついた"分析を行ってきた。私が好んで用いる概念装置の一つである必要多様性は，輪郭ゲージと呼ばれる大工道具によく具現化されている（Weick, 1979, p.190)。輪郭ゲージは，それが固い表面に押し当てられると，その表面パターンを把持するセンサーとなる。そして，そのゲージによって，大工は，そのパターンを柔らかくて複製可能な別の表面に転写することができる。

複雑な客体を把持し規制するためには複雑な感知システムが必要であると論じるために，Heider の『モノと媒介物』の論文（1959）から着想を得て，私はその輪郭ゲージの発想を利用した。それは，まぎれもなく実在論者のそれである。しかし，人間のセンスメーキングには，自己成就的予言ということがあるとの分析もまた，把持という議論において無視できない。人びとは自分が見るだろうと予期したものを創造し，見る。そうであるなら，果たして次のように言えないだろうか？　つまり，輪郭ゲージは成就された予言に相当するものに押し当てられ，それを把持するのだ，と。まったくその通りである。こうした2つの存在論を混合したことが，Burrell and Morgan を怒らせてしまったのだ。

しかし彼らの非難は正当ではない。センスメーキングを研究する人は存在論上ふらつくものなのだ。なぜなら，格別存在論云々を考えたことのない日常生活を生きている人びとの行為を，センスメーキング研究者が理解しようとするとき，そのふらつきこそが理解を促してくれるからである。注意（Starbuck & Milliken, 1988）や，操作（Hedberg, Nystrom, & Starbuck, 1976），解釈（Isabella, 1990），そしてフレーミング（Goffman, 1974）などは，（社会科学の性質についての仮定としての）主観／客観と，（社会の性質についての仮定としての）チェンジ／レギュレーション（Burrell & Morgan, 1979, pp.1-37）をさまざまに組み合わせたものだが，それらはいずれもセンスメーキングにおいてきわめてもっともな事象である。もし，人びとが多様なアイデンティティを持ち，多元的なリアリティーに対処しているのであれば，存在論的に純粋主義者であると予測すべき理由などあるだろうか？　彼らが純粋主義者ならば，そのセンスメーキング能力は制限されてしまう。人びとは時によって，解釈主義者，機能主義者，ラディカル人間主義者，ラディカル構造主義者のように行為するという方が自然である。

新参者の社会化を考えてみよう。Louis（1980）が示しているように，新参者が最初，驚いてばかりいる時期，彼らは解釈主義者としてスタートする。解釈学は新参者が予期せざるものを解釈するのを助ける。しかし，すぐに対立し合う利害集団が新参者の忠誠心を引きつけようとするだろう。その際，新参者は，ラディカル構造主義者に近い行為をし，それは葛藤理論を用

いて最も良く理解される類のものである。時が経ち，ルーティンが発達し，ものの意味が組織文化によって固定されるにつれ，物事が自明視されるように，事実性が発達してくる。そうなると，社会システム理論のような機能理論がより有用になってくる。そこで何が生じたかと言えば，新参者と他者の相互依存的活動が発展し，それとともに，（その発展プロセスの中の瞬間が凍結されるときに所与とされる）指示対象と説明が発展したのである。

　イナクトメントという概念には，囲い込み（bracketing）と区切り（punctuating）を強調する点で実在論に触れる部分がなくもない。純粋持続に対処するため，人びとは流れに分け目を入れ，その分かれた部分にカテゴリーを押しつける。囲い込むとき，人びとはあたかも発見されるべき何かがそこにあるかのように行為する。彼らは実在論者のように行為するが，そのとき彼らは，内なる唯名論者が区切るに値する節目を"発見する"ためにア・プリオリな確信や予期を用いていることを忘れている（Starbuck & Milliken, 1988, p.50）。Czarniawska-Joerges（1992）はその点について次のように述べている。「石は，われわれの認識から独立して存在している；しかしわれわれは，**認知的囲い込み**によって，つまり注意をその石に集中させることによって，その石をイナクトするのである。こうして，精気が吹きこまれ，注意が引きつけられたその石は，石という概念や属性および使用などを通して社会的に構築されるのだ。このような社会的構築にもとづいて，われわれは，物理的な行為（それは石を打ち砕くといった行為であるかもしれないが）をすることができるのである」（p.34）。もう一つ例を引用すれば，「あらゆる建築物は社会的に構築されたものである。建築物はどれも，レンガや，モルタル，人間の労働力，建築法規，建築デザイン，美的表現形式などから構成されている；そして逆に，それら各々の構成要素は，建築物という社会的に構築された概念によって社会的に構築され，まとめ上げられるのである」（p.33）。建築家は，諸要素を取り出し，それらを関係づけ，断片を有意味にするシステムを生み出す。

　とはいえ，イナクトメントという概念には，発明や構築という活動，すなわ（客体や客観性よりも）主体や主観性が勝っているように見える活動も含まれる。そこで銘記すべきは，囲い込みと区切りが，その人の直面するその

他すべての活動を形成し，修正し，実質を付与するという事実である（たとえば，Pondy & Mitroff, 1979, p.13）。センスメーキングは，センスするための対象や，構造化の構造を創り出すプロセスだということが最も明らかになるのはまさにこのイナクトメントにおいてである。Ring & Van de Ven（1989）がそれについて次のように述べている，「理解プロセスは，'そこにある'かのような外的かつ事実的秩序を構築したくなったり，自分たちの社会的関係には外的リアリティーが存在するのだと再認識したくなったりすることから生ずる」（p.181）。言い換えると，人は自らの実在論的仮定が保証されるような方向で行為するのである。

　社会的に創造された世界は，行為や志向性を制約する世界になる。「社会的に構築された取引としていったん認識されたものは，外的に具現化された客観的リアリティーという形式を帯びるようになる。取引の当事者たちは，すでに予定された役割や'アクション・ルーティン'を演じる」（Ring & Van de Ven, 1989, p.185）。まさにこの社会的構築が物事のやり方の制度となり，そうした制度が継承される。こうしたことからか，センスメーキングのアイディアが制度派理論のアイディアに結びつくのである。センスメーキングは，制度化の素材なのだ。

　イナクトメント（＝イン**アクト**メント）は，世界についての概念図式（Lou Pondy がエン**シンク**メントと呼んだもの）などではなく，何よりも世界の中での行為であるという意味合いは，Porac 等の研究の中にもっとも明瞭に示されている。その研究とは，タイト・ニットのクラシックなカシミヤ・セーターの製造業者からなるホーイック・コミュニティーに関するものであるが，その中でホーイック精神は「競争集団をイナクトすること」（1989, pp.398-399）から発展すると論じられている。つまり，どのような製品が生産されるべきかとか，どの素材を購入すべきかとか，どのような顧客をターゲットにすべきか，といったような素材や技術に関する意思決定を下した結果，ホーイックの集団とその環境は相互に構築し合ったというのだ。このような行為は，あらかじめ与えられた環境への反応というよりも，むしろ"市場の手掛り"を創り出す。ホーイックの製造業者がイナクトしたこれらの手掛りを知覚することによって，メンタル・モデルが修正される。

そしてそのメンタル・モデルにしたがって，後の戦略的決定が下されるのである。イナクトされた世界は実体的なものである。なぜなら，その世界には，ホーイックの製造業者によって実質と意味が付与された物的かつ技術的人工物が含まれるからだ。と同時に，イナクトされた世界は主観的で，囲い込まれ，区切られた世界でもある。なぜなら，その世界の"起源"は，因果で結びついたカテゴリーからなるメンタル・モデルで，そのモデルは最初の人工物を作り上げた戦略化の一部をなしていたからである。ホーイックの人びとは，自らのホーイック精神をイナクトする環境をイナクトしているのであり，このようなプロセスはセンスメーキングにおけるイナクトメントの好例である。外的に状況づけられた情報についての主観的な解釈が存在するが，その情報は行動という手段によって客体化され外的なものにされる（Porac 等，1989, p.398）。人は自分自身の意図を発見するのである。それを存在論的にふらついていると言うのなら，それでもいいだろう。しかし，実際に生じているのは，こういったことなのである。

　イナクトメントという概念を用いる際には注意すべき点が2つある。第一に，創造するといっても，行為によってなされるものばかりを考えてはならない。この点については，特にBlumer（1969）が明確に述べている。人には内省，自己指示それに解釈する能力が具わっているので，「ある行為のコースは，開始されたり停止されたりする。放棄されたり延期されたりもする。単に計画されただけであったり，空想だったりもする。仮に開始されても，変形されていく」（p.16；邦訳20ページ）。これらの結果は，どれも創造にはいたらないが，意味を生み出しうる。行為は表出されるだけでなく，抑制されたり，放棄されたり，チェックされたり，方向変えされたりもするのだから，行為は世界の中に目に見える結果を生み出さずとも，意味に影響を及ぼす。想像の中で構築され，自分だけにしかわからないような省略された行為でも有意味にされうる。したがって，行為を，刺激への単なる反応や，観察可能な行動，あるいは目標達成行動と同一視しないように注意すべきだというのが第一の注意点である。もし同一視すると，行為が意味を創り出す微妙な様を見逃してしまうからだ。絶対実行されない行為，実行されるのが遅すぎた行為，手を引くのが早すぎた行為，あるいは時機が良くなかった行

為などが，無意味なことはめったになく，むしろ，その意味がわかり過ぎるくらいのことが多いようだ。

　第二の注意点は，デカルト的不安にとらわれるな（Varela, Thompson, & Rosch, 1991, pp.140-145）というセンスメーキングにとっての警告である。人間は，先与性ないし既存の情報を具えた世界というものを必要としているように思える。なぜなら，固定され，安定した準拠点としての世界というものを捨て去ると，ろくでもない観念論やニヒリズムそれに主観主義に陥ることになるからである。デカルト的不安は，「ジレンマとして論じるのがもっとも良い：すなわち，知識の唯一の固定され安定した基盤（そこから知識が始まり，そこに基礎づけられ，依拠し続ける）を持つか，さもなくば，一種の暗黒やカオス，混乱から逃れられないかのどちらかである。唯一の絶対的な基盤ないし根拠が存在するか，さもなくばすべてがパーになるかのどちらかである」（Varela等，1991, p.140）。

　ニヒリズムに対するいくつかの解決策がある。その一つは，次のような考えを受け入れることだ。「基盤がないということこそ，（人が経験する）豊かに織り上げられた相互依存的な世界をもたらすのである。・・・［世界は，固定されているわけでも，あらかじめ与えられているわけでもなく，］われわれが携わるさまざまなタイプの行為によって絶えず形成されているのである」（Varela等，1991, p.144）。Follettが論じたように，もしわれわれが諸々の活動と向き合っているのなら，行為，関係，信用，信頼，経験，前提などは，単にセンスメーキングだけの道具ではない。それらは認識論や存在論の道具でもある。それらは自らが解釈するものを創り出す。存在論的にふらつきながらそれらの道具を用いる人間を非難すると，センスメーキング・プロセスのきわめてわずかな瞬間でしかないものを大げさにわめきたてることになる。

　この論点に関しては，Eagleton（1990）やHassard and Parker（1993）のような脱構築主義者のメッセージを考量してみることが大切だろう。意味が互換可能となったり，権力がある意味に他の意味以上に権威を与えるまでは，多様な意味が溢れていたり，"テクスト"には意図していたより多くの読み方があるということは，センスメーキング研究者にとって何ら目新しい

ことではない。脱構築主義の破壊的な面は，センスメーキングを始めさせるのに必要な信頼や確信を破壊することである。多様な意味がみな，綿密な検討によって崩壊してしまうようなら，そもそもなぜセンスメーキングなどに思い悩むことがあろうか？　この問題はまさに James（1885/1956）が「人生は生きるに値するか？」と問うたとき考えていたものであった（本章の73ページも参照されたい）。その問に対する James の答は，イエスともノーとも答えられるということであった。もし，あなたが人生は生きるに値しないと考え，その答にしたがって行為すれば，あなたは疑いなく正しいことになり，自殺がたった一つの妥当な選択肢となるだろう。またもし，あなたが人生は生きるに値すると信じるなら，その確信はそれ自身を妥当なものにするだろう。問題は，信じるか信じないかとなる。なぜならそれが自己成就的行為を作動させるからである。信頼はセンスメーキングの媒介となる。脱構築主義者たちがそのことを忘れていたとしても，James にはよくわかっていた。脱構築主義者たちの姿勢を意味あるものとして信頼すれば，信頼した通りになるだろうが，それは皮肉なことに，Derrida よりもむしろ James を支持することになるのだ。

4．社会的プロセス

　センスメーキングという言葉には，個人レベルのものと思わせる響きがあって，それがある種の盲点を生み出しやすい。ここで，それについて触れておこう。センスメーキングについて論じられるとき，「人間の思考と社会の機能は・・・それぞれ互いに不可欠な側面である」（Resnick, Levine, & Teasley, 1991, p.3）ことがとかく忘れられがちである。その点，多くの組織研究者は，認知的なものと社会的なものが相互に絡み合っていることを心得ていて，それは Walsh and Ungson（1991）によって提起された次のような有益な定義の中にも見られる：組織とは「共通言語の開発と使用，および日常の社会的相互作用を通して維持される間主観的に共有された意味のネットワーク」（p.60）である。この定義は，"ネットワーク"，"間主観的に

"共有された意味"，"共通言語"そして"社会的相互作用"という言葉を含んでいることから明らかなように，きわめて社会的である。

センスメーキングが社会的プロセスであるということを忘れてしまうと，解釈や解釈活動を形成するある重要な基盤を見落すことになる。行動は，想像上の人であれ物理的に存在する人であれ，他者の行動によって左右される。このセンスメーキングのコンティンジェントな性質は，「個々人の思考，感情および行為が，現実の，**想像上の，あるいは暗示された**他者の存在によって，いかに影響を受けるかを解明し，説明しようとした」（p.3, ゴシックは引用者）Allport（1985）の社会心理学的記述の中に見出せる。Burns and Stalker（1961）もまた，組織を意識してではあるが，本質的に同じことを述べている：

機能している組織において，意思決定は，現実の他者の前で下されるか，**あるいは他者によってそれが実行されたり，理解されたり，承認されなければならないだろうとの想定の下で**下されるかのどちらかである。それゆえ，あらゆる意思決定機会で考慮されてしかるべきは，それが他者と共有もしくは受容されるか否かといった考慮である（p.118, ゴシックは引用者）。

どちらの引用文でも，他者が想像上の存在にまで拡げられ，想像上の社会性が暗に語られている。したがって，いわゆる社会的認知とは何かが問題となる。

社会的認知に関する研究が強調するところによれば，知識や論理といった内的構築物は，社会的相互作用についての理解に影響を及ぼすとのことであるが，他者とは無関係に発展すると言っている。・・・しかし別の考え方があって，それによれば，われわれの意図や感情はわれわれの内部ではなく，われわれの間で発展するとのことである。・・・個人は，まず他者との相互作用というコンテクストの中で新しい考えを生み出し，次にそれらをより広範なコミュニティーに伝達する。もしそれらのアイディアが存

続し続ければ，コミュニティーはそれらを一般化し，それらのアイディアは文化の一端となる。(Kahlbaugh, 1993, pp.80, 99)

　社会的基盤というものを見落とすと，それが理論的障碍となって，やがて自らを悩ますことになる。たとえば，Ring and Rands (1989) は，3 M と NASA との間でなされたやりとりを研究した際，センスメーキングを個人的行為と見なし，理解を集団的行為と見なしている。その結果，彼らは次のような障碍にぶち当たった：「センスメーキング・プロセスと理解プロセスに関する定義上の問題が避けられないようだ：一方向コミュニケーション・プロセスないし双方向コミュニケーション・プロセスと，センスメーキングないし理解との関係はどのようなものか？　センスメーキングが一方向のコミュニケーション・プロセスのものであることは明らかだ。ところで，ある人が私に何かを話し，その話は何らかの現象に関する私の認知マップの発展を促してくれる。私は反応する必要はないがもし反応したら，その反応は，センスメーキングのプロセスに当たるのか，それとも理解プロセスに，あるいはその両プロセスに当たるのだろうか？」(p.364)。

　彼らは，センスメーキングへの個人的貢献と社会的貢献を無理に峻別したために，共通の理解が促進されると見なされた実際の対面的な相互作用（つまり，3 M と NASA 職員が同行した 5 日間の NASA 施設の視察旅行そのもの，p.351）にばかり注意を集中させる反面，提案や提示したアイデンティティに対して相手がどのように反応するかに関する双方の予測にもとづいて頭の中で構築された視察前のセンスメーキングの重要性にあまり注意を払わなかった。しかし，後者の予測，すなわち暗示され想像された他者の存在を仮定した上でのセンスメーキングがあったから，実際の対面的な視察旅行中に人びとは意味を生み出すことができたのである。たとえば，NASA 代表の Smith 氏は，宇宙計画に対する 3 M の金銭的支援が期待していたほどではないということを視察旅行の間に感じ取った。しかし，彼は，金銭的援助の不満を面と向かってすぐさま相手に言い出すようなことはしなかった。では，何が視察旅行の間に起こったかといえば，視察旅行に先だってなされた頭の中でのリハーサルが微調整されたくらいのものであった。そして

そのリハーサルには，実際の視察旅行と同じくらいの相互作用があったのである。言い換えれば，センスメーキングへの社会的影響は，単に物理的な存在から生じるだけではないのだ。その点こそ，**シンボリック**な相互作用というフレーズの要点である（Blumer, 1969）。

センスメーキングは決して一人で行うものではない。というのは，人が内面で行うことは，他者に左右されるからである。独り言や一方向コミュニケーションですらオーディエンスを仮定している。だから，オーディエンスが変われば，独り言も変わるのである。

相互作用しあっている人間は，相手が何をしているのか，またしようとしているのかということを考慮している。彼らは，自分が考慮のうちにいれたものとの関連で，自分たちの行動を方向づけたり，自分たちの状況を扱わなくてはならない。こうして，他者の活動が，積極的な要因として彼ら自身の行動形成の中に入ってくる；他者の行為を目にして，ある個人は，ある意図または目的を放棄したり，改訂したり，検討したり，先にのばしたり，強化したり，あるいは別のものと置きかえたりする。他者の行為は，ある個人がたてる計画に作用し，そうした計画に反対したり妨げたり，計画の改訂を要求したり，まったく別の計画を要求したりもするだろう。個人は，ある程度まで自分の活動を，他者の行為に**適合**させなくてはならない。他者の行為はしかと考慮されなくてはならないのであって，（自分がしたいこと，しようとすることを表現するための）単なる場に過ぎないなどとみなされてはならない（Blumer, 1969, p.8；邦訳 9 -10ページより）。

センスメーキングの研究にはいくつかのアプローチがあるが，それらがもしも社会的に条件付けられた活動としてのセンスメーキングということに留意すれば，より適切なものとなろう。たとえば，Louis（1980）の研究で見たように，社会化は，センスメーキングが考察される舞台によくなる。社会化を徒弟制度によく似たプロセスとして論じた最近の議論（Lave & Wenger, 1991）は，この社会的舞台という勘所を押さえている。社会化の

研究はおおむね，Schutz（1964）のよそ者分析から派生している。彼の分析によれば，新参者は，解釈の仕方を学び，先輩たちの言葉で自らを表現する仕方を学ばなければならない。

　センスメーキングについて論じる研究者は，シンボリック相互作用論を連想させるイメージをよく持ち出す（Fine, 1993）。その理由は，シンボリック相互作用論がセンスメーキングにとってなかば市民権を得た理論だからというよりも，むしろシンボリック相互作用論が，自己，行為，相互作用，解釈，意味そして共同行為といった重要な一群の要素を内包しているからである。それらの要素を結びつけるのに，シンボリック相互作用論者のように結びつけるかどうかはともかく，それらは，われわれがすでに見てきたように，センスメーキングを規定する際にきわめて重要な要素なのである。シンボリック相互作用論はMeadの研究から生じたのであり，そのMeadは，精神と自我が社会的なプロセスの中で創られ，発展するのだと主張した。このことからもわかるように，シンボリック相互作用論のイメージを意識していれば，人びとが互いの意味とセンスメーキング・プロセスを能動的に形成し合っていることは忘れられたりはしないだろう。

　センスメーキングを研究する者は，話，言説，会話に多くの注意を払う。なぜなら，それらこそ多くの社会的接触を媒介する方法だからである。Gronn（1983）は教育組織における「仕事としての会話」について論じ，March and Olsen（1976）は，「討議と解釈のための手続の集合」（p.25）として組織を論じている。Shotter（1993）は，経営者を作家として論じる際，次のように述べている。経営者とは，テクストを書く作家ではなく，「次にとりうる行為の'見取り図'（この見取り図にもとづいて，関与しなければならないすべての人びとの'配置'が明確になる）を説得的に論じることのできる'実践的かつ倫理的な作家'あるいは'会話的作家'である」（p.157）。また，Weick（1985）は次のように論じている。組織環境のうち重要な部分は，

　　まさに話，シンボル，約束，うそ，利害，注意，脅威，同意，期待，記
　　憶，うわさ，指標，支持者，誹謗者，信念，疑惑，信頼，外見，忠誠，そ

してコミットメントから構成されている。・・・言葉は，安定的な結合をもたらし，人びとを方向づけるような安定的な実体を構築し（たとえば，"性差別"），人びととの時間をプロジェクトに縛りつけ（「アル，この仕事に時間を割いてもらいたいんだが」），重要な情報の意味を教えてくれる。貼り付けたラベルへの同意は，組織の中でよく見られる他の関係以上に，堅固なものである。(p.128：邦訳142-3ページより)

センスメーキングを社会的活動として概念化することは重要ではあるが，社会的影響の形態についてさまざまな見方をすることもまた重要である。多様な形態があることはわかりきったことのようだが，"共有された意味"や"社会的構築"と言えば，それで社会的なセンスメーキングについてすべてを言い尽くしているかのごとく論じられているのには呆れる。実際は，共有された意味とは別のもの，たとえば，等意味性（equivalent meanings）(Donnellon, Gray, & Bougon, 1986)，分散された意味（Rasmussen, Brehmer, & Leplat, 1991)，あいまいな事象の重複した見方（Eisenberg, 1984)，非公開の交感（nondisclosive intimacy）(Eisenberg, 1990) によっても共同行為が調整されるが，そのときでもセンスメーキングは社会的なのである。Czarniawska-Joerges (1992) は，集合行為にとって重要なのは意味の共有ではなくて，むしろ集合行為の経験の共有であると主張している（第8章の248ページを参照されたい）。彼女は次の例を引用している：

> 私の同僚の二人が名の通ったビジネスマンのスピーチを聞きに行った。一人は，「実践的知恵と理論的好奇心との最も刺激的な接触に立ち会えた」と語り，もう一人は，「古いジョークを語る老紳士とのきわめて退屈な会合に関わってしまった」と語った。にもかかわらず，彼らはそれぞれ同じ組織のメンバーで，彼らに共通していたことといえば，同じ時間に同じ部屋に出掛けていったということに過ぎず，それもせいぜい上司がそうするよう期待していると考えていただけだったのである。(p.33)

センスメーキングということがわかってくると，一般化された他者，プロ

トタイプ，ステレオタイプ，役割といったものも調整のための立派な手掛りで，これらにもっと注意を払うようになり，組織が徐々に，「簡潔性の構築物」(Miller, 1993) になっていくものと感じられるようになる。意味を付与する人は，決定を下す人と同じように，満足化を基準にしている。組織の会話に関する Turner (1971) の分析によれば，「便宜的理屈，つまりプラグマティックな考えが，名づけや定義づけの最も重要な基準であるようだ。他の条件が同じならば，・・・良い名前とは，必ずしも最も正確な名前ではなく，行為を可能にしてくれる名前であった。それは理に適っている。のこぎりとハンマーのどちらを使うかを決めるには，"木"や"石"という言葉で十分である；"モミ"や"紫水晶"という言葉は，それがたとえ最も正確な言葉だとしても，実用的に何のプラスにもならないし，社会的にはより多くのコストをかけることになるかもしれない（その木が松だと思ってのこぎりを持ってきた男が難癖をつけたらどうなるのかな？）。名づけは，あらゆる意思決定と同じように，満足化プロセスであるようだ」(Czarniawska-Joerges, 1992, pp.178-179 より引用)。

　Blumer (1969, p.76) は，社会的センスメーキングをもっぱら共有された理解と限定してはならないとして，その理由をうまくまとめている。共通の価値は社会を維持する"接着剤"であり，対立し合う価値は社会を不安定にするものだと研究者がよく論じることに Blumer (1969) は触れ，続けて次のように述べている。

　　もし，社会を，連携的な行為を形成するために行為を組み合わせていくものとして把握するならば，以上述べた人間社会についての考え方は，大幅な修正が強いられよう。こうした結びつきは，連携的な行為を必要とする状況により，あらゆる理由から生じうるもので，それは必ずしも共通価値の共有を必要としないし，そこから生じるものでもないだろう。参加者たちは，互いの行為を組み上げて，秩序ある連携的な行為を作り出す。それが妥協の結果ということもあれば，強制のあげくということもある。人びとは，各自の目的を達成するために，互いを利用しあうのだから，それが考えたあげくの妥協であることもあれば，まったく他に仕方がないからだ

という場合もある・・・ごく大雑把にみるならば，社会とは，**うまくいく関係を形成するものである**ということだ。(p.76，ゴシックは引用者。邦訳98-99ページより)

連携（alignment）が，共有（sharing）と比べて社会的でないとは言えない。しかし，連携は，センスメーキングでのインプットと実践の多様性の点で，共有よりもリッチなようだ。その上，われわれがイナクトメントについての議論で見たようにそれこそ最も重要なことなのだが，連携は明確な見通しを持つ行為のコースを安定にもするのである。

5．進行中のプロセス

　センスメーキングには始まりというものがない。それは，純粋持続に終わりというものがないからだ。人は常に物事のただ中にある。物事は，その人がある時点から過去を振り返って焦点を当てるときに物事になるのである。流れ（flow）はセンスメーキングにとって変わらぬ特性である。それについては，Katz and Kahn（1966）のようなオープン・システム論者が教えてくれたが，それ以降忘れられている（Ashmos & Huber, 1987）。センスメーキングというものがわかってくると，人が絶えざる流れの中からある時間幅を切り取り，そこから手掛かりを抽出するのをどのように行っているかに敏感になる。人が常に物事のただ中にいるというのは周知のことだが，それが，センスメーキングにとってどのような意味を含んでいるかはさほど知られていない。

　Burrell and Morgan（1976）が言うようにDiltheyも，そしてWinograd and Flores（1986）が言うようにHeideggerも，進行中のプロセスとしてのセンスメーキングということをよく知っていた。Burrell and Morgan（1979, p.237）によれば，Diltheyは，いわゆる解釈学的循環を社会現象に適用させたとき次のように認識していた,「われわれがよって立つことのできる絶対的な出発点，自明で独立した確実性などどこにもない。な

ぜなら，われわれは常に，暫定的な仮定を作り上げては修正していくことによって解きほぐそうとしているもつれた状況のただ中にいるのだから」(Rickman, 1976より)。

Winograd and Flores (1986) は，同じような点をHeideggerのアイディアについて解説する中で述べている。Heideggerによれば，何が生じているかを意味づけたいと思えば，人は進行中の状況の中に自ら投げ込まれ，あるいは投げ込まれざるをえない。彼らは，被投性（thrownness）という状況を6つの特性によって描いている。

1. 行為を避けることはできない：あなたの意志に反することもあるだろうが，あなたの無為をも含む行為は，状況およびあなた自身に影響を及ぼす。
2. 一歩退いて自分の行為を内省することはできない：あなたは字義通り直観にゆだねざるをえないし，何事に対してもそれが生じたときに対処しなければならない。
3. 行為の効果は予測しえない：社会的行動のダイナミックな性質は，正確な予測を妨げる。
4. 状況の安定した表象は得られない：事後的にはパターンが明らかになるだろうが，流れが展開しているときは，（無数のパターンないしまったくの混沌しか形成しない）不定形な断片しか手に入らない。
5. 表象はすべて解釈である：ある解釈が正しいか間違っているかを結論づける方法は存在しない。つまり，人が投げ込まれている状況についての"客観的分析"などどだい不可能である。
6. 言語は行為である：人が何かを述べるとき，状況を描写しているというよりも状況を創造している。無言でない限り，状況の創造から無縁でありえない。しかし，無言は奇妙な反応なので，それも状況に何ほどかの作用を及ぼす。(pp.34-36)

Winograd and Flores は，このリストをまとめ，次のように述べている。「Heidegger は，日常生活がここで描写した状況に似ていることに気づ

いていた。他人や物質的世界との相互作用は，われわれを被投された状況に置く。こうした状況には，会議のメタファーが良くあてはまるが他方，観察し，仮説を立て，合理的な行為のコースを意識的に選択する客観的で傍観者的な科学者のメタファーはあまり当てはまらない」(pp.35-36)。

　われわれの議論が組織を視野に入れるにつれて，被投性や進行中の経験それにただ中にあるといった先のテーマと同じものを多く目にするようになる。たとえば，Langer (1989, p.27) は，世界が継続的でダイナミックであるにもかかわらず，その継続性の重要な部分を無視し，誤解へと導く絶対的カテゴリーにわれわれが相も変わらず依拠していることを嘆いている。Cohen, March, and Olsen (1972) は，問題，解，人びと，選択の流れが組織の中を流れ，それらが人間の意図から独立して収束したり，発散したりしていると主張するとき，継続性，被投性そして流れというリアリティーを見据えている。彼らは問題の流れが選択や解の流れと混同されることはめったにないとしているが，センスメーキングの研究者は，さらに解や問題といった規定もあいまいだと，より流動的に考えているようだ。実際は，Starbuck (1983) が論じたように，知覚された選択を正当化するために，流れの同じ部分が問題とも解ともラベルづけされている。Eccles and Nohria (1992) は，マネジメント活動のコンテクストを組織で進行している行為と言葉の流れとして論じている。その流れは，新製品の発売とか，戦略策定論議とか，予算会議といったイベントとして象られる。このようなイベントはいくつかの理由から重要である。イベントは，

> 組織内の意味を明確にし，結晶化する。これらのイベントは，組織内で進行している活動のさまざまな流れの収束点としても機能する。また，イベントは，儀礼的なだけであったり，意義あるものとしては思い出されないかもしれないが，進行中の行為を再検討したり，新しい物語を紡ぎ出すきっかけに，あるいは将来の行為の口火となったり，出発点や分岐点や終点を公式に告げるための機会に，また，方針変更の引金となったり，ひいてはそれが根幹に触れて個人のアイデンティティや組織のアイデンティティを修正するための契機としても機能している (p.48)。

もし人びとがただ中にいるというのなら，彼らは何のただ中にいるのだろうか？　前に見てきたように，一つの答としては，それは"プロジェクト"である。そしてもし，人びとがプロジェクトのただ中にあるというのなら，彼らが世界に見るのは，プロジェクトの諸々の局面である。換言すると，たとえ人は流れに巻き込まれているにしても，何が進行しているかに無関心でいられない。特に，プロジェクトの中断に対してはそうである。流れのリアリティーが最も鮮明になるのは，その流れが中断されるときである。流れの中断は概して情動的な反応を引き起こし，その結果，情動がセンスメーキングに影響を及ぼすようになる。感情がセンスメーキングに入り込むのは，進行中の流れが中断状態に陥るからなのだ。

　センスメーキングと情動と進行しているプロジェクトの中断との関係は，Berscheid (1983) と Mandler (1984, pp.180-189) によって提唱されたアイディアを用いるとよく理解できる。情動の必要条件とは，自律神経系の"昂奮（arousal）"ないし興奮である，と彼らは論じている。そして，昂奮は進行中の活動の中断によって引き起こされる。昂奮は生理学的に重要な意味を持っているが，その理由は，人が戦うか逃げるかの対応を決めるのは昂奮においてだからである。しかし，Mandler, Berscheid の両者は，昂奮が心理学的にも大きな意味を持っているという事実を重視する。昂奮の知覚はセンスメーキングの初期活動の引金となる。昂奮は，適切な行為を始めるにあたって注意しなければならない刺激があるという警告を発する。このシグナルは，自分の幸福が危険にさらされるかもしれないということを暗示している。

　昂奮の重要な特徴として，それが緩慢に発達するという点があげられる。昂奮は，中断が生じてからおよそ2，3秒後に生じるが，この遅れは適切な行為をなすための時間的余裕となる。このように，自律系とは，直接的行為が失敗した場合に発動する予備支援システムである。昂奮が高まると感知され，それと判断されると，人はその昂奮の意味づけを行うために，現在の状況と"関連のある"過去の状況との間に何らかの結びつきを構築しようとする。昂奮は，「どうした，何があった？」という問に対する答を探すように

作用する。その答は社会化によってさまざまである（Averill, 1984; Hochschild, 1983; Thoits, 1984）。

　昂奮とその判断については，情動に関する命題の中によく見られる（たとえば，Frijda, 1988）が，MandlerとBerscheidの命題はユニークで，情動のきっかけとして行為の連鎖の中断に注目している。標準実施手続（SOPs）は，組織化された行為の連鎖の好例である。それらの手続は，頻繁に実施されればされるほど，タイトに組織化されるようになる。進行中の標準実施手続やプロジェクトの中断は，自律神経系の昂奮にとって十分で，かつおそらく必要な条件でもあろう。

　中断は，環境内で重大な変化が生じたことのシグナルである。したがって，"予期の中断"は情動にとって重大な事象となる。世界がもはやかつてのようではなくなったとき，適切に反応するような機構を構築することは，進化論的に意味あることである。

　このように考えると，情動をセンスメーキングと結び付ける重要な議論が要約できる。すなわち，情動は，組織化された行為の連鎖が中断される時に発生し，その中断が取り除かれるか，代わりの対応が見つかり連鎖を無事終了できるようになるときまで存続する。取り除かれるか代わりの反応が見つかるまで，自律的な昂奮は高まり続ける。中断が最初生ずると，中断された元の連鎖を完遂させようとする力が強まる。中断された連鎖を完遂させるのにさまざまな方法があれば，昂奮がいちじるしく高まることはないようだ。これはつまり，臨機応変に対応できる人やゼネラリストは，情動的な行動や極端な情動を示さないことを意味している。この種の人たちは，代替的行動を数多く持っているので，彼らの昂奮は，それをわずかしか持っていない人の昂奮レベル以上になることはないだろう。中断される行為の連鎖がタイトに組織化されていればいるほど，昂奮は急速に高まるだろう。また，優先度が高く，普及しているプランが中断されると，優先度の低いプランが崩壊するときよりも，昂奮は高まるだろう。

　これらの命題を組織に適用するにあたり，次のような問を発することから始めよう。まず，組織における中断の分布はどうなっているか？　中断がもっとも生じそうなのはどこか？　また，中断されやすい行為やプランはど

の程度組織化されているか？　このような事柄にうまく答えられれば，われわれは，センスメーキングが情動的経験によって特に影響を受けるのはどこかを予測することができるようになる。しかし予期に反して，たとえば，新しくてあまり組織化されていない反応連鎖のシステムや，少数の標準実施手続しかないところとか，ルースに連結しているところでも，中断はさほど破壊的なものではないとはいえ，進行中のプロジェクトの中断がやはり情動を引き起こす。展開しているプランがわずかであれば，中断もあまり起こりようもなく，したがって情動もわずかである。

　ここまでは，発生する情動の質ではなく，情動の頻度のみが語られてきた。組織化された行動連鎖が予期せずして中断され，中断が有害であるとか損失をもたらすものと解釈される場合，否定的情動が発生しやすい。そして，そうした中断を取り除いたり回避したりする手段が見当たらないとき，その中断が長引けば長引くほど，否定的情動はいっそう激しくなるだろう。

　中断がもたらす肯定的情動には少なくとも2つの原因が考えられる。第一に，いがみ合っていた上司が異動になるとか，電話が通じなくなるとか，学生たちが休暇でキャンパスからいなくなるとか，情報収集機関の記録が紛失するといった，中断の原因となっている刺激が突発的かつ予期せず取り除かれるとき，肯定的情動が生じる。第二に，プランや行動連鎖の完遂を突発的かつ予期せずして早めてくれる事象は，肯定的情動を生み出す。たとえば，いく度かの修正要求は避けられないだろうと覚悟しつつ，ジャーナルに論文を投稿する場合，もし最初の原稿がそのまま掲載できるものとして受理されたなら，それはいく度か修正し直すというプランの予期せざる中断となるものの，その中断はプランの完遂を早めたので肯定的な経験となる。

　他者との関係という文脈の中で情動を考えると，この肯定的情動の2つの原因が，時が経つにつれて変化していくことがわかる。

　第一に，緊密な関係の中で肯定的情動が生じるためには，そのパートナーは中断原因となっている刺激を取り除くか，プランの完遂を早めるのに十分な資源を持っていなければならない。しかしながら，原因の解消や完遂の促進という行為は，それが肯定的情動を生み出すとしたら，予期せぬものでなければならない。なおかつ，当人一人では完遂できないけれども，パート

ナーとならば完遂できるようなプランや夢を当人が持っていなければならない。この最後の条件は，組織のような緊密な諸関係が形成されているところでは容易には満たされない。なぜなら，パートナーはふつう，達成がとても不可能なプランからは手を引くか，あるいは別の何らかの手段を用いてプランを達成してしまうからである。そもそも肯定的な感情が発生するためには，各人が一人では達成できない新しいプランを付け加えていかなければならないのだが，そのプランは，パートナーも達成できないと予測するものでなければならないのである。

　関係の発展がかえって肯定的情動の機会を減らすというこうした命題を前にすると何やら考えさせられてしまう。他者との関係が予測可能になればなるほど，そしてパートナーがその他者の助けを期待できるようになればなるほど，肯定的情動が生ずるチャンスが少なくなっていくのだ。

　関係が発展するにつれて，一人のパートナーがさまざまなプランに巻き込まれるようになることが多い。このため，パートナーは，プランの完遂を中断させ，否定的情動を引き起こす反面，常に援助してくれるものと期待され予測されるゆえに，予期せずしてプランの完遂を助けることはほとんど不可能となる。これらのことから，緊密な関係においては，肯定的情動の機会は時とともに減少していくのに，否定的情動の機会は常に多いままである。

　組織というところでは，関係はたとえ長続きしなくとも，緊密で集中的かつ相互依存的である。集中的で長続きしない組織的関係においては，パートナーが互いのことについてあまり知らないので，予期せざる中断および予期せざる促進が生じる可能性がともに高い。これはつまり，肯定的情動，否定的情動のどちらについても，とりわけ組織の生において，強い感情が生み出されることを意味するだろう（港湾局で生じた強い感情を思い起こされたい）。この情動の揺れ幅が大きい環境に人はどう対処しているかといえば，自足的で他者にあまり依存しない，つまり典型的な西欧的態度で対応しようとしている（Markus & Kitayama, 1991）。自律的な人は中断されにくいが，援助されにくくもある。つまり，自律的な人は，組織を生きる上で情動を表に顕すことが少ない。

　肯定的情動の必要条件についてのこれらの考察によると，組織のセンス

メーキングは否定的情動と結びついて行われるようだ。というのは，ほとんどの組織で，肯定的感情の条件が欠けているからだ。第一に，組織では中断を始めるにしても終らせるにしてもほとんどコントロールできない。第二に，組織では時が経つにつれて，規制，仲間の死，競争者，乗っ取り，再組織といった形の中断をまねく刺激をより多く経験するようになる。そして第三に，組織におけるプランは，予算の削減，転職，辞職，資源不足，あるいは通貨変動といったことでその達成が促されるよりも遅らされることのほうが多い。もっとも，Van Maanen & Kunda（1989）が示しているように，文化がこれら3つの影響を緩和することもあるかもしれない。

要約すると，「情動とは，本質的に反応のない活動（non-response activity）であり，中断をまねいている事象に気づいたときに生じ，そのような事象にもかかわらず個人の幸福を維持，促進してくれる代替的行為が発見されるまでの間持続するものである」(Berscheid, Gangestad, & Kulaskowski, 1983, p.396)。組織化された行為の連鎖が中断されるとき，人はそれを意味づけようとする。その意味を捜し求める時間が長引くほど，昂奮はいっそう高まり，情動も強くなる。もし中断が組織化された行為連鎖の遂行を遅らせるなら，人は怒りを感じるだろう。もし中断が達成を早めるなら，人は喜びを感じるだろう。もし中断が回避できるとわかったなら，人は安心感を得る。もし中断が優先度の高いプランの妨げになっていることがわかったなら，怒りは激怒に変わるだろうし，優先度の低い行動連鎖の妨げにしかなっていないことがわかったなら，苛立ち程度で収まるだろう。

これらの情動はセンスメーキングに影響を及ぼす。なぜなら想起と回顧はそのときの気分次第という傾向があるからだ（Snyder & White, 1982）。人は，いま感じているのとよく似た情動を引き起こした事象を思い出す。中断状態に感じているのが怒りならば，怒りの感情で満たされていた過去の事象を思い出すのだ。人が"よく似た"事象と，その事象が現在の事象に対して暗示する意味を発見するために過去の経験を振り返るとき，そのような怒っていた過去の時間がクローズ・アップされる。過去の事象が現在の説明として再構築されるのだが，それは人が同じものを見るからではなく，同じ

ようだと感じるからである。現在の認知的パズルを解くのに感情に支配された記憶を利用しようとすれば，そのセンスメーキングは妙なものになってしまうだろう。なぜならそのやり方は，まったく異なったタイプの証拠を無理に合致させようとするものだからである。このようなことを避けるためには，センスメーキングとは常に進行しているもので，新たに始まったりきれいに終わることはないのだと十分弁えていなければならない。

6．抽出された手掛りが焦点となるプロセス

　人は何にでも意味づけすることができるようである。このことは，どこにでも取り組むべき対象があるという意味で，センスメーキングを研究する者の生を楽にしてくれている。しかし，楽なセンスメーキングは研究者にとって落し穴にもなる。というのは，イージーなセンスメーキングのために，ともすれば実際に意味が作り上げられるプロセスよりもすでに作り上げられた意味に研究者の目が向けられるようになるからである。センスメーキングがとみに迅速になっているが，それはわれわれがプロセスよりもその産物に目を奪われていることを意味している。このようなことに陥らないために，われわれは，イージーなセンスメーキングを拒む困難なパズル，すなわちパラドックス，ジレンマそして想像もつかない事象といったパズルに対して人がどのように取り組んでいるかを観察する必要がある。また，われわれは，人がいかに手掛りに気づき，抽出し，そして抽出したものを脚色するかに細心の注意を払う必要がある。
　James（1890/1950, Vol.2, pp.340-343）は，"推論に関する2つの要点"という議論で，センスメーキングにとって抽出された手掛りがいかに重要であるかを指摘した。その要点とは，「第一に，抽出された性質［手掛り］は，抽出母体の全データと同等だと見なされる」（邦訳184ページより）というものである。一つの例として，Jamesは次のような例を挙げている。もし私がある布を差し出され，「それは色が褪せそうだ」と言って，買わないとしよう。それが，化学的に分解しやすい染料による染色で，その布の色は程

なく褪せることを考えた上で判断を下したのであれば，染料という属性がそのとき抽出された手掛りであり，その布の性質はそれによって構築されたのである。もっともそれは，布の持つ多くの属性の一つに過ぎなかったのだが。

推論の第二の要点は，「このように見なされた抽出された性質は，原型のままの全データが暗示するよりも，ある帰結を明白に暗示する」(p.340；邦訳184ページ) ということである。染料という抽出された性質は，その布は長くは使えないだろうという（布全体を考えていたらあるいは引き出されなかったであろう）帰結を示していた。抽出された手掛りは，対象全体を見ていたらわからなかった一つの意味を浮かび上がらせたのである。

抽出された手掛りは単純で見慣れた構造を持っている。そして，人はその構造を種子とし，今生じつつあることの意味へと膨らませていくのだ。手掛りが組織分析においていかに重要であるかは，Smircich and Morgan (1982) によってはじめて知られるようになった。彼らが言うには，「リーダーシップとは，（まとまりとか方向性といった感情がそれによって生ずる）準拠点を生み出すことである」(p.258)。彼らによれば，どの手掛りを準拠点として機能させるかをコントロールすることが，権力の重要な源泉になる。準拠点を確立すること——たとえば，布の価値を推論する際に布のキメよりも染料に人の注意を向けさせること——は，結論に直結するような行為なのである。

前の段落で私は，抽出された手掛りが使用されるとき，センスメーキングは開放的だということを強調するために意図的に"種子"というメタファーを用いた。人が行為するとき，たとえば文章を作るとき，すでに作られた部分には構造の二重性が存在する (Shotter, 1983, pp.28-32)。部分的に完結した文章には，すでに規定された内容，および文章を継続させるための手段という2つの性質が含まれている。未完の文章は，残りの文章の収まり方の数を制限するが，その内のどれが実際に実現されるかに関してはまだいくらか自由度が残されている。文章の出だしは不確定性を削減するだけで，完全に取り除きはしない。

このようなことは，センスメーキング研究者にとって，また種子というメ

タファーの価値にとって重要であるが，それは次の理由からである。

> 文章の作成は本質的に，植物の成長とほぼ同じである。そして，このイメージを心に抱いていれば役に立つことも多々ある：そう，たとえば何かを言うときの意図と発言との関係は，脚本と上演という今日よく知られたイメージで表される関係よりも，種子と植物の関係によく似ている。なぜなら，意図の表出とは，あらかじめ頭の中で決められたものを外部に表出するというよりも，むしろ時とともに展開していくプロセスのように，不確定な事態からより明確な事態に向けて進行していく過程だからである。(Shotter, 1983, pp.28-32)

種子とは，形式を生み出すプロセスであり，それはセンスメーキングの漠然性や不確定性をかなりうまく捉えている。種子の成す行為は，ドキュメンタリー・メソッドの成す行為とよく似ている（Garfinkel, 1967, p.78; Weick, 1993a, pp.26-29）。特殊な観察が，意味を生み出すために普遍的な形式や観念と結びつけられ，普遍が特殊の意味を明確にし，それが今度は普遍をわずかに変化させる・・・。抽象と具体は互いに形式を与え合い，構築し合う。行為は将来の行為の条件を創り出し（Shotter, 1993, p.156），そうした行為のコースは，展望するとき漠然としているが，回顧するとき明瞭になっている。

Shotter（1983）は，種子のメタファーをさらに展開して，次のように論じている。

> ドングリが樫の木を"包含する"とか"指示する"と言われるように，意図が目的を"包含する"とか"指示する"と言われるかもしれない。しかし，ドングリは樫の木やそれに類する物を，たとえ縮小した形ででも包含しているわけでは決してないのである（前成説は誤った仮説である）。ドングリとは，自らが環境と相互作用する中で，それ自身の漸進的な自己規定を通して樫の木それ自身を形成していく構造化された媒介ないし手段だと考えるのが最も適切である。さらにドングリは，他のどの木でもなく樫

の木の産出を規定しはするものの，どのような木か（大枝，小枝，葉などの数）を正確に規定するわけではない。なぜなら，その木はまさに予測不可能な仕方で成長するし，その場の偶然的条件に敏感に反応するからである。それと同様に，意図は可能な表出の範囲を規定するものの，現実化される表出は，環境と相互作用する中で（漸進的に）形成されるものだろう（pp.29-30）。

抽出された手掛りがどのようなものとなるかはコンテクスト（"その場の偶然的条件"）で決まるが，それには 2 つの段階がある。第一に，コンテクストはまず何が手掛りとして抽出されるかに影響を及ぼす。そのプロセスは，探索（Cyert & March, 1963），スキャンニング（Daft & Weick, 1984），気づき（Starbuck & Milliken, 1988）として組織研究においてさまざまに論じられてきた。フレームという概念（たとえば，Goffman, 1974）は，コンテクストの構造を要約したものとして用いられている。第二に，コンテクストは，抽出された手掛りがどのように解釈されるかに影響を及ぼす。この段階は，エスノメソドロジストたちが"インデクシカルズ"について議論する際に最も重要な論点となっている（Leiter, 1980; Ring & Van de Ven, 1989, p.181も参照されたい）。それでは，このコンテクストの 2 つの役割についてそれぞれ簡単に論じてみよう。

気づき（noticing）というプロセス（これによってセンスメーキングのための手掛りが抽出される）は，Starbuck and Milliken によって論じられているが，彼らはセンスメーキングと気づきを区別している。彼らにあっては，気づきはフィルタリング，類別化，比較といった活動と関連しているが，センスメーキングは解釈，つまり気づかれた手掛りが何を意味するかを確定する活動と関連している。

彼らは次のように論じている。「気づきは重大な事象や全体的傾向を捉えることであり，それに対してセンスメーキングは微妙さや相互依存性がポイントである。そもそも人が環境事象への対応を考えるかどうかは，気づきが決定する。事象が気づかれたなら，人はそれを意味づける；事象が気づかれないなら，それはセンスメーキングの素材にならない」（Starbuck &

Milliken, 1988, p.60)。彼らは，気づきという言葉には非公式的で無意識的な（センスメーキング・プロセスの）"開始"というニュアンスがあるとの理由で，**スキャンニング**よりも**気づき**という言葉を好んで用いる。それとは対照的に，スキャンニングという言葉には，戦略的，意識的かつ慎重で，先入観に導かれていて，勝手な発明を許さないといったニュアンスがある。Fiske and Taylor (1991) は，社会的認知に関する文献をレビューして，次のように結論づけている。諸々の物事の中でわれわれが気づくのは，「新奇なもの，ないしはコンテクストにおいて認知上の図となる物事，非日常的で予期せざる人びとや行動，極端で（ときに）否定的な行動でなおかつ現在の目標に関連のある刺激である。・・・また，注意には，状況的ないし個人的に定められたカテゴリーにわれわれを向かわせる傾向がある。最近のカテゴリーとか頻繁にあるいは慢性的に出会うカテゴリーが利用されやすいので，それらは刺激のコード化に大きな影響を及ぼす」(pp.265-266)。問題感知 (problem sensing) に関する Kiesler and Sproull (1982) の優れた記述は以上のような結論を先取りするものであった。それは次の引用からも明らかである。

> 人は，不愉快で，逸脱的，極端で，激しく，非日常的で，突発的，華麗で，派手，孤立的，もしくはメリハリのある，そういった突出した物的事象に注意を向け，コード化する。組織の世界では，突出した情報とは，予測されざる金銭の流出ないし新しい税制や規制（不愉快な情報），最善あるいは最悪の結果の予測（極端な情報），ルーティンの崩壊や非常事態（激しく，非日常的で，突発的な情報），そして大宣伝やラディカルな経営者（派手な情報）などのことをいう。もちろん，競争者の行動やその結果はメリハリのある情報で，地に対する図となる。(p.556)

どちらのリストも複雑で長いものだが，それらは少なくとも，コンテクストが手掛りの抽出に影響を及ぼすということ，また微妙で小さな特徴がセンスメーキングに驚くほど大きな影響を与えることを明らかにしている。コンテクストの重要性は，インデクシカルズというもの，あるいは抽出された手

掛りに何が生じるかを考えてみるとき、さらによくわかる。

　Leiter（1980）は、手掛りやインデクシカルズというアイディアについて次のように論じている。

　　文脈状況表示性（indexicality）は、事物や出来ごとの文脈性を指す。つまり文脈を欠くと事物や出来ごとの意味はあいまいで多義的となる。発話の〈表示性〉は、人びとが普通、用いる言葉で意図する意味をいちいち語らないという事実に発する。表現はおぼろげであいまいで、多くの意味をもち、その意味は文脈状況がなければ判断できない。その文脈とは、話し手が誰か（彼の経歴）とか、彼の経歴の関連する側面、当面の目的や意図、発話のなされた場、話し手と聞き手の事実上または潜在的な関係、などという具体的な詳細である（p.107；邦訳140-141ページ）。

　したがって、センスメーキング研究者は社会的なるものに通じていることはもとより、コンテクストをも考慮に入れなければならない（たとえば、Mowday & Sutton, 1993）。そしていく人かの論者が述べているように、これは特に組織においていえることなのだ。たとえば、Salancik and Pfeffer（1978, p.233）は次のように論じている。社会的コンテクストはセンスメーキングにとって重要である。というのは、後々正当化しなければならない行為に人びとを縛りつけたり、情報の突出度に影響を及ぼしたり、説明を制約する規範や予期を規定するのは、社会的コンテクストだからである。Mailloux（1990）は、コンテクストには政治が含まれるという事実を付け加えている：「解釈の基盤は、制度的かつ文化的政治におけるレトリックの駆け引き以外にありえない」（p.133）。解釈の**政治**を論ぜずして解釈を語れば、コンテクストを無視することになる。このことは、Starbuck and Milliken による次の議論においても明らかである。人びとは組織の中で別々なところに位置し、別々な領域に通じるようになるが、それによって、彼らは共通した事柄に別々な解釈を下すようになる。このような解釈をめぐる対立が表面化してくると、政治的闘争が創られる。そうしたことは、『サタデー・イヴニング・ポスト』の衰退期における解釈論争に関する Hall

(1984) の研究が明らかにしている。

　戦略決定や組織デザインとも関わるこうした政治的闘争の一例として，Starbuck and Milliken（1988）は，ヒエラルヒーの中で違うレベルに位置する人が違う観点を持つにいたる点について論じている。

　　新しい仕事に関する専門的知識を持っている人は，ヒエラルヒーの最下層で現れ，その新しい仕事の言葉で事象を解釈する傾向がある。そして彼らは，昇進する機会をもたらしてくれたり，彼らの専門的知識をいっそう際立たせてくれるような変化を喜んで受け入れるのである。それとは対照的に，組織階層のトップにいる人は，過去の安定した仕事の専門的知識を持ち，その古い仕事の言葉で事象を解釈する傾向があるので，彼らは，自分たちの仕事を中心的なものとして温存してくれる戦略や人員配置を好むのである。(p.53)。

　しかし，手掛りはコンテクストによって際立つようになることや，それらの抽出された手掛りがどのように脚色されるかといったこととは別に，手掛りが確信され，それが準拠点として頻繁に使用されることがセンスメーキングにとって重要だということも銘記すべきである。なぜ重要かといえば，こうした手掛りが認知的に諸要素を結びつけるからである。そのような推定上の結びつきでも，それがあたかもリアルなものであるかのように人びとが行為すれば，その結びつきは実質となる（Weick, 1983, pp.228-230）。

　確信がイナクトメントによってフォローされると，推定上の秩序が実質的な秩序となる。それについて多くの人が語っている。「あなたが不幸せなら，幸せな人間のように振る舞いなさい。そうすればやがて幸せになるだろう。確信もまた然り。不信を抱いていても，確信しているように振る舞いなさい。やがて確信するようになるだろう。物事はすべからくそのようなものなのだ」（Singer, 1961, p.144）。前に第3節で論じたように，James（1885/1956）は，人生は生きるに値するという確信が実際，人生を生きるに値するものにしてくれる行為を生み出す点について述べていた。

　抽出された手掛りには行為を引き起こす力があるので，センスメーキン

グ・プロセスは寛容である。無用な準拠点などほとんどない。というのは，準拠点は認知構造を刺激し，人をさらなる行為へと導き，それが推定上の秩序にかわって実体的な秩序を創り出すからだ（Weick, 1983）。この連鎖は，自己成就的予言としてよく論じられる連鎖と似ている。抽出された手掛りは，それが抽出された元の指示物の性質を予言する。そして，その柔な指示物があたかも手掛りから推論された特性を持っているかのように人が確信して行為するとき，指示物は往々にしてその予言に符合するように形作られる。しかし，予言そのものもまた"調整される"。要素，予言そして指示物はそれぞれ，互いの変化する様相に合わせて形成され調整される。その結果，古い準拠点であっても出発点として役立つだろう。この結論は私にとっては"不滅"のもので，折にふれてある話を引き合いに出すことにしている（Weick, 1990）。というのは，その話がセンスメーキングの真理を実にうまく捉えているからだ。

　この事件は，Holub（1977）の詩の中でとりあげられ，ハンガリー人でノーベル賞受賞者の Albert Szent-Gyorti によっても語られているもので，それはスイスでの軍事機動演習のときに起こった。ハンガリー軍の小隊の若い中尉は，アルプス山脈で偵察隊を凍てつく荒野へ送りだした。その直後に雪が降り始めた。降雪は2日間続いた。その間，偵察隊は戻ってこなかった。中尉は，部下を死地に追いやったのではないかと思い悩んだ。しかし3日目にその部隊は戻ってきた。彼らはどこに行っていたのか？　どうやって道をみつけたのだろうか。彼らがいうには，「われわれは迷ったとわかって，もうこれで終わりかと思いました。そのとき隊員の一人がポケットに地図を見つけました。おかげで冷静になれました。われわれは野営し，吹雪をやり過ごしました。それからその地図で帰り道を見つけ出しました。それでここに着いたわけです」。中尉は，この命の恩人となった地図を手にとってじっくりとながめた。驚いたことに，その地図はアルプスの地図ではなく，ピレネーの地図であった。

　この事件は，道に迷ったときにはどんな古い地図でも役に立つという興味ある可能性を示唆している。たとえば戦略の問題の場合，混乱に陥ったときには，どんな古い戦略計画でもおそらく役に立つであろう。戦略計画は地図

とよく似ている。それは人びとを動かし，その方向を示す。人はいったん行為し始める（イナクトメント）と，何らかのコンテクストの中（社会）で，目に見える結果（手掛り）を生み出し，そしてこの手掛りは，いま何が起こりつつあるのか（進行中），説明に何が必要か（もっともらしさ），そして何が次になされなければならないのか（アイデンティティの啓発）を見出す（回顧）上で助けとなる。管理者としての成功を説明するものは，何を計画したかではなく，何を実行したかであることを，管理者は忘れている。管理者は，御門違いなもの——すなわち計画書——をいまだに信じており，この過ちを犯しているために，管理者は計画づくりにより多くの時間を割き，実行にあまり時間を割かない。そんな管理者に限って，計画づくりに多くの時間を費やしても何も改善されないと驚くのだ（Starbuck, 1993）。

　アルプス山脈からの脱出の道を見つけるのにピレネー山脈の地図を使ったというこの事件を，モーガン・ギャランティー社の筆頭副社長で財務担当のBob Engel に話してみたところ，次のような答が返ってきた。「迷った隊のリーダーがその地図はおかしいと知りながら，それでもなお部下を率いることができたのなら，このお話はもっとすごいものとなるだろうね」と。この話を Engel がひとひねりしたのが興味深い。というのは，彼は大半のリーダーの直面する基本的状況を衝いているからだ。部下たちはよく道を見失うものだし，リーダーですらどこへ行くべきか確と知っているわけではない。リーダーが知っていることといえば，困難に直面したとき手に持っている計画とか地図では脱出するのに十分ではないということである。このような状況に直面したとき，リーダーのなすべきことは，部下に自信を植えつけ，何らかのおおまかな方向感覚で部下を動かし，彼らが自分たちのいた場所を推定し，いまどこにいるのか，またどこへ行きたいのかがもっとよくわかるように，行為によって生み出された手掛りに部下たちが注意深く目を向けるようにすることである。

　兵士たちは活動的で，（キャンプまで戻るという）目的を持ち，自分たちがどこにいて，どこに行きつつあるかについて一つのイメージを持っていたからこそ，間違った地図から良い結果を生み出すことができたのである。彼らは動き続け，手掛りに注視し続け，自分たちのいる場所の感覚を更新し続

けた。その結果，不完全な地図でも十分使いものになったのである。彼らが抽出し，働きかけていた手掛りは，不確定性のただ中での確信の成す行為であって，それがセンスメーキングを開始させたのだ。センスメーキングは，いったん動き始めると，単なる想像だったものを実体に変える行為に影響を及ぼすことによって，確信を現実化する傾向がある。

7．正確性よりももっともらしさ主導のプロセス

センスメーキングという言葉の接頭辞，**センス**はあまり良い言葉ではない。なぜなら，それは，実在論者の存在論（正確に把持され知覚される何かがそこにあるという説）と，観念論者の存在論（もっともなものとして同意され構築される何かがそこにあるという説）を同時に含んでいるからだ。意味有るものは必ずしも知覚しうるとは限らず，そこに問題が生じるのである。

センスメーキングの研究を始めるのにふさわしい姿勢とは，正確性があればそれにこしたことはないが，必ずしも必要ではないというものである。管理者の思考に関する Isenberg（1986）の研究は，もっともらしい推論が重要であることを明らかにしており，次のように論じている：

> もっともらしい推論とは，直接観察可能な情報や少なくとも同意した情報がわずかにもかかわらず，確実性を十分具えたアイディアや理解を生み出す営みである。・・・このプロセスには論理的演繹プロセスから逸脱している点がいくつかある。第一に，この推論は必ずしも正しくはないが，事実と（不完全な場合が多々あるが）適合している。第二に，この推論は完全な情報にはもとづいていない。（pp.242-243）

アルプス山中で道を発見するためにピレネーの地図を用いた先の事例は，Isenberg の述べていることと完全に符合する。

それに関して言えば，Starbuck and Milliken（1988）は，「物のわかっ

た経営者は，完全に正確な認知など必要としない」（p.40）と述べている。これはきわめて時宜に適った結論である。というのは最近，経営者が自らの組織や環境を認知する際，必ずしも常に正確ではないことを示す証拠が徐々に報告されているからである。Sutcliffe（1994）はその優れた一連の著作の中で，環境の多様性（variation）の正確な認知と寛容性（munificence）の正確な認知はそれぞれ別の管理的・組織的ファクターに依存していることを明らかにした。多様性の正確な気づきにはスキャンニングや分権化が関連しているが，そこでは情報インプットの幅と多様性が重要である。それとは対照的に，（チームの存続期間に表される）チームによる情報処理の深さと統一性は，資源レベルのより正確な認知に関連している。私のような人間，つまり必要多様性という概念（たとえば，複雑な環境を理解したいならば自分自身を複雑にせよという考え）を信奉している者（本章の46ページ，また第4章の121ページを参照されたい）にとって，Sutcliffe の次のような発見は意外である。最高経営者チームのこなしてきた仕事が多様であればあるほど，環境の寛容性に対する気づきが鈍くなっていく。この気になるジレンマとは別に，Sutcliffe（1994）は，一定の条件の下では不正確な認知が良い結果を生み出すこともありうると述べている：

> もし経営者が誤った認知のおかげで惰性的な風潮が打破され，客観性にこだわって推定された環境内ではとうてい達成不可能と目されたであろう目標が追求されるようになるのなら，誤った認知といえども有益なものとなる。環境を正確に見ることなどできないからこそ，経営者は，（成功を遂げるのに必要な）熱狂や努力そして自信をもって，ともすれば困難と見なされる行為のコースに突き進むのである。世界に何らかの秩序をもたらし行為するよう促してくれるマップを持つことに比べると，正確な環境マップを持つことなどはさほど重要でない。(p.1374)

たとえ正確性が重要であっても，経営者がそれを生み出すことはほとんどない。センスメーキングの観点に立てば，それは重大な問題ではないのだ。展望を与えてくれるものとしてのセンスメーキングの強みは，それが正確性

に依存せず，また対物認知をモデルにしてもいないという事実から生じる。センスメーキングにとっては，もっともらしさ，実用性，一貫性，道理性，創造，発明，道具性などが重要である。Fiske（1992）のイメージを借りれば，センスメーキングにあっては，「真実というものに対して相対的なアプローチを採る。なぜならば，そこでは人は，感覚的経験を説明するものだけでなく，面白くて，魅力的で，情緒に訴え，目的に関連のあるものをも信じると思われるからである」（p.879）。

センスメーキングの数々の分析において，正確性は二次的な基準でしかない。その理由は以下の通りである。第一に，データに圧倒されないためには，現在のプロジェクトに照らし合わせてノイズからシグナルを見分けなければならないが，そのためにはバイアスやフィルターが必要である（Miller, 1978, chap.5）。したがって，センスメーキングの観点からすると，人間の過誤とか誤った認知や非合理性を見てほくそえんでいるような行動的意思決定論者たち（たとえば，Kahnemann, Tversky, Thaler）の見解に従うことはあまり生産的でない。それよりも，人が頼るフィルターや，なぜそれに頼るのか，そしてそのフィルターは何を残し，何をふるい落とすかを考えてみるほうがよほど生産的である（たとえば，Gigerenzer, 1991; Smith & Kida, 1991）。

第二に，センスメーキングは，一つの準拠点ないし抽出された手掛りの脚色や精緻化と関わるものなので，正確性は二次的である。脚色は，手掛りがより普遍的な観念と結び付けられるときに生じる。"対象"は多様な意味や意義を持つので，とにかく何らかの解釈を下すほうが，"その（the）"解釈が明らかになるまで行為を先延ばしするよりもよほど大事である。（それぞれのオーディエンスにとってそれぞれの意味がある）多様な手掛りに対して，"その"対象を正確に認知することなど，とうていできない相談で，対象を意味づけることがせいぜいできる妥当なところだ。おそらく最もよく行われるのは，現在の手掛りを，過去にそれと"よく似た"解釈が施された手掛りと結びつけることだろう。しかし過去は，すでに再構築されたもの（Bartlett, 1932）なので，思い出されるようには絶対に生起していないのである。したがって，ただでさえフィルタリングされた現在の知覚を後知恵

によって編集された過去の再構築と結びつけられ記述されるものに、正確性など無意味である。

ほとんどの組織的行為にとって時間が命である。それは、スピードと正確性のトレード・オフ（Fiske, 1992）において、管理者はスピードのほうをとるということを意味する。正確性が二次的である第三の理由は、したがって、事象が一つの意味に結晶化する前に迅速な反応が事象を形作ってしまうという意味において、スピードが正確性の要請を圧倒してしまうからである。迅速な反応は、環境をイナクトする力を持った反応である。その上、複雑な手掛りのパターンに適応しなければならないときには、"不断の詳細な観察"よりスピードが大事となろう。「環境や組織構成によって組織に課されるスピード、リスク、限定された能力といった条件の下では、詳細な観察にかかるコストはあまりにも高すぎることが多い。環境の事象をカテゴリー化するときに、最低限の手掛りを手早く利用できれば、組織は事象に順応するにあたってリードタイムを得ることができる。躊躇したり詳細な調査をしていては、順応のためのこの貴重な時間を必然的に減じてしまう」（Bruner, 1973, p.30）。

情動のきっかけとしての中断に関する以前の議論（62ページ）で、われわれはすでに、"順応のための時間"がいかに重要かを知っている。これについてもう一度ここで思い出してみよう。どちらの場合でも、正確性ではなく、進行中のプロジェクトの継続性が大事である。

センスメーキングの研究にとって正確性の問題が焦点とはならない第四の理由は、たとえ正確性が問題になったとしても、それはせいぜい短期で、かつ特定の問題に限られるからである。Swann（1984）は、包括的正確性と制約された正確性を区別するとき、この点を押さえている。包括的正確性は、認知者が広範に一般化しうる確信を生み出そうとするときに問題となる。たとえば、対人認知のケースにおいて、「対象者が対面するすべての認知者の前で（認知者に左右されない正確性）、対象者の属するあらゆるコンテクストを越えて（コンテクストに左右されない正確性）、あるいは相当長い期間にわたって（長期の正確性）、対象者の行動を認知者が予測できるようならば、確信の包括的正確性は高いだろう」（Swann, 1984, p.462）。研

究者が経営者の認知の正確性を調べるときによく引き出そうとしているのが何とこの包括的正確性なのである。

　制約された正確性とは，その名前が暗に示しているように，それほど網羅的なものでなく，ある短い期間，ある限られた数のコンテクストにおけるある特定の出来事の予測に焦点を置いたものである。急速に変わりつつある進行中の活動の流れにおいて，正確性が問題になるとき，人が望みうるものはせいぜい制約された正確性だ。破産寸前の会社（D'Aveni & MacMillan, 1990）は，産業のトレンドや環境の安定性などに悩まず，未払金やキャッシュ・フロー，給与支払総額などに悩むものだ。

　センスメーキングが，正確性のみにこだわっていられない第五の理由は，組織の生が対人的・相互作用的・相互依存的であると繰り返し言ってきたことから察せられるだろう。対人認知ではなく対物認知が問題のときは，正確性という基準が大きな意味を持つ。刺激の恒常性の仮定，すなわち「認知活動の対象が不変で恒常的な同一性を持っているという観念」（Swann, 1984, p.460）があってはじめて，対物認知は保証される。研究者も実践家も，組織の生の流れの中で恒常的刺激に満たされた空間を求めたくもなろうが，そんな状態はほとんどない。彼らは，対人認知につきものの多義性（Bruner, 1973）によく似た気まぐれな刺激に取り巻かれているのである。

　前にわれわれが見てきたように，個人のアイデンティティは変化するし，多様である。そして，そのような変わりゆくアイデンティティが最高経営者チームのメンバー（正確性を重視した研究の対象とよくなるが）に具体化される。このチームの行動を予測しようとして対物認知モデルを用いると，外部観察者は困惑に陥る。というのは，外部観察者は，業界のトレンドを予測しようとする際，経営者チームのメンバーはモノよりも人を認知しているということを見落としているからである（たとえば，Hambrick, Geletkanycz, & Fredrickson, 1993）。経営者たちは，当の業界のトレンドはどのようなものかという問題を擬人化し，次のようにその問題を分解するのである。たとえば，マーケットを形成しているのは誰か，何がその人びとを突き動かしているのか，彼らの弱点はどこか，彼らの業績はどれくらいか，彼らは何を企んでいるのか，といった具合である。包括的正確性や対物認知と関連のあ

るように見える組織的問題は，意図やパーソナリティーの問題へと変換される傾向がある。したがって，対人認知のモデルのほうが対物認知のそれよりも適切である。

　これまで一貫して，プロジェクトがセンスメーキングに対して大きな影響力を有していることについて論じてきた。正確性がセンスメーキングの議論においてほとんど論題とならない第六の理由は，この（プロジェクトの）進行中の影響力が背景となっている。正確性は道具性によって決まる。確信が，中断に対処し進行中のプロジェクトを促すものならば，それは正確な確信なのである。言い換えれば，正確性とは，すぐれてプロジェクト依存的でプラグマティックなものである。正確性の判断は，行為の軌跡の内にある。G.Stanley Hall は1878年にこの点についてうまく論じている。『マインド』誌10月号の特集で，彼は次のように述べている。

> あらゆる真実はプラグマティックなものである。それの使用から独立に，椅子や机といった概念が現実の椅子や机と一致するかどうかを問うことは，音色が赤色か黄色かと問うことと同じように無意味で無益なことである。観念と物との間に，これとは異なる関係を考えることは不可能だ。知りえないものとは，自分がそれに反応しえないもののことである。人間の活動的部分は，認知それ自体の本質的部分であるばかりでなく，何を信じ何を無視すべきかを決定する際の不断の声でもある。（Hall: Sills & Merton, 1991, p.84）

　プロジェクトの遂行でのイナクトメントによって，手掛りが抽出され解釈されるフレームがもたらされる。このフレームによって，正確性が問題となる範囲が限定される。そしてそのフレームミングの背後にあるアクション・レパートリーが，何を知りえ何を知りえないかを暗に規定する。ここでも人は，自分がなしうるものを有意味なものと見なしているのである。行為の能力の大小は，何が確信され何が拒絶されるかに影響を及ぼす。自分の行為の結果として確信されたものが，有意味なものとなる。そこでは正確性を問うことはナンセンスである。

センスメーキングの分析において正確性が二次的な役割しか果たさない第七の理由は次のことによる。つまり、エネルギーに溢れ、自信に満ち、動機づけられた反応を促してくれるような刺激が、フィルタリングの結果残されることが多いが、一方、正確な認知はそうした反応を封じ込める働きをする。行為しようと思っている人は、精緻化よりもむしろ単純化する傾向がある。この点については、Brunsson（1982）が、行為合理性を意思決定合理性と対比して、うまく論じている。偏った気づきは、思索には有害だろうが、行為には有益である。変わりつつある柔な世界では、自信に満ち、大胆で、熱狂的な行為のほうが、たとえ楽天的な幻想にもとづくとしても、ふさわしい。大胆な行為は適応的なのである。なぜなら、その対極にある思索は、定義上正確な認知が決して得られない移りゆく世界では無益だからだ。人が何かに気づきそれを名づける前に、その何かはすでに別のものになり、もはや存在しないので、認知は決して正確になりえない。

　大胆な行為はまた、生まれつつあるものに形を与えるから、適応的なのである（たとえば、Lanir 等、1988）。事象は、大胆な行為者がすでにもっているその能力に引きずられて形作られる。この歪みによって、正確性は再帰的なものとなる。自分ができることを知り、環境を必要に応じて形作る行為者は、完全な正確性に近づいていく。人は自らを構築するものを構築する。ただし、その2つの構築物は結局一つで、同じものなのである。人はこのダイナミズムには無知だろうが、彼らがそのダイナミズムの展開の結果として見るものは、きわめて有意味なものである。構築と認知はどちらも、能力に関する同じ仮定の表と裏である。したがって、正確性は自動的で、問題にならない。

　正確性が良きものだとしても、センスメーキングにおいては必要でない第八のそして最後の理由は、認知の最中に、その認知が正確であるか否かを言うのが不可能だからである。なぜ不可能なのかは次の理由による。つまり、「認知はリアリティーを変える予言という側面があるので、異なる予言が同じ行為をもたらしたり、同じ認知が異なる行為をもたらすことがあるからだ。認知上の誤りは大部分、回顧においてのみ誤りとされるのである」（Starbuck & Mikkiken, 1988, p.44）。

正確性が良きものだとしても，センスメーキングにおいては必要でないのならば，必要なものとは一体何か？　それは，もっともらしさや一貫性を有するものであり，理に適い記憶しやすいもの，過去の経験や予期を具体化するものであり，他者と共鳴するもの，回顧的に構築できるものでなおかつ予測にも使えるものであり，感情と思考のどちらをも捉えるもの，現在の異常事態にふさわしい脚色を可能にしてくれるものであり，構築していて面白いもの，というのが答である。手短に言ってしまえば，センスメーキングに必要なのは，優れた物語である。

　優れた物語とは，さまざまな要素をあわせ持っているだろうが，それらは，行為を起こして導くのに十分な読みごたえのあるもの，何が生じているかについて人が回顧的な意味を付与するのに十分なもっともらしさを持つもの，センスメーキングのために他者が自らインプットを提供してくれるのに十分な魅力を持つもの，といった要素である。物語については，センスメーキングの実質に関する文脈（第5章）で再び論じることになるだろう。

　われわれがここで押さえておきたいのは，センスメーキングがもっともらしさ，一貫性そして道理性に関わりを持つという点である。センスメーキングは，社会的に受容され信用されるような説明と関わりがある。言い換えれば，「フィルタリングされた情報はさほど正確ではないが，もしそのフィルタリングが有効なものであれば，理解がしやすくなる」（Starbuck & Mikkiken, 1988, p.41）。このような受容可能な説明がさらに正確であったら良きことに違いないだろう。しかし，多様に移りゆくアイデンティティを持つ人びとが住み，解釈の政治や対立し合う利害に満たされた，この多義的なポストモダンの世界において，強迫観念的に正確性を追求することは実りなきことで，実用上の助けにもならないだろう。神話や，メタファー，決まり文句，寓話，叙事詩，パラダイム（Gagliardi, 1990を参照のこと）といった，センスメーキングのシンボリックな飾りもののほうが断然助けになる。それらには，優れた物語が含まれている。そして，優れた物語は，有効な因果マップのように，行為者の直面しているパズルの中にすでに存在しているパターンを示してくれたり，将来のより明確な秩序や意味のために新しく創り出されるパターンを示してくれる。物語とはテンプレートである。そ

れはこれまでセンスメーキングに払った努力の産物である。それは説明し，人を動かす。そしてセンスメーキングのこの2つの特性こそ，われわれが正確性ではなくもっともらしさを求めるときに見据えていたものである。

まとめ

「私が言うことを私が知らずして，私が考えていることをどうして私が知りえようか？」というレシピは，センスメーキングの7つの特性に対応して分解できる。

1. アイデンティティ：このレシピは，私は誰なのかという問であり，それは私がどのように，そして何を考えるかを見い出すことで明らかにされる。
2. 回顧：私が考えていることを知るために，私は自分が以前言ったことを振り返って見る。
3. イナクトメント：観察され知られる対象を創るのは私で，それは私が何かを語り，何かを行うときである。
4. 社会的：私が言い，選び出し，結論づけることは，私の結論を聞くだろうと私が想像するオーディエンスによって決定されるだけでなく，私を社会化した人や，私がどのように社会化されたかによっても決定される。
5. 進行中：私の話は，徐々に進んでゆき，他の進行中のプロジェクトと注意を奪い合い，話し終わった後で反省されるが，私の関心はすでに変わっているかもしれないのである。
6. 抽出された手掛り：思考の内容として私が選び出し脚色する"もの"は，発話のほんの一部に過ぎず，それはコンテクストや個人的気質によって違ってくる。
7. もっともらしさ：私は，プロジェクトを続行するために自分の考えていることを知ればよいのであって，それ以上のことを知る必要はな

い。したがって，十分性やもっともらしさのほうが正確性に優先する。

　このレシピに含まれる代名詞が，集団的行為者を表す言葉に変更されても（たとえば，私たちが言うことを私が知るまで私たちが考えていることをどうして私たちが知りえようか？），レシピと7つの特性との密接な関係は変わらない。

第3章
組織におけるセンスメーキング

　日常のセンスメーキングと組織のセンスメーキングは同じものではない。とはいえ，陪審室においても普段通りのやり方でセンスメーキングをしていた陪審員に関する Garfinkel の研究に見られるように，両者には連続性がある。しかし断絶もまたあるのだ。

　たとえば，Czarniawska-Joerges（1992）は次のように述べている。「組織の生は，日常生活ほど自明視されてはいない」（p.120）。たとえば，電話でのやりとりを考えてみると，職場で電話に応える際，自分の名前を地位をあるいは電話番号を言うべきかどうか常に問題となるところである。自分の名前を告げれば，それは責任を進んで引き受けるという意志表示になるが，部署名で答えれば，それはチームの一員であることを示すことになる（p.120）。この際，どちらが正しい反応なのかは重要でない。重要なのは，この種の問題が他のどこででもなく職場にしか生じないという点だ。しかも，それが頻繁に生じているのである。それは，組織の生が相当な程度まで，絶え間ない交渉，意識的な情報処理，そして注意の対象となり，達成を繰り返さねばならず，説明や正当化，合理化を必要としていることを如実に示している。物事を自明視するのは職場の人がよくするところではなく，それは職場以外での話なのである。

　Czarniawska-Joerges（1992）は，組織の生におけるセンスメーキングは独特であるとも述べている。なぜなら，「組織の生は仕事そのものよりも自明視されている程度が低い」（p.212）からであり；組織はあらゆることに挑戦し，合理性そのものを含むあらゆる事柄に説明を求めるからであり（p.

121); 社会化は浅く，かつ一時的で，逸脱者や異端者によって簡単に覆され，年長者によっても統制できないからであり（p.121）; 社会的能力は職場固有のものになりがちで，局所的で，狭く定義される一方，会社内のどこでも通用する能力とは何かがよくわからないからである（p.121）。そもそも職場の人がセンスメーキングに忙殺されているとしたら，彼らは一体いつ仕事ができるのか？　仕事ができるのは，それに必要なセンスメーキングを省略可能にしてくれるルーティンがあるからで，だからルーティンは組織に特有なのか？　ともかく組織ではこういった疑問が出されても不思議ではないのだ。

　この章の目的は，センスメーキング一般から組織のセンスメーキングに焦点を移し，組織がセンスメーキング・プロセスをどのように構造化するか，逆にそのプロセスによってどのように組織が構造化されるかを明らかにすることである。そこで，3つの論点に触れる。第一に，組織のセンスメーキングに関するアイディアがどのように展開してきたかを跡付ける歴史年表を簡潔にまとめる。そうすることで，われわれは，組織のセンスメーキングの全体像を構築するのに必要な概念の資源を今後いっそう充実させることができる。第二に，われわれはこのような資源を利用して，組織の特性を記述し，センスメーキング・プロセスと存在論的に符合する組織化の性質を記述する。第三に，われわれはある具体的な調査を取り上げる。それは，スコットランドの衣料製造に関するPorac等（1989）の調査で，センスメーキングの7つの特性が現実の組織の中でどのように現れるかを示している。

センスメーキングの歴史的ルーツ

　専門分野の発展は，現在の問題や疑問そして概念の歴史的ルーツを知ることによって促進されるところがある。しかし，センスメーキングの場合，そのルーツは，多様で，新しく，研究領域ごとに異なり，見解の相違もあるので，歴史を従来の仕方で語るだけではかえって誤解を招きかねない。こうした問題に取り組むに当たって，私はジャズ・ミュージシャンを見習いたい。

彼らの仲間内では、「昔は鳴らしたものだ、なんて言いっこなし」というセリフがよく聞かれる。それは、今の腕が大事なのであって、過去の歴史や評判は問題にならないことを意味している。これと同じことがセンスメーキングを論ずるときにも当てはまる。

研究対象としてのセンスメーキングの意義と有用性は、最近の見本例（exemplar）からしかわからない。見本例がフレーミングされ、論じられ、調べられている様子から、センスメーキングが何と関連し、何に寄与しうるかがわかる。言い換えるなら、先駆者によって考案され、習得され、継承されてきたものは、現在の議論への影響を通してしかわからない（Freese, 1980）。しかし、もし現在の議論を取り上げ、その議論に至った歴史的経緯を明らかにしようと過去に遡ると、それによって得られる像は、後知恵のバイアスによって、あるいは結果を左右した偶然の作用を見過ごすことによって歪められる恐れなしとしない（Brands, 1992）。

とはいえ、私は歴史を貶めているわけではない。私は、センスメーキングの今日の問題に使用されている概念ツールにまず注目したい。こうしたツールや問題は、初めてそれらを生み出した過去の議論や見本例にまで多くの場合遡れるのである。本書を通して、私は然るべき先駆者たちをたくさん取り上げていくつもりである。しかし、私はこうした先駆者たちを、（彼らの洞察を取り入れているか、あるいは取り入れればいろいろ恩恵を受けたであろうと思われる）現在の問題のコンテクストに重ね合わせる。たとえば、Burns and Stalker（1961）は、機械的システム対有機的システムという有名な区分を唱え、それについて次のように論じた。有機的システムは、「作業集団の共通の利害について、また業績や個人の貢献、専門知識、そして個人やグループを評価するとき考慮すべき諸々の事を判断するのに使われる基準や尺度について共有された確信からなる条件依存的恒常システム」(p.119) を有するとき機能する。センスメーキングの理解へのこの論述の歴史的貢献は、相互作用性（本章の100ページに見られる）としての組織を記述しようとした Smircich and Stubbart（1985）の文脈の中で（原文のままではないが）引用されている。このように重ね合わせることによって、概念間の系譜関係はもちろん、概念が互いに豊かになる方法が明らかになろ

う。

　私は関連のある歴史を現在の問題に重ね合わせてきたが，そうしなくてもセンスメーキングという論題がこれまでどのように展開してきたかを捉えることができる。次のリストでは，重要な文献をかなり多く取り上げ，センスメーキングという論題に対するそれらの歴史的意義についての解説を加えて，アルファベット順ではなく年代順に列挙してみた。

組織のセンスメーキングの重要な資源

1. James, 1890/1950（選択性は意識の本質的特性であり，選択する際の基準は，刺激が進行中の目標とどの程度適合するかである。観念や意味は，それらを抱いていることによって望ましい結果や有用ないしは良い結果が得られるときに，妥当とされる［「観念なきところに真理なし」］）。
2. Thomas and Thomas, 1928（公理「もし人が状況をリアルと定義するなら，その帰結として状況はリアルとなる」（p.572）は，行為の主観的基盤が非主観的な結果を生み出すこと，集団が様々な状況の定義を持つこと，そして状況が行動を規定すること，に対して注意を払うよう研究者をうながした）。
3. Mead, 1934（社会的プロセスは個人の精神に先立つ）。
4. Roethlisberger and Dickson, 1939（組織環境は，従業員が対象に付与する意味から理解されなければならない。「産業内の従業員は，作業環境全体を，社会的意義の染み込んだものとして考えているにちがいない。従業員の環境に固有の社会的価値を看過すれば，彼が客体ないし事象に付与する意味を理解することはできない」p.374）
5. Barnard, 1938（組織は，コミュニケーションによって意識的に調整された行為のシステムとして見なされ，それがセンスメーキングのツールとしての行為や意識的な情報処理それにコミュニケーションをもたらす）。

6. Weber, 1947（社会的行為は、研究者が当事者の抱いている意味を考慮しない限り、理解できない）。
7. Selznick, 1949（組織は、人びとが下す解釈にもとづいて意味や意義を引き出す）。
8. Jaques, 1951（文化という概念は、「習慣的かつ伝統的な考え方や行動の仕方として現われ定義される。それは、程度の差こそあれメンバー全員に共有されており、新メンバーは、会社の業務に携わるために文化の概念を学び取り、部分的にでも受け入れなければならない」p.251）。
9. Deutsch and Gerard, 1955（情報の社会的影響という概念は、人びとが不確実性を削減するためにリアリティーの証しとして互いに情報を受け入れ合うことを措定している）。
10. Boulding, 1956（組織は、機械や時計のようであり、またシンボル処理システム、社会システムあるいは超越的システムでもある）。
11. Festinger, 1957（センスメーキングは、意思決定後の不協和を低減する働きをする）。
12. March and Simon, 1958（組織ルーティンには注意を払う必要がないので、その分、注意を非ルーティン的事象の理解に振り向けることができる）。
13. Dalton, 1959（あいまい性の中で生き残るためには、自分の見ているものを自分のしたいことに適うように、解釈しなければならない。あいまい性ゆえに、「個人的ないし組織的目標に対するコンフリクトをもっとも吸収してくれたり、解決はおろか活用できる意味が選択される」p.258）。
14. Thompson and Tuden, 1959（どのような組織形態が意思決定に有効かは、因果律と結果の嗜好とに関する同意の程度によって決まる。同意が低下していくにつれて、政治が重要になってくる）。
15. Burns and Stalker, 1961（機械的システム対有機的システムという図式にもとづくコンティンジェンシーの観点は、管理のワン・ベスト・ウェイという考えを追放し、高い不確実性に対する反応として社

会的構築物を考えている）。
16. Kahn, Wolfe, Quinn, Snoek, and Rosenthal, 1964（役割があいまいなためセンスメーキングがなかなかできないと，精神の健康に悪い影響が出る）。
17. Bittner, 1965（組織という概念は共有された構成概念であり，公式組織のデザインは，有能な使用者たちが制裁のリスクを負うことなく，情報や指示や正当化を引き出せる解釈図式である）。
18. Katz and Kahn, 1966（組織とはオープン・システムであり，その活動はインプットの変化に反応するプロセスによってパターン化される）。
19. Schutz, 1967（人は，日常生活を意味づけるために，社会的に規定された類型を使用する）。
20. Garfinkel, 1967（合理性とは，日常的な相互行為において社会的に構築されるもので，何が生じたかを正当化するために使用される）。
21. Berger and Luckmann, 1967（時が経つにつれて，人はパターン化された仕方で行為し，そのパターンをリアリティーとして自明視するようになり，そして自らのリアリティーを社会的に構築する）。
22. Weick, 1969（進化的な認識論とは，組織のセンスメーキングのことであり，それは相互行為の最中になされる回顧的解釈から成る）。
23. Blumer, 1969（人間の結びつきは，連携的行動を維持するための，解釈［他者の意味を確定すること］と定義［いかに行為するかについてその人に指示すること］という二重プロセスから構成される）。
24. Steinbruner, 1974（サイバネティック意思決定プロセスという概念は，満足化を基準にするセンスメーカーの概念につながるものである）。
25. Staw, 1975（自分たちの作業結果に対して誤ったフィードバックを与えられた作業集団のメンバーは，その結果を説明するために自分たちの相互行為の歴史を再構築する）。
26. March and Olsen, 1976（組織にあいまい性が蔓延しているのは，事象についてわれわれの知っていることの大部分が解釈だからであ

る)。
27. Giddens, 1976（社会的構造は，意味創造のプロセスによって創り出されると同時に，そのプロセスを制約もする）。
28. Bougon, Weick, and Binkhorst, 1977（因果マップの概念化と測定は，組織の現象学を操作化するものである）。
29. Salancik and Pfeffer, 1978（社会的情報処理モデルは，タスク環境の特性も態度－欲求も社会的に構築されることを示している）。
30. Pondy, 1978（リーダーの有能さは，自分たちの行っていることに意味を与え，自分たちの行動の意味についてコミュニケーションできるように意味を明確化する能力にある）。
31. Brown, 1978（公式組織は，共有されたパラダイムに具体化されている）。
32. Daft and Wiginton, 1979（センスメーキングは，使用される言語のリッチ度に影響される：複雑な現象を把持するためには自然言語が必要である）。
33. Ranson, Hinings, and Greenwood, 1980（解釈図式は組織化を制約するが，その解釈図式は組織化から生じる）。
34. Louis, 1980（新参者は，センスメーキングの助けになる状況特有の解釈図式や文化的仮定を模索することによって，加入経験から生じる変化や差異や驚きに対処する）。
35. Pfeffer, 1981（共有された意味システムにおける重要な管理的行為とは，権力や影響力にもとづいて下される意思決定を正当化し合理化する確信システムを言語やシンボリズムや儀礼を通して構築し，維持することである）。
36. Kiesler and Sproull, 1982（社会的認知過程は，管理者の問題感知との関連から分析されるが，それは，適応のための刺激の気づき，解釈，統合として概念化される）。
37. Meyer, 1982a（組織の解釈プロセスを反映している戦略やイデオロギーを含むシンボル的変数は，スラックのような構造的変数よりも，予期せざる動揺への適応をうまく説明する）。

38. Martin, Feldman, Hatch, and Sitkin, 1983（組織の物語は，過去のセンスメーキングを要約し，現在の問題にプロトタイプを提示する）。
39. Putnam, 1983（組織への解釈アプローチは，コミュニケーションを通して社会構造を創造し再創造する主観的意味，間主観的意味そして社会的に創造される意味の研究と見なされる）。
40. Daft and Weick, 1984（スキャンニング，解釈，学習のパターンは，学習のために行為しようとする意志と環境分析の困難さを容認する意志との関数であり，それは組織によって様々である）。
41. Smircich and Stubbart, 1985（戦略が展開される環境は，戦略家が自ら作った環境である）。
42. Mintzberg and McHugh, 1985（進行中の回顧的センスメーキングは，意図的で計画的な戦略とは異なる創発型戦略を生み出し，それは学習が合理的意思決定の代用になりうることを意味している）。
43. Barley, 1986（医療の専門家は，関係を構造化しつつ新しい医療技術を理解するために，様々なスクリプトを使用する）。
44. Daft and Lengel, 1986（明確性の欠如［多義性］の問題に対する組織デザインは，データの欠如［不確実性］の問題に対する組織デザインとは異なる）。
45. Dutton and Jackson, 1987（脅威と好機のどちらのラベルを問題に貼りつけるかによって，その後の問題処理に向けられる認知や動機づけが変わってくる）。
46. Starbuck and Milliken, 1988（管理者の"認知ミス"を情報処理のエラーとしてではなく，むしろフィルタリングの問題として分析するほうが，組織における意味構築についてわれわれの知っていることと合致する）。
47. Porac 等, 1989（スコットランドにおける衣料産業の戦略家のメンタル・モデルは，解釈アプローチの教えるところと同じ仕方で形成され，作用する）。
48. Feldman, 1989（観察によれば，官僚は，構造がよくわからない政策

問題に取り組むとき，利害について社会の定義よりも，むしろ組織の定義を反映した集合的解釈をする）。
49. Isabella, 1990（指示，タスク，そして解釈されたリアリティーのための解釈フレームは，組織変革の展開のように，予期，確認，絶頂，余波という4つの段階を経て発展していく）。
50. Dutton and Dukerich, 1991（ニューヨーク港湾局が施設内のホームレス問題に取り組むにつれて変化していった港湾局のイメージとアイデンティティは，職員が問題を解釈し，取り組む仕方に影響を及ぼした）。
51. Gioia and Chittipeddi, 1991（有名大学の戦略的改革は，反復的で連続的な意味構築プロセス［センスメーキング］と，センスメーキングに影響を及ぼそうとする努力［センスギビング］から構成されていることが明らかにされている）。
52. Gioia, 1992（フォード・ピント発火騒動で，関心が高まり問題になりつつあった初期段階でそれに関与していたフォード社員が，その時リコールに踏み切らなかった過ちをスクリプト法を用いて分析している）。
53. Pentland, 1992（ソフトに関するサポート・ホットラインに寄せられる顧客の質問を意味づける努力は，組織構造をイナクトする対処法によって具体化される）。
54. Weick, 1993b（チグハグな役割構造がセンスメーキングをいっそう困難にすることを明らかにするために，Mann Gulchの悲劇が再分析された）。
55. Elsbach, 1994（畜牛産業のスポークスマンは，脅威に直面したとき，正当性の印象を操作するために言語による説明を利用した。それは，制度的慣習が個々人によってどのように修正されうるかを明らかにしている）。

組織のセンスメーキング的考察

　センスメーキングという論題への上記の歴史的インプットは多様に見えるかもしれないが，そこにはかなり一貫した組織観が貫かれている。最初に大事なのは，センスメーキング・プロセスとその産物にふさわしいように組織と環境とを概念化する方法についていく分かでも正しい認識を持つことである。これに失敗すると，次のような問題に陥りかねない。

　　ある学派は，組織という**概念**と，その概念の（それによって人が自らの世界を意味づけようとする）"実践的説明"としての使用を認めているにもかかわらず，実在としての組織は認めない。そう，解釈パラダイムの観点からは，どうしたって組織は存在しえない。だから厳密に考えれば，解釈パラダイム特有の組織理論が存在するという考えは，いくらか矛盾していることになる（Burrell & Morgan, 1979, p.260）。

　センスメーキング・パラダイム特有の組織理論といったものはない。それでも，組織とその環境の構築においてセンスメーキングが中心的活動であることを認めるような組織の論じ方は可能である。たとえば，Scott（1987）の見事な組織分析を見てみよう。彼は，組織という概念を三様に定義している。第一に，合理的システムとしての組織が存在する。それは，Weber（1947）やSimon（1957）の研究の中に見られるもので，Scottはそれを「比較的特定の目標の追求を志向し，比較的高度に形式化された社会構造を持つ集合体」（p.22）として定義している。第二に，自然的システムとしての組織が存在する。それは，Roethlisberger and Dickson（1939），Barnard（1938）ないしParsons（1960）の研究の中に見られるもので，Scottはそれを「参加者がシステムの存続という共通の利害を共有しており，その目標を達成するために非公式的に構造化されている集合的活動に励んでいる集合体」（p.23）として定義している。そして第三に，オープン・

システムとしての組織が存在する。それは，Buckley（1968），Boulding（1956），Katz and Kahn（1966）の研究の中に見られるもので，Scottはそれを「利害集団の連合で，その目標は交渉によって生み出される；連合の構造や活動や結果は，環境要因から強い影響を受ける」（p.23）と定義している。

これらの3つの定義の順序は，環境に対するオープン性が次第に高まるように，またシステムを構成する要素間の連結が次第にルースになっていくように並べられている。したがって，オープン・システムとして描かれた組織が，センスメーキングにもっとも関連がある。それは，次の2つの事実による。すなわち，環境からのインプットに対するオープン性が高ければ，それだけ組織は，多様な情報を取り扱っているという事実，そしてシステムの構造がルースであれば，それだけセンスメーキングを行う主体自身が捉えがたくなるという事実である。Scott（1987）が指摘するように，オープン・システムのイメージはわれわれの注意を構造からプロセスに向けさせ，「流れを維持し，プロセスを保持することが問題だと考えるようになる」（p.91）。センスメーキングの焦点となるのはまさにそのような問題，すなわち，何が"外在"し，また何が"内在"しているか，そしてその両方の問題に答えるためにはわれわれは何者でなければならないか，といった問題である。まさにこのセンスメーキングのパースペクティヴと結びついたオープン性こそが，外在するものと内在するものとの区分を発見ではなく発明とし，人が自らの制約を創り出すとし，何が妥当なインプットやスループットとなりえたかを回顧的に定義するきっかけとしてアウトプットを捉えるというおもしろい連鎖を発想させてくれるのである。端的に言えば，われわれは，パースペクティヴを合理的システムから，自然的システムを経て，オープン・システムに移すのと同時に，明確な構造とプロセスと環境から，あいまいな構造とプロセスと環境へと移行してもいるのだ。そして，このような移行につれて，センスメーキングが重要となるのである。

これとは違う，もっとマクロなレベルでセンスメーキングを論じる方法には，個人という分析レベルの"上に"3つのセンスメーキング・レベルがあると主張したWiley（1988）の分析がある。それらは，間主観的（intersubjective), 集主観的 (generic subjective) それに超主観的 (extra-subjective) で, 順にレベルは高くなっている。Wileyはこの3つのレベルを次のように理解している。

個人的な思考, 感情, 意図が会話の中に統合ないし綜合され, 自我が"私"から"われわれ"に移行するとき, 間主観的な意味が内主観的 (intrasubjective) 意味から立ち現れる（たとえば, Linell & Markova, 1993）。この移行は,（相互作用よりもむしろ）社会的構造を通した結びつきであろうが, 規範が共有される相互作用ではない。そこでは, 間主観, つまり結合した主観ないし統合された主観である"社会的リアリティーのレベル"(p.254) が形成されるのである。Wiley (1988) はこの変化について次のように論じている：「間主観性は, コミュニケーションし合う二人以上の自我の交換と綜合によって創発する。相互作用（ないしは'相互作用的表象'）が Durkheim の言う社会構造ないし集合意識へと綜合されるのは, この後, さらにもう一度の創発性が生み出されるときなのである」(p.258)。Gephart (1992) が,「行為や事象を解釈する言語的間主観的プロセス」(p.118) としてセンスメーキングを論じているのは, この分析レベルの良い例である。

Wiley (1988, p.259) は相互作用よりも一段上のレベル, つまり社会構造のレベルに組織を含めている。この社会構造のレベルに特有な性質とは, 間主観性から集主観性への移行である。「そこでは, 具体的な人間, つまり主体はもはや存在しない。相互作用のレベルを越えると自我は背後に退く。社会構造は, 具体的で個性化された自我ではなく, 集的な自我, つまり相互に互換可能なパーツ——役割を引き受ける人やルールに従う人——を暗示している。'主体との関係'が, カテゴリー的で抽象的になるのは, まさにこのレベルである」(p.258)。

集主観性を介したセンスメーキングは, 組織分析の支柱であり, テクノロジーの変化が職務役割や関係役割や社会ネットワークを変えていくことを分析した Barley (1986) の研究に明瞭に示されている。テクノロジーの安定期には, Barley が「(その反復が場の相互作用の秩序を作る) 出会いの類型の標準的プロット」(p.83) と定義したスクリプトも含めて, 集主観性は

様々な形態を取る。標準的プロットのような人為的産物が，集主観性を創り出し，人びとが互いに代替可能で，互いの活動や意味を借用できるときには，（ギャップが埋められなければならない場合を除いて）間主観性の出る幕はほとんどない。しかし，CATスキャン機器が放射線科に導入されたときのように，テクノロジーが変化するときには，不確実性が増大する。なぜなら，古いスクリプトや集主観性がもはや機能しないからである（p.84）。変化に異なる意味を付与する見方が，新たな綜合のために生み出されるとき，いま一度間主観性がセンスメーキングの前面に出る。とはいえ，人びとが新しい意味の綜合のために相互行為するとき，集主観性が完全に無くなるわけではない。しかし，以前の理解を修正するスクリプト（p.101）によって綜合は行われるだろう。不確実性を管理しようとする相互作用は，間主観性と集主観性の両者から成り，そのことが組織のセンスメーキング一般の特徴となっている。収束および安定の期間（Tushuman, Newman, & Romanelli, 1986）には集主観性と承認のスクリプトにウェートが置かれ，発散および混乱の期間には間主観性と修正のスクリプトにウェートが移される（p.102）。

　Wiley（1988）の最後の分析レベルである文化は，超主観的なものである。役割の大部分を構成している集的な自我は，このレベルにおいて，知る主体なき「純粋意味」（Popper, 1972）となる。これは，シンボリックなリアリティーのレベルであって，主体なき文化の体系と見なされるような資本主義とか数学がその例である。この文化的レベルと同じようなものが，Barley（1986, p.82）の制度的世界に関する議論の中に見られる。この世界は，過去の相互作用から導かれた理念型のような抽象的フレームワークとして概念化されている。このように考えると，スクリプトの集主観性は非常に重要なものとなる。なぜなら，「スクリプトは制度的世界を行為の世界に結び付ける」（p.83）からだ。

　Wileyは"組織"をたしかに一つの固有のレベルとしては論じなかったが，私としては，組織化を間主観性と集主観性の間を行き来する運動と捉えたい。組織化とは，生き生きとしたユニークな間主観的理解と，初期の間主観的構築に参加しなかった人が身につけ，維持し，拡大していく理解とが入

り混じったものであると私は考えている。人びとは，組織の中で互いの代わりになることができるが，代役を完璧に果たすことはできない。間主観性が集主観的になるとき，常に共通理解に何らかの欠落が生じるからである。とはいえ，すべての欠落が，有効な協働行為にとって一様に重要であるわけではない。すでに見てきたように，人びとが協働する上でまず必要なのは，単純化とフィルタリングなのである。

　Wiley の分析を敷衍しようとすれば，社会的行動には 2 つの大きな不連続があることも論じなければならない。2 つの不連続とは，第一に，想像上の社会的行動が，現実の時間において，対面的な社会的相互作用へと変換されるときであり，第二に，相互作用の参加者の一人が置き代えられても相互作用が以前と何ほどか同じように継続していくときである。この 2 つの変換には，相対的自律性から相対的統制への移行と，相対的独立性から相対的相互依存性への移行が含まれる。この 2 つの変換を管理し，橋渡しすべき 2 つの形態のどちらにも協働行為が偏らないようにすることが，組織化という社会的形態の役割である。組織化が緊張的なシステムだとよく言われたり（たとえば，Aram, 1976），その最たる緊張がイノベーション（間主観性）とコントロール（集主観性）の間の緊張だとよく言われたりする理由は（Hage, 1980; Nemeth & Staw, 1989），ひとえに変換を動きの中でかつ積極的に管理しなければならないからである。組織とは適応的な社会的形態なのである。間主観的形態として，組織は親密な接触から生ずるイノベーションを創り出し，保持し，実施する。集主観的形態として，組織はその親密性のエネルギーを捉えてコントロールするのである。こうした緊張は Barley（1986）の研究の中にも見られる。放射線科医は，（集的構造の純粋な表出である）"指示を与えること"を通してコントロールしているが，彼はまた，（伝統的な支配関係の中で新奇性とイノベーションの呼び水となる）"選好を表明すること"によって，こうした統制的干渉を和らげてもいる。このように，組織的形態とは，間主観性を集的な間主観性と結び付ける橋渡し装置なのである。

　そして，センスメーキングと最もよく符合する組織化の記述の中でも，この橋渡し機能に関するものが最も目につくようだ。それは以下の 3 つの新し

い研究からも明らかである。

　Smircich and Stubbart（1985）は，組織を相互作用性として論じるとき，実は橋渡しとしての組織化ということをほのめかしている：組織とは，人びとが互いに関連性をもって行為するよう働きかけ，かつ「自分自身や他者の行為について互いに強化し合う解釈をするよう働きかける確信，価値観，仮定を多く共有している人びとの集合である」（p.727）。この記述は，有機的システム（Burns & Stalker, 1961, p.119）におけるセンスメーキングと関連する部分を新しく言い直したものと見なせる。相互作用，相互に強化し合う解釈，確信，価値観および仮定といった言葉には間主観性が感じられる。また，人びとの集合，共有，他者の行為，および相互関連性といった言葉には集主観性が感じられる。"相互作用性"として組織を記述している点は，とりわけ適切である。なぜなら，相互行為者の置換や代替の可能性こそ，組織化に特有の重要な特性であるからだ。人が置き換えられたとき，解釈を相互に強化し合う能力が不充分だと，組織もセンスメーキングも存続しえない。

　間主観性に潜在する創造性は，歩き回りによるマネジメント（MBWA）から，電子メールやモニターによるマネジメント（MBSA）へと移行するときに失われる大事なもので，それはTom Peters（1992, pp.432-434）のような人たちが警告するところである。対面的相互作用のリッチ度（Daft & Lengel, 1986）は高く，それは複雑性を管理するための複雑な事象の認知やイノベーションの発明を促進する。リッチ度は，相互作用が集的な一方向的コミュニケーションをもっぱらとするコンピューター・スクリーンを通したものとなるとき低減する。そのような相互作用では，比較的よそ者同士でも出入り可能で，しかも彼らはかなり機械的なルーティンを用いるに過ぎないからである。コントロールがイノベーションを駆逐し，組織はコントロールと同義となり，理解できないものをリフレーミングしたり，学習したり把握したりするチャンスが集主観性によって排除されてしまうのだ。

　センスメーキングと協働を共に扱っている第二の組織の記述は，Smircich and Stubbart以上にルーティンと集主観性を強調している。Frances Westley（1990）は，次のように論じるとき，間主観性から沈殿

し，保持されたものに着目している。すなわち，「行為が現実化されない限り，組織など存在しないし，また存在しようもない：実際，組織とはすべて相互連結ルーティンの連鎖，つまり同じ時間，同じ場所で，同じ活動を中心に，同じ人たちを接触させる習慣化された行為パターンなのである」(p.339)。Czarniawska-Joerges（1992）による最近の定義も同じ前提の上に立っている：「組織とは，集合行為のネットであり，世界および人間生活を形成すべく努力する中で企てられたものである。行為の内容は，意味と物（人為的産物）である。集合行為のネットは，その組織に社会的に規定される意味と産物の種類によって，区別することができる」(p.32)

相互連結ルーティンと習慣化された行為パターンは，行為者間の代替が可能な社会的構築物である。それらは社会的構築物なので，集的ルーティンと習慣化された行為パターンは間主観的に再構築され，再確認されることがよくある。そしてここにも，間主観性と集主観性との入れ替えがある。同じ人たちが毎日同じ時間の同じ場所に現れれば，彼らの活動は互いに規定され，互いに依存的になり，互いに予測可能になり，共通言語にコード化される共通理解ができるようになるだろう。集主観性が増大するのである。しかしながら，二人の間でそうした理解を微調整し展開していくとき，間主観性の存在意義がハッキリとわかる。

もし，Smircich and Stubbartが，間主観性に軸足を置きながら，集主観性も視野に入れて組織を理解しようとしている研究者と見なされ，一方，Westleyが，集主観性に軸足を置きながら，間主観性も視野に入れて組織を理解しようとしている研究者と見なされるとすれば，Schall（1983）は，この2つの社会的形態を結びつける架け橋を明らかにしている。彼（ママ）は次のように言う。すなわち，組織とは，

> その参加者間の継続的なコミュニケーション活動の交換と解釈を通してのみ，発現し維持されるものである。・・・相互作用している参加者がコミュニケーションによって組織化するにつれ，彼らは，共通の利害を軸に共有された理解を発展させ，集合的 "われわれ" 意識・・・つまり，"われわれ" の共有した理解に適したやり方で一緒に物事を行う一個の社会的

単位としての意識を育んでいくのである。言い換えれば，組織化に固有のコミュニケーション・プロセスが組織文化を創り出すのであり，その文化はそのコミュニケーション活動を通して姿を現し・・・，役割に規定されたり，目標やコンテクストに規定されるコミュニケーション制約——すなわち，ルール——によって特徴づけられる。（p.560）

上の引用文には，交換とか，継続的なコミュニケーション，相互作用している参加者といったフレーズから間主観性がほのめかされている。一方，共有された理解とか，共通の利害，集合的"われわれ"，組織文化，役割，そしてルールという形式のコミュニケーション制約といった言葉に見られるように，集主観性についても多くが語られている。つまり，意味は付与されるものだということ，そしてその意味を付与する形態について同時に言及されているのである。Schall の冒頭の前提条件は，解釈主義者の組織の概念化に対する Burrell and Morgan（1979）の当惑に思いをいたすと，にわかに重要性を帯びてくる。彼女は，組織を継続的なコミュニケーション活動を通してのみ発現し維持されるものとして論じた。もし，コミュニケーション活動が止まれば，組織は消え失せる。もし，コミュニケーションが混乱したなら，組織は機能不全に陥る。だからといって驚くべきことではない。なぜならコミュニケーション活動こそ組織だからだ。間主観性の交換と解釈，および集主観性の共有された理解が発現し維持されるのは，まさに継続的なコミュニケーションがあればこそなのである。

組織を間主観性と集主観性との間を絶えず行き来するものとして考えると，組織のセンスメーキングが行われる様子を言い表す勘どころが何やら見えてくる。組織のセンスメーキングの全体像を得るには，次のような6つのポイントを押さえておかなければならない。

1. 多元的現実からなる世界で，行為はどのようにして調整されるようになるのか？　これが組織化の根源的問題である。
2. この問に対する一つの答は，社会的形態があれば，初期の構築に携わらなかった人でも身につけることができ，ひいてはその発展に寄与で

きるような，生き生きとしてユニークな間主観的理解を生み出せる，というものである。
3. 間主観性が集主観性に移るときには，理解に必ず何らかの欠落が生じる。組織形態の機能は，この欠落をなるべく最小限に抑え，なおかつ再交渉ができるようにすることによって欠落を管理することである。
4. その移行を管理するためには，間主観性に固有のイノベーションと，集主観性に固有のコントロールとを調整しようとするときに生ずる緊張をうまく管理しなければならない。組織形態とは，動きの中で調整している橋渡し装置である。
5. 調整は，二者間の相互行為を源とする相互連結ルーティンや習慣化された行為パターンのようなものによって達成される。
6. 最後に，組織という社会的形態は基本的に，継続的なコミュニケーション活動を通して発現し，維持されるパターン化された活動から構成されている。このコミュニケーション活動の中で，参加者たちは共通の利害を軸に同一の理解を発展させる。

この組織化の6つのポイントは，組織化というものを網羅するにはほど遠い。研究が進むにつれて，さらに多くが付け加えられるだろう。とはいえ，これら6つのポイントは重要な出発点となる。なぜならば，組織とはいわゆる"リアリティーのイメージ"——それゆえ物事は人によって異なる意味を持つ（Burrell & Morgan, 1979, p.273）——として単純には片付けられないものであって，そうしたものを捉えるには以上の6つのポイントが一つのヒントとなるからだ。Burrell and Morganが，参加者と観察者が共通のルールに従って行動しているかどうかをチェックするには，センスメーキングに関する仮定がすべからく一致している必要があると主張するとき，その主張は正しい。参加者と観察者のセンスメーキングの仮定が同じでないことがよく見られる。だからといって，両者が同じルールに従って行動できないとは必ずしもいえない。要するに問題はただ，社会的形態に注意を払う必要があること，つまりPorac等（1989）が行ったように，正しい出発点に留意する必要があるということなのである。認知的寡占に関する彼らの研究

は，われわれがこれまで論じてきた議論の断片が，どのようにして一貫したパースペクティヴへとまとめられるかを示してくれる。

ホーイックにおけるセンスメーキング

　私はこれまで，いくつかの研究を通してセンスメーキングや組織に関するアイディアを種々紹介してきた。これら様々なアイディアのすべてをたった一つの研究ですべて例証してくれるようなものを期待するのは無理だとしても，それに近い研究はいくつかある。それらの見本例となる研究は，そうしたアイディアがいかに優れているか，そして優れた研究とはどのようなものかを，一目でわれわれ読者にわからせてくれる。

　Porac等（1989）の研究は，まさにそうした研究の一つである。その3人の研究者たちは，スコットランドの境界地域で高品質のカシミア・セーターを製造している17の企業の経営者35人をインタビューした。Porac等（1989）は，こうした戦略家が，業界の構造に影響を及ぼすメンタル・モデルをどのように形成し，またそれにもとづいてどのように行動しているか，を知るために次の3つの問を設定した：

1．「最高経営者が競争的環境内での取引を意味づけるために構築する合意されたアイデンティティの確信と因果の確信とはどのようなものか？」
2．「そうした確信は，セクター内の企業の戦略的活動とどのように関係しているか？」
3．「そうした確信は時間の経過とともに，どのように維持され修正されるか？」

こうした問に答えるのに，Porac等は，われわれが先に言及したセンスメーキングの7つの特性すべてに触れている。そして，これら7つの特性についてそれぞれ簡単にコメントをして，組織のセンスメーキングに関する本章の

議論を終える。

　ホーイック精神の研究は，センスメーキングの要として**アイデンティティ**の重要性を示すきわめて良い事例である。「会社のアイデンティティについての確信は，メンタル・モデルの最も重要な部分である」（p.399）。競争的環境を意味づけるために，その17の企業は，セーターを製造している他所の地域の企業とは異なる存在として自分たちを集合的に特化し，次に，仲間内で自らの差別化を図らなければならない。ホーイックの17のメーカーはどこも高品質のカシミア・セーターを生産しているが，仲間内で自らを差別化し，形状や色，編み方のデザインなどにもとづいて専門店や大規模デパートの売場争いをしなければならない。

　ホーイックのセンスメーキングの大部分は，競争空間に何らかの定義を付与することから成り立っている。その定義によって，戦略家は，やはり流動的なアイデンティティを持つ他者と自分を比べることで，自分たちは何者か，自分たちは何者になりつつあるかを発見し発明できるのである。センスメーキングは一部，「無視しえないライバルの集合を定義し，その集合内での競争方法に関する戦略的決定を導く社会的に共有された確信」（p.400）を発現することに向けられる。これらの共有された確信の周縁には"文化内差異"がいくぶんかあるものの（p.405），中心的な確信には核がある。メンバーが競争空間や，その中での自分の位置を定義できるのはそうした軸があればこそである。

　こうしたアイデンティティ探しを理解することは，それがセンスメーキングの根源的行為とも言えるので，重要である。Starbuck and Milliken (1988) が，何らかのフレームワークの中に刺激を置くこととしてセンスメーキングを定義したことを思い出してみよう。それは見事な定義ではあるが，しかしそのフレームワークはどこから現れ，どのように形成されるのだろうか？ Porac等はその答を持っている。彼らは次のように言う。競争者たちのイナクトメントと選択的認知が結びついて，やがて"認知的寡占"にいたるものを生み出すのである。認知的寡占は，「事業環境を単純化し意味づけるために相互規定的な有限個の競争基準からなる集合」（p.413）という形をとる。これらの基準がフレームとなって，アイデンティティや戦略が具

体化される。しかし，実際には，「私は何者なのか」とか「彼らは何者なのか」とか「誰のことを'われわれ'と呼ぶのか」といった根本的問が，他所と同様，ホーイックでのセンスメーキングを支配している。そして，いったん仮の答が公式化されると，センスメーキングが開始される。なぜなら，どんな答も再達成され，修正され，ときには再構築さえされる必要があるからだ。最終的な答という感覚を抱くことは絶対にできないのである。

　センスメーキング・プロセスとしての回顧は，ホーイック研究では明確に論じられているというよりも，ほのめかされている程度である。戦略家によって用いられているメンタル・モデルの精神的表象は物質的世界についての不完全で単純化された説明であることが，彼らの観察から暗示されている（p.400）。私はこのメンタル・モデルが回顧的性質を一部持っていると考えている。というのは，メンタル・モデルは，複雑でねじれた因果連鎖（それによって現実に結果が生み出された）を都合よく編集してしまう後知恵にもとづいて構築されているからである。なおかつ，結果それ自体は事後的にしか知ることができないので，振り返ってしか見ることができない。

　これらの製造業者の"焦点戦略"つまり，「専門的な流通経路を通して限られた数の高所得層に高品質かつ高価な衣服を販売する」（p.404）という戦略に関する Porac 等（1989）の議論には，回顧的センスメーキング特有の臭いが感じられる。この戦略の回顧性は，それが「計画されたというよりも進化したもの，つまり市場で遭遇する問題に**応じて数十年かけて発現してきた**」（p.404，ゴシックは引用者）という事実から生じている。たとえば，ホーイック地方では熟練労働者のプールを容易に利用できるので，これらの企業は依然として伝統的で労働集約的な手仕上げという手法を用いている。そうした手法は，より低いコストで高い生産量を上げている他国の競争者の現代的な技術（たとえば，電子編み機）と比べると，能率という点ではかなわない。しかし，ホーイックの戦略家は今や，この手仕上げへのこだわりを意図的な"高品質"戦略として解釈し直したのである。ホーイックの人びとははるか以前から手仕上げのセーターを製造してきたのに，コストが問題となるまで，過去の行為を高品質の追求として解釈することはなかった。どのように編まれているかを私が知るまで，私が何を作ってきたかを私がどうし

て知りえようか？

　何の変哲もない手仕上げが，大層な手仕上げへとその意味が変わったことを，冷笑的に考えるべきではない。むしろそれは，進行中の事象の中で古い行為に関する新しい解釈が湧き上がってくる様子を明確に捉えた事例といえる。そうした回顧的なリフレーミングをありがたそうに宣うことが，戦略家の仕事の根幹をなしており，それは Mintzberg（1987）や Starbuck（1993）が明確にしたところである。実際には戦略家は後知恵で商売しているのに，予測力と買い被られるのだ。練り上げられた後知恵の能力は，天賦の才でも，稀有な資質でもない。だから，戦略家は自分たちの貢献について口を閉ざすのだろう。

　Porac 等は，組織論の多くの文献の中でも最も優れた**イナクトメント**に関する議論を行っている。イナクトメントについての他の議論は通常，イナクトメントを選択的認知とか環境を思い通りに創造する行為と誤解しているが，Porac 等（1989）は認知というものと行為というものをうまく統合して捉えている。彼らは次のようにイナクト的センスメーキングの本質を洞察している。人間の活動とは，

> 外的に状況づけられた情報の主観的解釈が行動を通して客体化されるようになる進行中のインプット-アウトプットのサイクルである。・・・この継続的な「客観-主観-客観」の変換によって，幾人かに共有される解釈を生み出すことが結果的に可能となる。したがって，個人的な認知構造はやがて，社会的に強化される世界観の一部となってゆく。・・・解釈活動のこの循環的性質は，事業競争の物質的側面と認知的側面とが密接に交織していることを暗示している。（pp.398-399）

　人が真剣に解釈し，それにもとづいて行為するとき，物質的世界はかつてそうであったのとは違って一貫性を持つようになるだろう。もし，誰かが変化を起こすと，他者がそれらの変化に気づき，少なくとも元の行為者の解釈と同等の仕方で変化を解釈し，それから元の解釈を証明するように修正された解釈にもとづいて行為するだろう。やがて，解釈は，客体化され，普及さ

れ，何が"外在する"かについてのコンセンサスと呼ばれるものへと広範囲に内面化されるようになる。

　ホーイックの経営者が抱いているアイデンティティに関する確信および事業のやり方に関する確信は，流通業者として代理店を利用するなどの戦略決定に影響を及ぼしている。"クラシックなデザインの服"を売る代理店を利用するという決定を下せば，意思決定者にフィード・バックされる市場情報は限定され，その情報は市場がそもそもどのようなものであったかに関する彼らの確信を基本的には確認するようなものとなる（p.412）。"クラシックなイメージ"を打ち出している代理店は，クラシックなデザインを好む顧客を相手にしている小売店と取引している。そこから得られる"市場"情報は，かなりフィルタリングされ，狭められ，限定されたもので，本質的にはホーイックの人たちが自ら生み出した情報である。人が直面するものの幾分かは自らがイナクトしているという点を捉えるために，Porac等が，"社会的に強化される世界観"というフレーズを使用しても何の不思議もない。生産者，代理店，小売業者そして消費者から構成されている"取引のネットワーク"は文字通り，過去のイナクトメントによって突出した手掛りにもとづいてイナクトされた環境なのである。ホーイックの経営者たちは，インプットとアウトプットの進行中の流れの一部が繰り返し循環し，予測通りに生起する環境をイナクトすることによって，行為を介して自分たちの物事の処し方を戦略，ルーティンおよび解釈へと変換しているのである。

　Porac等が，センスメーキングはすぐれて**社会的**だと考えていることは，もはや明らかだろう。そのことは，『認知的コミュニティーとしての競争集団』という彼らの論文名に明白に表れている。各企業は，（自分を比較でき，自分の技術と能力の適性についてより多くの情報を得られる）基準を必要としているので（Festinger, 1954），コミュニティーという部分がこうした競争者たちの間から生まれ，形成される。不確実な環境では，自分の業績を比較できる似たような他者がいてくれなければ，評価を下せない。有意味な比較仲間が存在するのは，ホーイックの認知的寡占のおかげなのである。

　17の企業の経営者たちが用いているメンタル・モデルは，別の理由からも収斂する。経営者たちは，公式的にも非公式的にも，頻繁にコミュニケー

ションしている（たとえば，競争し合っている企業の最高経営者たちはお互いに歩いてゆける範囲内で生活している。p.405）。さらに，彼ら全員が共通のイナクトされた環境と直面するときには企業間で間接的な模倣が行われ，競争者たちがアイディアを交換する時には直接的な模倣が行われている（p.400）。こうしたメンタル・モデルは，最初経営者個々人の頭の中で形成されるのだが，顧客，供給業者そして競争者からなるネットワークでのイナクトメントと模倣とによってメンタル・モデルが経営者間で収斂するようになる。したがって，メンタル・モデルの形成には，分析の間主観的，集主観的および文化的な分析レベルすべてが作用していることがわかる。それは，"個人的センスメーキング"という言葉が何やら矛盾していることを意味している。

これも明らかなことだが，Porac 等は，センスメーキングが**進行中**のプロセスであるということ，そして，人は物事のただ中に投げ込まれているので，プロジェクトの中断はわかるが，始まりはわからないということ（p.398）を押さえている。Porac 等の論文で用いられているいくつかのフロー・チャート，すなわち技術的，認知的分析レベルの相互の影響を表すフロー・チャート（p.399）や，産業セクター内の相互イナクトメント・プロセスを表すフロー・チャート（p.401），それに取引ネットワークを介したイナクトメント・プロセスを表すフロー・チャート（p.409）はどれも，センスメーキングのプロセス・モデルを連想させる流れ，連続性そしてダイナミックな変化をよく捉えている。

進行中のセンスメーキングに関する本書の議論の中で，われわれは，中断とそれがセンスメーキングの基盤としての情動を生み出す可能性にかなり注目していた。それに対して，ホーイックの分析では情動は小さな役割しか果たしていないようだが，その理由の一端は焦点がもっぱらメンタル・モデルに置かれていたからだろう。しかし私としては，情動の影が薄いのは，中断が稀にしか生ぜず，プロジェクト達成の代替的方策も豊富だったからではないかと思う。

とはいえ，ホーイックにおける製造業者の市場活動の"集的レシピ"について Porac 等が書いたとき，彼らは中断の可能性を明確に意識していた。

そのレシピによれば,「地元の紡績業者から紡ぎ糸を購入せよ,クラシック志向の高所得者層にアピールするようなセーターを売れ,小ロットで衣服を製造できるような柔軟な生産システムを創り上げろ,そうした製品を市場に出すために世界中で専門的な代理店と契約せよ,一つの業者が値下げ攻勢に出ることのないよう調整せよ」(Porac 等, 1989, p.414), とある。このレシピは,協働行為,集主観性(誰でもそのレシピを"実行する"ことができる),相互連結ルーティンおよび習慣化された行為パターンの素晴らしい事例である。反面,それらは,相当な慣性を有する,ある種のオーバー・ラーニングで,タイト・カプリングなシステムであることを暗示している(Milliken & Lant, 1991)。つまり,そのようなシステムのプロジェクトが中断するのは稀である。しかし,それらのプロジェクトは非常によく組織化されているので,迅速に修復できない中断が生ずれば致命的となろう。

Porac 等は,センスメーキングにおいて**抽出された手掛り**の重要性にきわめて留意している。メンタル・モデルへと組み立てられるのは,まさにそうした手掛りである。もし手掛りが意味づけされるなら,それらはインデックス性を有し,コンテクストを必要とするようになる。

市場の変化に関する手掛りには,少なくとも4つの源泉がある。まず手掛りは代理店からもたらされる。手掛りは,代理店が注文を出すときには直接的に,また,代理店が捉えていると称するトレンドについて語るときには間接的にもたらされる。デザイン・コンサルタントがファッションのトレンドに対応した新しい服飾デザインを提示するとき,彼らも市場の手掛りの提供者となる。手掛りの第三の源泉は,経営者たちが小売店や展示会を訪問するとき,彼らが聞き取ってくるものである。そして最後に,ホーイックの企業が互いに競い合い,現状について自分たちの意見を交わすとき,手掛りがもたらされる。

センスメーキングにおいて手掛りが使用されるときには,これまではJamesのフレーズにちなんで"抽出された手掛り"と言ってきたが,Porac 等によれば,それはまた"イナクトされた手掛り"とも言えるようだ。センスメーキングの手掛りはそのどちらとも言える。競争者がそれぞれ自らの確信にもとづいて戦略決定をし,そうした決定が会社へのフィード・バック情報

の制約となるものを外部（out there）に創るという意味で，手掛りは"イナクトされる"のである。そして，会社に跳ね返ってくるものが，次の決定に影響を及ぼす。他者がこれらのイナクトされた変化を見て，それらをより大きなトレンドの手掛りとして抽出するという意味で，手掛りは"抽出される"のである。最初の会社がイナクトし，そして抽出しうるようにしたその"同じ"手掛りを他のすべての会社が戦略決定のために用いるようになる。やがて，ホーイックのすべての企業が，共通の意味を持つようになる一群の手掛りによって示される同じ問題を解くようになる。典型的には，これらの手掛りは，（たとえば，友好的競争，クラシック・エレガンス，ラルフ・ローレンを製造している香港の連中，スコットランド品質といった）共通の顕著な特徴を利用してラベリングされる。

　ホーイックで**もっともらしさ**が果たしている役割は微妙である。ホーイックの戦略家による戦略決定が，彼らにフィード・バックされる消費者の嗜好やニットウェア分野の競争構造に関する市場情報を厳しく制約していた点を，われわれは前に述べた。この制約は，選ばれた小売店と契約し，狭い範囲の顧客層に販売し，ニットウェア界の行く末についてほとんど発言しない選択された代理店という戦略の結果である。結果としてもたらされる会社への情報は，フィルタリングされて比較的情報価値も低い。会社が受け取る情報はそれなりに正確であろう。とはいえ，こうした条件の下では正確性にはたいした意味がない。というのは，モニタリングもサンプリングもわずかだからだ。

　認知的寡占は正確性よりもむしろもっともらしさの観点から形成されるようだ。もっともらしさを求めるのは，意味のある安定した取引のためである。安定性は，限られた数の"よく似た"会社から成る競争の境界線を引くことで得られ，それがフレームとなって，相互作用がその中で意味を持つようになる。フレーム内の取引は，企業が，**共通**の意味を生み出し，行為を調整する一群のイナクトされ抽出された手掛りに収斂していくので，意味を持つようになる。認知的寡占内での取引は，奇妙で不確定なものというよりも，むしろもっともらしさがあり予測可能なものである。言い換えれば，それらは意味がある。もし，認知的寡占内で正確性が重要ならば，それはほと

んど短期間の区切られたプロジェクトにとってのみのことに過ぎない。

　Porac 等の分析にはここで示唆された以上のものが含まれている。しかし，私がここで明らかにしようとしてきたのは，繊維産業の小さなニッチを占める競争的な企業集団の経営者たちにとってセンスメーキングがどのように展開したかの彼らの記述が，センスメーキングに関する一般的な記述と合致するということである。ホーイックにおけるセンスメーキングがセンスメーキングに関する一般的記述とうまく合致する理由の一端は，センスメーキング・プロセスを理解するのに用いられる概念とよく似たものを Porac 等が用いてホーイックの組織を記述していることにあるだろう。とするなら，ホーイックの組織は，有力な戦略家によって実現されたメンタル・モデルの中にあるといえる。しかし，組織はまた，戦略家自身の中に，彼らが下す決定の中に，生産者，供給業者，消費者の間で交わされる取引のネットワークの中に，アイデンティティおよび因果律に関する確信の中に，出荷される製品の中に，企業内および企業間のコミュニケーションの中，主要な競争脅威に関する定義の中，問題だと言われる手掛りの中，そして調整される活動の中にも存在しているのである。"その"組織に関するこれら数々の記述は，センスメーキングに関する数々の記述がそうであったように，アイデンティティ，回顧，イナクトメント，社会的活動，進行中の事象，手掛りそしてもっともらしさと関連がある。

　組織とセンスメーキング・プロセスの素地は同じなのだ。組織化とは，秩序を押しつけ，逸脱を減じ，単純化し，結びつけることであるが，人が意味を生み出そうとするときにもそれと同じことが行われている。組織化とセンスメーキングには共通するところがたくさんある。われわれはその可能性を Porac 等の研究の中に垣間見た。他の研究の中にもそれと同じ可能性を見ることができるだろう。しかし，その可能性について多くを語り過ぎると，組織とセンスメーキングに関する注意深い考察，ひいてはその両者の一致に限界があることを教えてくれる考察を排除しかねないので，これ以上語るまい。

第4章
センスメーキングのきっかけ

　ここに,センスメーキングのきっかけがある。2人の人が,健康な細胞のスライドと病気の細胞のスライドを映し出すスクリーンを見つめている。スライドが映し出されるたびに,彼らは,それらが健康な細胞か否かを判断し,その判断が正しかったか否かについての答を即座にフィード・バックされる。つまり,彼らの課題は,病気の細胞と健康なそれとを識別する判断ルールを推論することである。被験者Aは正しいフィード・バックを受け取ることができ,自分が正しかったか否かを学習する。一方の被験者Bは,彼自身の推測ではなくAの推測にもとづいたフィード・バックが与えられる。すなわち,もしAが"正解"と告げられたら,Bの判断が正しかろうと間違っていようと,Bも同様に"正解"と告げられるのである。この実験の最後に,二人の被験者にそれぞれ推論した判断ルールについて議論させると,非常に興味深いことが生じる。

　Aの行う識別方法の説明は簡単かつ具体的である。一方,Bの説明はどうしても巧妙かつ複雑になる。なぜならば,Bはきわめてあやふやで矛盾する勘にもとづいて,仮説を組み立てねばならないからである。おもしろいことに,Aは,Bの説明を不必要に複雑でばかげていると簡単にきめつけはせず,あろうことかBの説明の知的に洗練された"輝き"に感銘を受けてしまうのである。・・・また,Bの"誤謬"が複雑であればあるほど,Aは説得されやすいのである。(Watzlawick, 1976, p.49;邦訳64-65ページより)

引き続き実験が再開されると,「Bはほとんど進歩しないが,Aと比較すると進歩しているように見える。なぜならば,この段階において,Aは,Bの難解な考えの少なくとも一部を共有してしまい,前回のテストより有意に後退しているからである」(p.50;邦訳65ページより)。

この研究は,Alex Bavelasによって考案されたもので,次のことを示唆している。「ひとたび仮の説明がわれわれの心を奪うと,それと矛盾する情報はその説明を修正するのではなく,逆に精緻にしてゆく」(Watzlawick, 1976, p.50)。説明が間違っていることを証明することはできない。「その前提が祈りこそ病気を治すということであれば,ある患者が死ぬこと自体が,その患者に信仰がなかったことを'証明し',同時に最初の前提が正しかったことをも'証明する'ことになる」(p.50;邦訳66ページより)。われわれは誤謬に容易に心を奪われ,しかも簡単にはそれを捨て切れない。だから,センスメーキングが開始される条件や,精緻化をもたらす源について知っておく必要がある。本章ではこの種の問題が扱われている。

人は理由（わけ）もなく強化されてゆく反応に直面するとき,ありもしない構造を発見しようと努める。彼らが主にやっていることは発明である。その発明はもっともらしくかつ堅固で,反論を寄せ付けない傾向がある。人がそうした自閉的ロジックに逃げ込むのに抵抗を感じないことと,"もっともらしさ"がセンスメーキングの特性の一つと考えるとき抵抗を感じることとは裏腹の関係である。被験者Bは一連のスライドに意味を付与した。Bの説明は彼自身にとって,またBの説明よりも正確な説明をしていたAにとってさえもっともらしいものであった。Bはより面白い物語を語ったのである。Aはその物語の一部を借用し,そうすることによってもっともらしさが正確性に取って代わったのである。それとまったく同じトレード・オフが,祈りの力を信ずる人の中に見い出せる。つまり,その人は死の意味をまさに生み出したのである。

組織の中にいる人びとは,Bavelasの被験者とよく似た行為をする。Schroeder, Van de Ven, Scudder, and Polley (1989, pp.123-126) によれば,人が自らの現状に不満足を感じる閾に達すると,その人は"ショック"を受け,その不満足を解消するために行為し始める。彼らの閾という考

え方は，Starbuck and Milliken（1988）によるセンスメーキングの先行条件に関する分析にも当てはまることだが，Helson（1964）の考えにもとづいてモデル化されたものである。Schroeder 等（pp.124-125）は，たとえば，新会社を立ち上げるために今の堅実な職から離れざるをえないときや，虫害を解決するために小麦の交配種を開発するとき，ライバル商品がより進んだ開発段階に達したことを知らされたとき，海軍のシステム産業に主要な新製品を売り込み損なったとき，リスクの高いジョイント・ベンチャーを提案するとき，州の財政危機に対する行政の方針転換に直面するときに，人がいかに意味づけするかについていくぶん詳しく述べている。

　こうした事例は多種多様であるが，それぞれのケースには，「注意を払うよう促し，**新奇な**行為を開始させる行為閾の刺激となった何らかのショック」（Schroeder 等，1989，p.123，ゴシックは引用者）が存在した。人は，注意を喚起させるようなショックを受けるとき，それが欠乏，好機ないしは脅威であれ，物事を違った風に見るようになる。「イノベーションは，ショック（それが組織にとって内的か外的かは関係なく）に刺激される」（p.123）という結論にまとめられているように，Schroeder 等はイノベーティヴなアイディアのきっかけとしてショックに特別の関心を払っている。彼らはまた，イノベーションを引き起こすためにはショックが強烈であったり突発的である必要がないことを観察している。「実際には，ショックはいくつかの小さなショックや変化から成っていて，その一つ一つはかろうじて認知しうるようなものである。・・・イノベーションは，突然生じるようなものではなく，むしろ長期にわたる活動の所産なのである」（p.126）。

　これらのどのケースにおいても，ショックは進行中の流れを中断し徐々にしかしもっともらしく修復された。こうしたエピソードの初期段階は一体どのようなものなのか？　それらはいつ，どのようにして開始されるのか？こうしたケースがどれ程人間の条件を捉えているのか？　ポストモダンの実存主義的な物言いを好む者ならば，こうしたケースこそ人間の条件だと論じるだろう。センスメーキングはいつ誰にでも生じるのだ。病気の細胞と健康な細胞についての被験者 B の誤謬の理論が，スライドにのみもとづいた被験者 A の理論をたじろがせるほどの枠組みを与えてしまうのである。一方，

実証主義的で実在論的な物言いを好む者ならば，こうしたBavelasの例は，さほど頻繁には生じないから面白いだけなのだと論じるだろう。そして，彼らはそうした騙しの仕組みを明らかにし，反証可能な推測や反証という作業に取り組むことがいかに大事かを再確認するのである。

　本章では，センスメーキングのきっかけとなるショックについて論じる。しかし，次のような仮定から出発すると，ショックの本質が見えなくなってしまうだろう。それらの仮定とは，人は中断というものがそもそもない進行中の流れの中にいるのだとか，認知される中断は行為がきっかけとなっているとか，ある種の人たちにとってはショックは別様に感じられる，といったものである。最後の仮説に関していえば，Cohen and Gooch (1990) は次のように言っている；兵士は一般市民と比べて，突発的なショックに動転することがない。なぜなら彼らは常に「悲劇を知りうる可能性」(p.1) を背負っているからだ，と。しかし，問題は動転するかしないかではなく，兵士も他の人と同じようにセンスメーキングのトラブルを起こしてしまうことなのである。そのことは，1973年の2月21日にイスラエル空軍が敵国の航空機と勘違いしてリビアの定期旅客機を撃墜してしまった事件に関するLanir (1989) の説明の中に明確に記されている。Lanirはこの事件を"想像もつかない出来事"（たとえば，その定期旅客機のパイロットと航空機関士は，ワインを飲んでおり，自分たちが70マイルもコースから逸れて飛んでいたことに気づかなかった）の連鎖から構成されたものとして論じている。そして，その"想像もつかない出来事"が，(Charles Perrow (1984) の"ノーマル・アクシデント"という言葉と同じくらい恐ろしい響きのする) "理性的選択の悲劇"を導いたのである。

　センスメーキングのきっかけはそれ自体構築されるものであり，後の構築の基盤となってゆく。きっかけ自体構築されたものであるという点は，子供への虐待を明白に示しているX線画像と，傷について何ら触れない両親の説明との食い違いに対するJohn Caffeyの困惑に暗示されている。Caffeyにとって，この食い違いが追及すべきものとして構築すべきか，あるいは見過ごすかは確定されたものではなかった。第2章の71ページで述べたように，突出し，新奇で，非日常的な予期せざる手掛りに人が気づくとき，これ

と同種の不確定性に直面する。そうした手掛かりが追及の対象とされるのは稀で，普通は追及されない。こうした違いをもたらすものは何か？　その問に答えるには，人間の条件に関する完全な記述が必要だろう。しかし，それは望むべくもないので，できる範囲内で問題を考えてみたい。

　組織における新奇な契機が，持続的な注意を呼び起こし，自分たちの気づいたものを意味づけるよう人びとを促すとき，いったい何が生じているのか？　これについていくらかでも示唆することが本章の目的である。こうしたセンスメーキングの初期段階の理解を深めるために，3つの面から考えてみたい。第一に，問題の構造化や意識的認知処理に関するいくつかの文献（これらはセンスメーキング・プロセスとよく似たプロセスの初期条件を論じている）から得られる知見について論じてみたい。第二に，持続的な注意を引きつける新奇性の源となる組織における二種類のきっかけ，すなわちあいまい性と不確実性について論じてみたい。第三に，センスメーキングの一般的なきっかけである中断と昂奮について論じる。それらは，認知の幅を狭め，習慣的な反応を強化するよう作用し，センスメーキングに影響を及ぼす。それらはまた，抽出された手掛かりを単純化するが，そのため途方もない事態をしばしば招いてしまう。

センスメーキングのさまざまなきっかけ

　注意について論じようとすれば，当然，その注意を引きつけるものについて何がしか論じなければならない。そのためか，センスメーキングがいつ開始されるかについての議論には事欠かない。認知された環境の不確実性についての議論や，問題定義や意識的認知処理の条件に関する今日までの議論は，何が注意されるのか，何がセンスメーキングの種子となるのかについて典型的な説明を与えてくれる。

　認知された環境の不確実性（Duncan, 1972）というフレーズは，長い歴史を持っているが，そのネーミングから，われわれは認知が重要であり，認知が環境やプロセス，組織構造，個人的性向といった諸々の特性からなる複

合物であることに気づかされる。当面の目的にとって重要なのは、そのうちの環境要因である。それは、人びとが（組織内でどの地位を占め、どういった人物かに関係なく）いま何が生じつつあるかに気づき、その追及に携わる確率を高めるような進行中の流れの特性である。そこで、Huber and Daft（1987）が重要と考えた3つの特性：つまり情報負荷、複雑性、そして撹乱性を採り上げてみたい。

　情報負荷とは、人が処理しなければならない情報の量、あいまい性および多様性から合成された概念である。負荷が高まるにつれて、人はそれと折り合いをつけるための手段を徐々にエスカレートさせる。それは目こぼしから始まり、次にエラーの許容、棚上げ、フィルタリング、抽象化、多様なチャネルの利用、逃避へと移行し、最後に断念となる（Miller, 1978, 第5章）。Powell（1985）は、大学出版局が山のような原稿を抱えたとき、そうした戦術の多くが用いられていることを確認した。

　面白かったのは、人びとの負荷への対応で、彼らは事象の流れの全般的特性、すなわち圧倒的な量に対処しようとして、（たとえば、流れの大部分を無視することによって）流れを予測可能なように象ったことである。それによって、象られた部分が際立たせられ、後のセンスメーキングに対して影響を及ぼす。情報負荷を低減する手段はどれも、気づくものをあらかじめ構造化し、付与するであろう意味に影響を及ぼす。言い換えれば、情報負荷はセンスメーキングのきっかけである、なぜなら負荷のため進行中の流れから手掛りが引き出されるからだ。

　複雑性の増大（Huber & Daft, 1987, p.134）は、認知される不確実性を高める。なぜならさまざまな要素（多様性）の数（多数性）が増せば、さまざまな相互作用（相互依存性）が生じるからである。ここでも、複雑性は人が気づいたり無視したりするものに影響を及ぼす。たとえば、複雑性が高まれば、誤謬へと次第に導く習慣的でルーティンな手掛り（Weick, 1988）を探索し、それに固執するようになる。このことは、原子力発電所のような相互作用が複雑なシステムに関するPerrowの研究の中で明らかにされている。そのようなシステムはタイトに結び付けられ、複雑な変換プロセスを有しているために、予期せざる事象の連鎖が生ずるのは当たり前なのである。

こうしたアクシデント（それはテクノロジーの不透明性を考えれば"ノーマルな"出来事であるが）には，人はあまり慣れてないし，たやすく解決することもできない。複雑なテクノロジーと限定された知識が結びつくと，理解不能な出来事が生じる。こうしたテクノロジーに固有のセンスメーキング上のジレンマは，Perrow（1984）による次のような観察，つまり「理解不能で想像すらできない事象の前兆を読み取ることなどできない。なぜならその前兆を信じることができないからだ」（p.23）という言葉によく表わされている。

これまで見てきたように，人は自らが信じることを見，信じないことは見ないという点こそ，センスメーキングの核心をなしている。信じられないことを警告してみたところで，人を困惑させるだけである。たとえば，企業の確信のレパートリーがどの程度多様であるかが，意味づけのために意識的に取り組む時間を決定するのである。確信のレパートリーの多様性が増すほど，どんな状況もよく見られるようになり，解が多く見つけられ，何が生じつつあるかについてわかる人が現れるようになる。

Huber and Daft（1987）が論じた最後の特性である撹乱性は，不安定性（変化の頻度）とランダム性（変化の頻度と方向）が結合したものと定義されている。近年，撹乱性は大きな注目を浴びている。というのは，組織が混乱した環境の中で行動するとき，包括的ではあるが時間を要する情報処理に頼るのが良いか，あるいは，直観とかヒューリスティクス，模倣といった包括的でないプロセスに頼るのが良いか，といった議論があるためである（この論争については，Glick, Miller, & Huber, 1993, pp.189-190を参照のこと）。ほとんどの論争に当てはまることだが，その結論は，誰の研究が重んじられるかによって変わってくる——Eisenhardt（1989, 1990; Eisenhardt & Bourgeois, 1988）の高速意思決定の研究に対する反応が，あなたの読みに何らかの方向性を与えるだろう。それはともかく，撹乱が高まれば直観とヒューリスティクスの使用が高まるとの観察は有力である。直観を，答に達するまでの全段階を理解することなく答まで導いてくれる凝縮された知恵とみなせば，Eisenhardt（1989）が調査した意思決定者たちと，Fredrickson and Iaquinto（1989）が調査した製材業の経営者たちのしていることに違

いがないことがよくわかる。

撹乱に陥ると，人は気づきの際に，自分が一番よく知っていて（Lazarus & Folkman, 1984, p.104），会社内で最も頻繁に用いられ有効だったヒューリスティクスに依存するようになるのではないか。この予感はさほど重大なことを言っているわけではないが，撹乱性が増せば，センスメーキングのきっかけがより特異な点から規定されることを予測させる。このことは，もし強力で均質的な組織文化や拘束力のある業界のレシピが存在しないと（Spender, 1989），撹乱の下ではミクロ・レベルでの予測のほうがマクロ・レベルでの予測よりも正確であることを意味する。

認知された環境の不確実性の研究からとは別に，**問題**の定義に関するこれまでの研究（たとえば，Cowan, 1986），特に Smith（1988, 1989）の刺激的な論文からも，センスメーキングのきっかけを概念化するためのいま一つ別の方法が提起されている。Smith（1988）は，問題という言葉は通常，物事の実際の有り様とそうあって欲しいと人が望む有り様との間に存在するある種のギャップ，差異あるいは食い違いを示すものと論じることから出発する（p.1491）。現在の状態が"物事の有り様"と表現されているのをセンスメーキングの研究者が耳にしたら，わが意を得たりと思うだろう。なぜならば，彼らはもとより，構築，発明，主観性に大いに関心があり，行為していく中で目標が発展し変化すること，つまり，今ある状態も望ましい状態も流動的なのだと理解しているからである。言い換えれば，ギャップは開いたり閉じたり，広がったり狭まったりするし，ギャップそれ自体は，気づきの十分条件ではなく必要条件なのである。おそらく Smith は，そうした点に文字通りではないにしろ，大筋では同意しているのだろう。

彼は，ギャップが追及され，センスメーキングの手掛りとなるためには，少なくとも2つの条件がさらに必要だと述べている。第一に，ギャップは埋め難いものでなければならない（p.1491）。なおこの規定は，持続し追及される新奇性に対するわれわれの関心と一致する。第二に，ギャップは重要なものでなければならない。Smith の言によれば，ギャップは「必ず協議の対象となるようなものでなければならない」（p.1491）。こうした点をふまえて，Smith は問題を次のように定義する。すなわち問題とは，「おそらく何

らかの困難を帯びているものの，行為主体にとって重要で，かつ行為主体によって解決可能であろうような望ましくない状況」(p.1491) のことである。

問題は発見されるというより設計される概念的実在であることを暗示している点が，Smith の定義の魅力である。この点に関する彼の詳しい説明は，そのまま引用するに値する。

> 問題は，"望ましくない状況"であるために，厳密には，客観的な自然状態としても，また不満足という主観的状態としても存在しない。問題とは，現実と嗜好との不調和という一つの関係なのである。関係であるからには，物質的な実在性を持たない。むしろ，問題とは概念的存在であり概念による構築物である。問題という言葉は，観察可能な世界からの抽象で，それがある有用な機能を有するので用いられるのだ。その言葉には本質的に，注意配分機能がある。ある状況を問題として際立たせるということは，その状況を関心の"在庫"の中に入れ，後々の注意や解決努力の対象項目として位置づける手段である。したがって，状況を問題としてラベリングする際には恣意性が介在するのである。(Smith, 1988, p.1491)

Smith のこうした論旨がわかるセンスメーキング研究者は，センスメーキング，ひいては問題解決の理解を高めるのにきわめて有利であろう。Follett がまさにそうであったように，Smith もまた関係というものをよく知っている。構築物である問題は，構築され押しつけられるものではあるが，しかしコンテクストや制約をまったく無視していいものでもない。問題構築は，プロジェクトを進展させるという観点から発明され押しつけられるのである（「構築物には有用な機能がある」）。もし，問題が概念的実在であるなら，それは「一般的な認知的資源，特に内省的思考によって浮き彫りにされるものである」(p.1491)。この規定は重要である。なぜならば，進行中の事象の流れの多様性を捉えるためには思考と行為が高度に多様でなければならないということをそれは意味しているからだ。Smith は，問題解決プロセスは多様性を管理することとみなして，重要な指針として Ashby の必要多様性の法則（たとえば，Conant & Ashby, 1970）を引用している。

インプットの多様性を管理するためにはプロセスの多様性が必要であるという点は，輪郭ゲージを用いて説明したイナクトメントとプロセスに関する議論の中ですでに強調しておいた（46ページを参照のこと）。複雑な対象を把持するためには複雑な感知システムが必要である。とはいえ，もしイナクトメントが単純な対象を創造する場合には，単純な感知システムで十分用は足りるだろう。後の議論で，私は，言語のリッチ度がセンスメーキングにおいて重要な資源になると主張するつもりである。それは，必要多様性のアイディアを直接反映したものだ。言語がリッチなら，内省的思考もリッチになる——つまり，私が何を言ったかを私が知る際，私が発する言葉は私の作り出す思考に影響を及ぼす。

　嗜好との関連で感知される望ましくない状況が問題解決のきっかけとなり，それがセンスメーキングときわめてよく似ているという点こそ，Smithが明らかにしたことである。この類似性は，問題解決が本質的に行為志向的な思考で，センスメーキングもまたすぐれて行為志向的かつ認知的であることに由来する。しかし，Smith の言う問題解決と本書でのセンスメーキングには違いもあるようだ。というのは，センスメーキングのきっかけを論じるには，**問題**という言葉では意味が狭過ぎると思うからである。言い換えると，"状況を問題とラベリングする際の恣意性" が私には Smith より気になるのである。新奇なものや望ましくないものを "問題" とラベリングしてしまうと，それは解決すべきものという意味を持ってしまう。可能なラベルはそれだけではあるまい。もし，新奇性へのラベリングが多様になれば，次のように言うこともできよう。それは課題だ，処理しろ；それはジレンマだ，フレームを変えてみよ；それはパラドックスだ，受け入れよ；それはコンフリクトだ，綜合せよ；それは好機だ，掴み取れ。新奇性に何らかのラベリングをすればそれ相応の行為が対応する，問題には解決が対応するように。これがセンスメーキングの要点である。問題とラベリングされてはじめて問題となるのである（Weick, 1984, p.48）。とはいえ，Smith の詳しい分析は，センスメーキングの初期段階をより明確に捉えるのに大いに貢献している。

　それと同じことが，意識的情報処理と自動的情報処理（Schneider & Shiffrin, 1977）との違いを組織研究に導入した Louis and Sutton（1991）

の重要な試論についても言える。「意識的な認知的処理の諸条件」(pp.59-61)に関する彼らの議論は，センスメーキングのきっかけを概観する上で非常に価値がある。Louis and Suttonはまず，いつ人が自動的思考から積極的思考に移行するかについて論じた人びと（たとえば，HeideggerやC.Wright Mills，そしてMarch and Simon）をかなり広範に取り上げ整理している。そして，それらの論述に共通するものを次のようにまとめている。

　これらの観察を分析すると，行為者が意識的に取り組むようになる三種類の状況が明らかになる。第一に，人が状況を非日常的ないしは**新奇な**ものとして経験するとき——つまり，"通常から抜きん出て"いたり"ユニークで"あること，あるいは"見慣れない"ないしは"これまで知られていない"ことを経験するとき——に，意識的モードへの切換えがなされる。第二に，**食い違い**——すなわち，"行為が何かうまくいかないとき"，"予期せざる失敗"や"分裂"，"やっかいな・・・状況"が発生するとき，予測と現実との間に重大な差異が存在するときに，切換えがなされる。第三の条件は，意識的注意のレベルを高めよという内的ないし外的要請に応じた，**人為の主導**である。つまり，人が"考えるよう求められたり"，"公然と質問されたり"するときに切換えが行われるのである。(p.60)

彼らの記述にはいくつかの重要な点がある。第一に，物事は，望ましくないときにだけ気づかれるわけではない。Louis and Suttonは，望ましくてポジティヴな事象によっても気づきが引き起こされる余地を残している。第二に，"食い違い"に触れている点が重要である。というのは，中断はセンスメーキングのきっかけに共通する先行条件である（Mandler, 1984, p.172を参照のこと）という後に手短に論じることを，すでに暗示しているからだ。第三に，彼らの最後の条件，"人為の主導"は，意識的処理という問題にもっとも適しているように見えるが，実は，"注意を払え"とか，"これの意味は何だ"とか，単に"これを見よ"といった他者からの刺激だけでも，それはセンスメーキングの立派な引金になるのである。第四に，センスメー

キングが開始されてはじめて，食い違いを食い違いとして真に認識するのである。食い違いが食い違いであるためには，それだけでは不十分なのだ。Louis and Sutton（1991）は言う，「環境のこれまで知られていなかったことや環境の食い違った側面がそれとして，つまり'目立つ'ものとして経験されるかどうかは，状況だけからは決まらない。むしろ，状況の中の個人の性質や経験が，環境条件に対する行為者の感受性や開放性を左右するのである」（pp.60-61）。前に述べた兵士を思い起こしてみよう。彼等は"悲劇を知りうる可能性"を叩き込まれて，戦争という食い違いだらけの状況に立ち向かっているのである。

　センスメーキングのきっかけに関するこれら3つの知見を議論の土台とすれば，組織内で顕著なセンスメーキングのきっかけとしてのあいまい性と不確実性についてより詳細に検討できるようになる。

あいまい性と不確実性

　組織でよく見られる二種類のセンスメーキングのきっかけは，あいまい性と不確実性であるが，両者の"ショック"はいくぶん異なる。あいまい性の場合，人はあまりに多くの解釈に混乱するのでセンスメーキングに取り組むのだが，不確実性の場合，人はどのような解釈も思いつかないためにセンスメーキングに取り組むのである。

　まず，あいまい性を取り上げ，その混乱のショックについて考えてみよう。あいまい性は，同時にいくつもの異なる解釈を許容する進行中の流れと関連がある。あいまい性の本質に関しては，非常にすぐれた代表的な定義が3つある。

　Levine（1985）は次のように述べている。「字義上のあいまい性とは，一つ以上の解釈を許す言葉および文章の特性を意味する；経験上のあいまい性とは，2つ以上の意味を持つか，あるいはより簡潔に述べれば，不明瞭な意味を持つ刺激の特性を意味する」(p.8)。あいまい性を不明瞭な意味と関連させ，"多義性"をたとえば同音異義や両義のように，2つ以上の意味から

創り出される混乱と関連させる者もいる。

　Martin（1992）は次のように述べている。「明確性の欠如や高い複雑性あるいはパラドックスのために，（単一の説明ないしは二分法よりもむしろ）多様な説明がもっともらしいときに，あいまい性が見られる」（p.134）。彼女が用いる明確性の欠如という言葉は，「漠然としていたり判然としないために解読するのが困難と思われるような」ものを意味する（p.134）。高い複雑性という言葉は，「過剰な要素や関係のためどんな一つの単純な方法でも把握できない」（p.134）ことを意味する。そしてパラドックスは，「受容可能な前提から妥当な演繹によって矛盾する結論を導き出す論述」（p.134）を意味する。こうした定義によって，Martin は，あいまい性が主観的に認知され，解釈され，感じられるものであることを強調している。もし事象が不明確で，高度に複雑で，パラドックス的なら，人はそうした事象をあいまいと判断する。

　March（1994）は，Martin のとよく似た論述の中で次のように述べている。

　　あいまい性は，リアリティーや因果性ないし意図性の明確さや一貫性の欠如に関連がある。あいまいな状況とは，相互背反的かつ網羅的分類にきちんとコード化できない状況のことをいう。あいまいな目的とは，明確には特定できない意図のことをいう。あいまいな同一性とは，適用ルールや適用機会が，不明確であったり矛盾しているような同一性のことである。あいまいな結果とは，その特性や意味合いがぼやけているような結果のことをいう（p.178）。

　このようにさまざまなところであいまい性が顔を出すので，合理的な意思決定に必要な仮定が満たされないことは明らかである。あいまい性の問題とは，現実の世界が不完全にしか理解されないことでも，情報がもっとあれば理解が改善されるだろうといったことでもなく，定まらぬ理解の解決に情報が役立たないことである。

　組織の生においてあいまい性が発生し，あいまい性がセンスメーキングの

引金となる多くの様態が，McCaskey（1982）によるあいまい状況の12の特徴に示されている（表4.1）。

ここに，あいまい性の2つの事例がある。一つはドラム缶に関するものであり，もう一つは陪審員に関するものである。どちらの事例も，明確性の欠如と多様な解釈とが，どのようにしてセンスメーキングを引き起こすショックとなるのかを示している。

表4.1 あいまいで変化する状況の特徴

特徴	説明と解説
1. 問題の性質それ自体が問われている	「問題は何か」が不明確で，変化している。管理者は問題に関するぼんやりした，競合する定義しかもっていない。どの一つの「問題」をとっても，他のこまごました問題と相互に絡み合っていることが多い。
2. 情報（量と信頼性）が問題	問題の定義が疑わしいため，情報の収集と分類が問題になる。情報のフローが過剰になるか，あるいはまったく不足するようになるという恐れがある。データは不完全で信頼性が疑わしい。
3. 複数の，相対立する解釈	手元のデータに対して参加者は，複数の，ときに相対立する解釈を展開する。事実とその意義はいくつにも解読される。
4. 多様な価値志向性，政治的／感情的衝突	客観的基準がないので，参加者は個人的あるいは職業的価値に依存して状況の意味を形成する。多様な価値の衝突が，しばしば状況を政治的，感情的にしてしまう。
5. 目標が不明確，あるいは複数存在し相対立している	管理者は明確に定義された，一貫した目標という指針を持っていない。目標はぼんやりとしているか，明確に定義されていても矛盾しているかである。
6. 時間，金，あるいは注意の欠如	これら3つの項目のうちの一つ以上の深刻な不足によって，困難な状況が混沌としたものになる。
7. 矛盾やパラドックスが現れる	状況は，一貫性のない様相，関係，要求を呈する。
8. 役割は漠然としていて，責任は不明確	参加者は，自分たちが果たすべき明確に定義された役割の集合をもっていない。重要な事柄について，意思決定やその他の責任の場所が漠然としているか，争われている。
9. 成功の尺度が欠如している	人びとは，状況を解決する際に，成功の意味するものが不明であり，自分たちがどの程度成功しているかを評価する手段をもっていない。
10. 因果関係の理解が貧弱	参加者は，状況の中で何が何を引き起こしているかを理解していない。たとえ自分たちの望む結果は確かでも，それをどのように達成するかは不確かである。
11. シンボルやメタファーが用いられる	厳密な定義や論理的な議論の代わりに，参加者は自分たちの観点を説明するのに，シンボルやメタファーを用いる。
12. 意思決定への流動的参加	誰が主要な意思決定者であり誰が影響力の保持者であるかは，参加者が意思決定の場に出たり入ったりするにつれて変化する。

Robert Merton（1967）は，言語がいかにわれわれの認知や思考，行動を制約しうるか，そして，多様な解釈が存在するときに，言語がいかにショックを生み出しうるかを明らかにしている。彼はガソリン・ドラム缶を例に挙げる。

"ドラム缶"として概念的に記述される対象があると，行動は様式的にある特定のタイプのものになる；つまり，用心せよということだ。しかし人が"空のドラム缶"と言われたものに出くわすと，行動は異なる；つまり，行動は不用心になり，喫煙や吸殻の投げ捨てにほとんど制約がなくなる。しかし，"空の"ドラム缶の方がよほど危険である。なぜなら，空のドラム缶には揮発性の気体が残っているからだ。人は，物理的な状況にではなく，概念化された状況に反応する。"空の"という概念はここでは多義的である；つまり，"無の，真空の，虚の，活気のない"といった言葉の同義語として，また容器内の残留気体や液体といった"些細なもの"に格別の注意を払わないような物理的状況に適用された言葉としても用いられている。状況は，この内の第二の意味で概念化されていて，人はこの概念に対して第一の意味で反応する。その結果，"空の"ドラム缶が火事のきっかけとなるのである（Merton, 1967, p.145）。

"空の"という言葉は，一つ以上の意味を持ち，あいまいで，ドラム缶のラベルとしてセンスメーキングのきっかけを構築するだろう（し，構築するはずである）。多様な意味があってはじめて，注意が引きつけられ，センスメーキングの場が設定されるのである。

センスメーキングのきっかけとしての多様な解釈とよく似たことが，陪審審議の最中にも見られる。Garfinkel（1967）は次のように論じている。陪審審議では，「その意味や結論が直截で明白に見える行為が，双方の代理人によって多義的なものにされる。彼らは終始，行為の意味をまったく対立するもののように描く。その際，誰かが間違っているとか，誰かが嘘をついているとか，各代理人が自分たちの主張を真剣に信じ切っている，といった3つの解釈が可能なのだが，面白いことに陪審員たちは主として最後の解釈を

とる」(pp.111-112)。代理人たちが真実を語っていてなおかつ、それらの説明がまったく対立するものだと陪審員たちが思うとき、センスメーキングの必要性に迫られる。進行中の流れのこうした特性が、センスメーキングのきっかけを構築するよう作用するのである。

　不確実性の検討に移る前に、私は次のことを指摘しておきたい。先の2つの事例は多様な解釈を許すものであったのだが、MertonとGarfinkelはともに、自分たちの事例をあいまい性の問題としては論じていない。二人とも自分たちの問題を多義性の事例としている。私としても、"多義的"(Weick, 1979, pp.179-187)という言葉を保っておくのは重要なことだと思う。というのは、その言葉は、センスメーキングの引金としての2つ以上の解釈の存在を明瞭に表しているからだ。**あいまい性**という言葉は2つ以上の解釈の存在を意味するが、それとはまったく異なるもの、つまり明確性の欠如をも意味しうるので、このすぐ後に見るように、その点があいまい性を不確実性と似通ったものにさせているのである。**あいまい性**という言葉のあいまい性は、それがまったく別の対処法を暗示するので、やっかいの種だ。つまり、あいまい性が、多様な意味ゆえの混乱として理解される場合には、社会的な構築と発明が必要となり、情報の不足ゆえの無知として理解される場合には、慎重なスキャンニングと発見が必要となる。

　組織におけるセンスメーキングの条件について述べるとき、あいまい性と同じくらい不確実性についても論じなければならない。不確実性にともなうショックは、一種の無知である。それは、「現在の行為についての将来の結果を予測する際の不精確性からもたらされる」(March, 1994, p.174)。無知や不精確な推量がセンスメーキングの引金になるという点を捉えたいくつかの定義がある。

　第一に、Burns and Stalker (1961) は次にように述べている。不確実性とは、

　　一般に未来に関して、そして特殊には、可能なあらゆる一連の行為に続いて生じうる結果に関して、選択に迫られている人の無知のことをいう。彼は選択しなければならないので、もし彼が（ビジネスマンとして、あるい

はその他の種類の職業人として）仕事をやってゆかねばならないとしたら，将来についての確信や何らかの見込みに従って行為するだろう。そして，こうした見込みは，行為者の確信の度合いによってさまざまである。(p.112)

　人がとりうる一連の行為の多様性や，将来に関する確信の内容，そうした確信を支持する程度，ある特定の見込みを示す情報の有無などは，程度の差こそあれ，無知を生み出し，センスメーキングのきっかけを構築しセンスメーキングを展開するよう作用する。
　第二にFrances Milliken（1987）は，日頃目にする不確実性の定義は，次の三通りの定義のいずれかにあてはまるとの重要な指摘をしている。つまり，人は，環境の構成要素がいかに変化して行くかがわかっていない（状態不確実性）か，環境が組織に対してどのような影響を及ぼすかがわかっていない（効果不確実性）か，自分たちがどのような対応を取り得るかがわかっていない（反応不確実性）。これら三種類の不確実性をそれぞれ見極め，うまく対処していくためには，それぞれ異なる能力が必要とされる（Milliken, 1990）。不確実性の所在地を定める必要性を強調して，Millikenは不確実性を「何かを正確に予測する上での個人の認知的不可能性」(p.136）と定義している。その"何か"は，Sutcliffe（1994）の正確性に関する研究の場合，組織の外部にある。また，脅威が好機になりうるその潜在的可能性を明らかにしようとしているとか，他者の戦略的反応の多様性に対処するために自らの反応の必要多様性をどれだけ動員できるかを明確にしようとするときは，その"何か"は組織の内部にあるといえよう。
　第三に，Stinchcombe（1990）は，将来に関する不確実性が組織を活性化しているというBurns and Stalkerの示唆を拡張し，情報処理パースペクティヴを利用し，次のように論じている。「不確実性は，行為者が行きつつあるに違いない方向を示している最初の情報によって削減され，それによって世界の未来は明らかになってゆく」(p.2)。したがって，組織は，物事がどのように進行しているかに関する手掛かりを与えてくれる"ニュース"に関心を持っている。組織は，「ニュースが教えてくれるいかなるところへも行

かなければならない。情報は、未来がどのようになっていきつつあるのかを示す最初のサインになるとき、組織にとって非常に重要なもの、すなわち'ニュース'となるのである」(p.3)。

　Stinchcombe がこれを聞けばたじろぐかもしれないが、情報が行為者の行きつつあるに違いない方向を指し示すという彼の記述の中には、回顧的な問題定義の跡が見て取れる。ある方向に進むとの古い意図が、それにふさわしいニュースを待っているのではない。むしろ、ニュースが、以前にはぼんやりとしか意識してなかった方向に突き進むといった新しい意図を創り出すのである。ニュースを結果としてみると、どのような歴史がこうした結果を生み出したのだろうかとか、私の構築した歴史がもっともらしいものと仮定したら私は何をなすべきか、といった問が発せられよう。現実の未来の不確実性は、それ自身がほんのちょっと前までは現実の未来だった現在という一段高い確実性へと置き換えられていく。人はニュースがどのようにしてそこにあったのかをうまく説明してくれる歴史を再構築するので、現在のニュースの意味に関して高い確実性が創り出されるのである。こうしたことすべてが非常に複雑に聞こえるかもしれないが、実は以下のように言っているに過ぎないのだ。つまり、ニュースはセンスメーキングのきっかけを刺激しうる。なぜなら、ニュースは、それがどのようにしてそこにあったかに関する説明を書き上げるよう人を刺激するからだ、と。そして、ニュースがどのようにしてそこにあったかを知れば、組織が次に何をなすべきかがだいたいわかってくる。

　Stinchcombe の分析は不確実性をより緻密に扱っていて、センスメーキングを分析する上で大きな助けとなる。というのは、そこでは不確実性は意思決定の過程で変わっていくと論じられているからである。彼は石油の掘削を例に挙げている。「人は、地質学の調査が見込みある地層を明らかにしてくれるまで、調査的油井を掘る決定を下さない；人は、調査油井が'商業的'だと教えてくれるまで、最初の生産的油井を掘らない・・・そして最初の生産的油井が予測通りの生産を上げるまで、その地域一帯を開発することはない」(Stinchcombe, 1990, pp.4-5)。ここで重要な点は、不確実性が「ニュースを通して削減されるということである；そして、最後に残った不

確実性はリスクになり，賭けがなされる。・・・不確実性は一部リスクへと変換されるが，そのリスクの大部分は，第一にニュース収集構造が生み出すニュースの価値についての推測である」(p.5)。

センスメーキングのきっかけは，一連の行為がどれくらいの未来までのものかとか，ニュースの利用可能性，スキャンニング能力（たとえば，Daft, Sormunen, & Parks, 1988），リスクにどの程度耐えられるか，ニュース収集構造のデザイン，ニュース・ソースへの接近のしやすさ，といったものの関数である。センスメーキングが困難だと，大量の不確実性が組織に積み残され，組織は高いリスクを引き受けざるを得ず，失敗する可能性が高い。こうした推測は，未来についての不確実性に直面する組織のセンスメーキング能力から導かれる。

ここに，不確実性に関する2つの事例がある。一つは，Milgram（1963）の有名な従属実験に関するものであり，もう一つはオークションに関するものである。Milgramの被験者は，誤った反応を罰することによって別の被験者を学習させようとするが，そのとき彼が感じた深い困惑を，Ross and Nisbett（1991）は鮮やかに捉えている。彼らは，学習者が何度も学習し損なった実験の最終段階のシナリオに注目している：

> 被験者に与えられた仕事は，もう何も学習する気がないように見える学習者に，容赦ない電気ショックを加えるというものであり，学習者があげる苦痛の叫びや，心臓がおかしいという訴え，実験を継続することの拒否，そして最後には不気味な沈黙といったことをもまったく気にとめない実験官の要求に応じてそれが行われる。さらに，その実験官は，そうした事態の変化にまったく気にもとめないという態度を露骨に示し，その関心のなさを説明したり正当化しようともせず，その実験をなぜ継続しなければならないかを説明すらしない。さらに彼は，学習者の体調を調べようとする被験者に"同調する"ことさえ拒否する。・・・人は，"何もかもおかしいと感じる"とき，また身のまわりで生じている行為やその結果について明らかに自分の理解が限定されていたり，不足しているとき，どのような反応をするだろうか？　おわかりかもしれないが，そのとき断固とした行

動に出るとか，独立性を主張するといった反応をとれる人は稀である。むしろ，人はあろうことか決断しなくなり，権威に対して挑戦したり，役割期待を拒否しようとはせず，冷静かつ自信を持って命令を発する者に強く依存するするようになる。端的に言えば，人はまさしく Milgram の被験者によく似た振る舞いをするのである（pp.57-58）。

はじめ私は，あいまい性と混乱を例証するために Milgram の研究を用いるつもりだったが，よく読んでみると，ここでの問題は解釈が多過ぎることではなく少な過ぎることだとわかってきた。Daft and Lengel（1986）の言葉を借りれば，そこでは情報が欠落している。その被験者は，彼ないし彼女のとりうる一連の行為がどのような結果をもたらすかを判断するためにもっと多くの情報を必要としている。被験者の立場に立ってみると，実験室についてもっと多くのことが知らされていたなら，より多くの意味を生み出せたのである。必要なのはより多くの情報であったことを考えると，情報を握っている者に対して無条件に服従することは，あのような状況下で情報を得るための一つの手段だったといえよう。

不確実性の第二の事例はオークション（Smith, 1989）であり，ここでもまた推量することの難しさがいかにセンスメーキングのきっかけの引金となるかを示してくれる。オークションでバイヤーが直面する不確実性に関しては，132のオークション調査にもとづいた Clark and Halford（1980）の分析がある。彼らの観察によれば，バイヤーがよく直面する不確実性には，以下のようなものがあった。

1. 競売にかかる物品の数が限定されている：たとえば，目の前のロールトップ机はたった一つしかないかもしれないが，アウトレット店やアンティーク・ショップで何台かは手に入るかもしれない（その結果，バイヤーの反応は「それが手に入るだろうか？」となる）。
2. 競争の増大：品数が少ない上に，多くの競争者が競り勝ちたいと思っている（「私より高い値をつける人が出るだろうか？」）。
3. 購入の公的性質：オークションで競りに参加するということは（とり

わけ競争が過熱しているときには），小売店の店員から物を買うのとはまったく訳が違う。オークションのバイヤーは，"うまい買い物"をしたい一方で"面子を失わ"ないように気を使っている（「私は払い過ぎてはいないか？」「バカなことをして物笑いの種にされはしないか？」）。
4．購入した品には保証がない。（「たとえ競り勝ったとしても，"不良品"を買うはめにならないか？」）
5．オークショナーの影響力も含め，競り合いに集団的圧力がかかる。（「自分に必要のないものをつい勝ち取り，買うことになりはしないか？」「払いすぎるということにならないか？」）

　こうした不確実性はすべて，次のようにまとめられる。つまり，バイヤーは「現在の行為にともなう将来の結果を見積る際の不精確性」（March, 1994, p.174）の下にあり，「彼のとりうる一連の行為がもたらす結果」（Burns & Stalker, 1961, p.112）を確実に知ることができないのである。Clark and Halford が強調しているところでは，こうした状態は売り手にとってもオークショナーにとっても望ましい事態ではない。なぜなら，不確実なバイヤーは，全然値を付けないかもしれないからである。そこで彼らの研究の大部分は，オークショナーが情報を与え，信頼を築き，用心深いバイヤーが感じる不確実性を減らすためのさまざまな方法の説明に当てられている。オークショナーは，人があいまい性に直面したときに行う方法，つまり交渉を経てさまざまな可能性の中から一つの理解に絞り込むことはしない。彼らは，バイヤーが競りをするときの行為からどのような明確な結果が生み出されるかを明らかにしようとする（たとえば，オークショナーは，品物の状態という点からその正当な評価額をはじき出すよう真剣な努力を払う。p. 318）。
　ここでもう一度，不確実性に関して強調しておきたいのは，現在の行為の先を推量できなかったり，その結果を予測できないことから生じるショックによって，センスメーキングのきっかけがもたらされるという点である。人は，推量を確かなものにする解釈について無知である。この無知が引金と

なって，こうした無知を無くそうとするセンスメーキングのきっかけが構築される。

あいまい性と不確実性に関する議論を終えるにあたって，あいまい性と不確実性が焦点となって構築されるセンスメーキングのきっかけは，それぞれに違いがあることを強調しておきたい。その違いは，Daft が，Macintosh (Daft & Macintosh, 1981)，Lengel (Daft & Lengel, 1984) そして Trevino (Daft, Lengel, & Trevino, 1987) 等と共に行った共同研究の中に最も明瞭に示されている。彼は無知と混乱とは違うということを明らかにした。無知を除去するには，より多くの情報が必要である。一方，混乱を除去するには，それとは別種の情報，つまり，多様な手掛りが得られる対面的相互作用において構築される情報が必要である。

「多義的な［あいまいな，混乱した］事象に直面すると，管理者たちは互いに認知を共有するために言語を使用し，議論や分類，試行錯誤，探り合いなどを通して次第に意味を定めたり創り出したりする。管理者たちは，議論や共通解釈を通して意味を創り出すために手掛りやメッセージを組織化するのである」(Huber & Daft, 1987, p.151)。複数の意味がショックをもたらしているときには，情報の量を増やすよりも，情報の質を変えたほうが役に立つ。多様な意味を削減するためには，多くの手掛り，それも多様な手掛りを得る必要がある。そしてそれは，会議や直接的対面といったリッチで人間的なメディアが，公式情報システムやスペシャル・レポートといったあまりリッチでない没人間的なメディアよりも優勢なときにかなえられるのだ。混乱を解決するためには，「単に大量のデータを供給するのではなく，ディベートや明確化，イナクトメントを可能にしてくれる仕組みが必要である」(Daft & Lengel, 1986, p.559)。いったい何を問うべきか，そもそも解決すべき問題が存在するかどうかさえよくわからない，それがあいまい性の問題なのだ。それらは，主観的な諸々の意見を戦わせて絞り込む他ない問題だろう。なぜならば，どんな客観的データ（たとえあったとしたらだが）が関連するのかについてさえ，誰もが漠然とした考えさえ持てないのだから。

無知から混乱を区別する主な理由は，一方を解決するのに役立つコミュニケーション能力が，他方を解決する際の障害となりうるからである（たとえ

ば，Nayyar & Kazanjian, 1993, pp.747-753)。混乱をリッチでない公式メディアで低減しようとする人は，やがてなされたであろう統合を見逃しやすくなり，かえって問題をこじらせかねない。一方，無知をあまりにリッチなメディアを用いて低減しようとする人は，センスメーキングを妨げるような問題を新たに引き起こしてしまうだろう。より多くの情報が必要なこと（無知，不確実性）が，別種の情報が必要なこと（混乱，あいまい性）と誤解されるとき，センスメーキングは過度に長引かされる。さらには，混乱と無知のどちらが問題になっているかを正しく認識しながらも不適切なリッチ度のメディアを問題解決のために使ってしまうと，センスメーキングは面倒なことになろう。人は誤って，混乱を低減するのにリッチ度が低過ぎる公式情報処理を用いたり，無知を低減するのにリッチ度が高過ぎる会議を用いようとする。どちらのミスマッチも，始め通常といく分違うだけだったものを長引かせ，さらに悪化させてしまうのである。

センスメーキングのきっかけの一般的特性

　Starbuck and Milliken（1988）によれば，センスメーキングのきっかけの根本は，「矛盾した事象，つまり認知のフレームワークを乱す事象」（p.52）である。このフレーズを吟味すると，本章で論じてきたきっかけと共通する特徴をいくつか見ることができる。

　何かを"乱す"ということは，進行中の流れを中断させることである。Mandler（1984）によれば，センスメーキングや認知的変化の引金となる中断には基本的に2つのタイプがある。

> 第一に，"予期"せざる新しい事象――それは環境についてのこれまで継続してきた解釈に合致しない事象――であり，第二に，"予期した"事象が生じないことである。これら2つのタイプを区別することは可能であるが，ともに中断という構造的結果をもたらす：新しい事象は"予期した"事象の代わりに生じるから破壊的であり，"予期した"事象が生じないと

いうことは，"予期せざる"何か別のことが起きていることを意味する。どちらの場合も，それまで継続していた認知的活動が中断される。その時，対処，問題解決そして"学習"といった活動が生じる。意識が中断に注がれるのは，明らかにこの時点である。(p.188)

　Mandler によるこの中断の基本的な二つのタイプは，われわれが進行中の活動から取り出してきたセンスメーキングへの関心と符合する。それはまた，本章でこれまで論じてきたきっかけに関する議論とも符合する。理由のわからぬ強化，新奇性，望ましくない状況そしてあいまい性といったことは，基本的には，予期せざる新しい事象によってもたらされた中断である。他方，乖離，過剰な情報，複雑性や撹乱，そして不確実な推量といったことは，予期された事象が生じなかったことによってもたらされた中断である。
　中断という単なる事実だけが重要なのではない。むしろ，「行為の完遂，思考の連鎖，計画，あるいは処理構造を妨害するような，個人への外的ないし内的なあらゆる事象」(Mandler, 1982, p.92) として定義される中断が，自律神経系の活動を引き起こすという事実こそ重要なのである。この神経系の影響力については，情動に関する前の議論ですでに見てきたところである（第2章，62ページ）。われわれの現在の目的にとって，自律神経系の活動に関し何が重要かといえば，それが情報処理能力を消耗させ，複雑な思考プロセスの効率を低下させてしまうことである。その低下がどれほどかについては，活発な議論がなされている（たとえば，Christianson, 1992; Anderson, 1990; Neiss, 1988, 1990)。中断後にどれほどの自律的活動が生じるかは，2つの要因によって決まる：第一は，中断された行為ないし思考プロセスが組織化されている程度であり（部門間で高度な予測性を持つ安定し習慣化された行為は，中断されると，急激な自律的活動の増加をもたらす），そして第二は，中断の深刻さである（行為の完遂を望む高い外的要請は，行為の再開そしてまた中断といったことが繰り返されると，昂奮を促す働きをする）。
　中断によって引き起こされた自律的活動は，2つのものに注意を集中させるが，そのどちらもが情報処理能力をかなり消費する。注意はまず中断して

いる事象に向けられ，そしてもしその事象が変わらない場合には，内部の自律的活性化自体に向けられる。自律的昂奮が稀少な情報処理能力を消費してしまうとき，昂奮は，中断された時点に行われていた活動から引き出し得る手掛りの数を低減させる。

　Mandler のモデルにあっては，ストレスが，緊急事態を知らせ環境内の事象に注意を引きつける中断に当たる。短期的には，こうした信号の発信は適応を促し，対応を改善する。自律的活動は，脅威となる事象が存在することを人びとに警告する，しかしながら，もしその脅威にうまく対処できず，昂奮状態が続くと，脅威がたえず意識され，継続中の認知的活動を妨げる。その結果，意識はトラブル解消の場となる。しかし診断や対処が迅速でなく，中断されている反応が組織内で重要な場合，トラブルの解消は情報処理能力を消費し，その結果，タスクの業績を上げる上で重要な手掛りを見落とし，認知の効率が低減する（Staw, Sandelands, & Dutton, 1981）。

　中断が昂奮を生み出すということ，また昂奮が注意力を使い尽くし，センスメーキングに使用できる手掛りの数を減らし，中断に注意を向けさせ，認知の効率を低下させる可能性のあることをこれまで見てきた。手掛りが少なくなればセンスメーキングは困難となる。そのことがさらに昂奮を高め，いっそう手掛りの数が減り，センスメーキングがいっそうしにくくなる。昂奮の高まりに応じてセンスメーキングの手掛りが失われていくことに関しては，昂奮レベルの上昇にともない，もっとも重要と判断された状況のみに注意が狭められ，集中させられるようになるという一般化された形で，多くの研究が報告されている（たとえば，Easterbrook, 1959; Wachtel, 1967; Weltman, Smith, & Egstrom, 1971）。タスクの業績が問題になる場合には，昂奮が高まるにつれて，人はタスクに関わるもののみに多くの処理資源を投資し，処理効率のスピードを高め，周縁にある手掛りをさらに無視するようになり，総じて業績が向上する。しかし，そのまま昂奮が高まり続けると，人は中核的タスクの業績にとって重要な手掛りを無視し始めるようになり，タスクよりも自らがかき乱した状況により多くの注意を払うようになり，その結果業績は落ち込んでいく。こうした一般化を敷衍すると，手掛りの喪失と業績の落ち込みは，単純なタスクでよりも，複雑で困難なタスクの

ときに早くに現れる。タスクは中断や昂奮によって意味不明になりかねないが，複雑なタスクは単純なそれよりもそうなりやすい。さらに，昂奮が高まるにつれて，人は最近学習した反応やカテゴリーを放棄し，以前の過剰学習した，より単純な反応まで退行する傾向がある（Barthol & Ku, 1959; Weick, 1990b, p.576）。

こうしたことが極限まで達すると，その関係は誰の目にも明らかな結果をもたらす。Holsti（1972）は，Wilensky の見解を引用した後に，次のような教訓を引き出している：

> かつて T.S.Eliot は「轟音ではなく静寂で」終わる世界について語った。恐れなければならないのは轟音がやってくることだが，それは現代の静寂に当たるもの——最後の会議において都合のよい合理化で満たされた秘密メモに目を通しながら，自己満足に浸った国家元首が書類をめくるときにたてる紙の音は，必要な知恵とウィットを失わせ，敵対者の力と意図を見誤らせる——の後に来るのだ。
>
> その結果は実にありきたりなものである：つまり，極度のストレスの下で最高の業績をあげることなどめったにない。高いストレスの被害をもっとも被りやすいのは，ある種の能力で，それこそヒトを他の種から区別するものである。その能力とは，現在の行為と未来の目標の論理的な結びつきを確立する能力；新しい状況に対して新奇な反応を生み出す能力；複雑なアイディアをコミュニケートする能力；抽象概念を取り扱う能力；白黒だけではなく，その間にある灰色の陰影を多く知覚する能力；間違ったアナロジーから妥当なアナロジーを区別し，無意味から意味を区別する能力；そしておそらくもっとも重要なのは，他者の準拠枠の中に入り込んでいく能力だろう。（p.199）

通常，高い昂奮に直面したときに生ずる退行と無能力を未然に防ぐために，人は複雑なルーティンを繰り返し実行し，それによってタスクはより単純なものになり，手掛りの喪失と業績の漸減を和らげることができる。これは特に，戦闘でのストレスに当てはまる。とはいえ，昂奮がもたらす破壊的

な結果を最小限に抑えようとするこうした努力も完璧というわけにはいかない。Reason（1988）はそれについて次のように述べている：

> 軍隊という軍隊では，現実の戦闘の厳しさは人間を心のない自動機械にしてしまうという仮定にもとづいて新兵の訓練がなされてきた。その結果，兵士は武器の扱い方（騎兵によるサーベルの"扱い方"，17世紀のマスケット銃兵のためのややこしい装填手順など）だけでなく，しっかりとロックされた機関銃を解除するのに必要な"迅速な行動"といった偶発的な問題解決のルーティンに関しても，徹底的に叩き込まれる。しかし，そうした"第二の自然な"行動でさえ，切迫した破滅的状態に直面すれば崩壊する。アメリカの南北戦争は，認知的失敗に関して身につまされる事例をいくつか残している。ゲティスバーグの闘いが終った後に，戦場から回収された200丁以上の先込め式ライフルには，5発ないしそれ以上の発射されなかった弾が装填されていた。あるライフルなど21発も装填されていたのに，一回も発射されなかったのである（Baddeley, 1972）。アトランタでの戦中，ケネソー山での交戦の後，防衛方塁の前にあった木の幹に，さく杖がいっぱい突き刺さっているのが発見された。それは，攻撃を受けた軍隊が，装填手順を待ち切れずに発射したものであった・・・。第二次世界大戦に従軍した退役軍人たちにインタビューした際，Marshall は次のようなことを発見した。平均的にいって，質問された人間の内せいぜい15パーセントのみが，交戦中実際に敵に発砲したに過ぎない。もっとも優秀な部隊でさえ，少なくとも小隊の80パーセントにあたる兵士が発砲しなければならない状況の中におかれながら，全兵士のうちわずかに4人に1人しか発砲しなかったのである；正味実働率は30パーセント前後というところである。(p.406)

こうした統計数値をみれば，人間のセンスメーキングを自動的と統制的，無意識的と意識的，そしてルーティン的と非ルーティン的といったように峻別できると仮定するのに躊躇する。本当の区分は，二分法的というよりも明らかに連続的なものなのだ。

戦闘のプレッシャーは，フィルタリングや無視あるいはルーティンの崩壊を引き起こすだろうが，日常生活は戦争ではない。とはいえ，日常生活におけるプレッシャーは加算的なもので，ときにそれが鬱積することがある (Bolger, DeLongis, Kessler, & Schilling, 1989)。そして，昂奮に似た働きをするネガティヴな感情が生じる (Taylor, 1991, p.69)。飛行機のパイロットを考えてみよう。

　パイロットに聞けば，自分は仕事と家庭を混同することはないと言うだろう；しかしこうした言葉は部分的に真であるに過ぎない。人間というものは，一日24時間の動物で，たった一つの脳で自分のあらゆる活動をコントロールしている；そしてその脳は仕事と遊びの両方をカバーしなければならない。すなわち，日常生活のある領域で生じる事柄は他の領域で生じる事柄に影響を及ぼしかねないのである。激しい罵り合いをしてきたばかりのパイロットは危険な状態にあるのだ。なぜなら，罵り合った相手のもとを離れて飛行機に乗り込んだにしても，けんかによる生理的，心理的影響がフライトの最中にかなりの程度残るかもしれず，あの口論のときに言ってやればよかったと思いついた決定的な一言が，彼のたった一つの意思決定経路を押し潰し，重大な情報を締め出してしまうかもしれないからである。(Allnutt, 1982, p.17)

　事故直前のコックピットでの最後の会話の5分間に焦点を当てる事故調査は，センスメーキングに影響したもっと長い時間にわたるプレッシャーの高まりを完全に見逃している。プレッシャーは，その日のフライト・スケジュールの最初に行われたクルーの相互作用から始まっているのである (Ginnett, 1990)。
　組織におけるセンスメーキングに影響を及ぼす加算的プレッシャーに関しては，医療スタッフのCATスキャン・テクノロジーの採用に関するBarley (1986) の研究が良い例となる。このシステムでのテンションの高まりは，自分たちの管理下にある技官ほどにはそのテクノロジーについて多くを知らない放射線医たちの相互作用において生じた。技官自身は，そのテクノロ

ジーを完全に把握しているわけではないが,放射線医よりは多くを知っていた。センスメーキングの研究者ならこの事例に興味をそそられるにちがいない。なぜなら,放射線医は,技官との相互作用の間,命令や威圧的口調,チグハグな指示,嫌味,不当な統制などを次々と行ったが,そうしたことすべては技官をかき乱したにちがいない。Barley はこうした連鎖に焦点を当てはしなかったが,放射線医によるこうしたかき乱し行為によって,技官はその新しいテクノロジーの意味を迅速に形成しにくくなり,それが放射線医の強力ですらある熱い詭弁を誘発したりする。放射線医は自分を正当だと思い,他方,技官はやり切れぬ思いであり,テクノロジーそのものは相変わらずパズルのままで,それに委ねざるをえない患者たちは,わけのわからぬまま誤診されかねず,このシステム内のプレッシャーは露骨な闘争が展開されている上層レベルまで徐々に浸透してゆく。

中断によって昂奮が高まっている状況下では,心理的に周縁と認知されているものから中心的なものに注意が移される（Mandler, 1984, p.256）。それがセンスメーキングにとってやっかいの種になるのである。センスメーキングはコンテクストと関わりがあることを思い出していただきたい。全体と手掛り,ドキュメントと意味,図と地,周縁と中心,それらすべては相互に規定し合っている。有意味性は関係から生まれるのであって,部分からではない。昂奮が高まるとき周縁が中心ほど注意を引きつけないなら,少なくともセンスメーキングにとって中心がそのまま保たれるかどうか定かではなくなる。周縁を失えば,中心にとってのコンテクストを失うことになる。つまり,中心が消え失せるわけだ。その結果,ショックだけが経験として残ったとしても不思議はない（たとえば,Weick, 1993b において論じられている Mann Gulch の悲劇におけるセンスメーキングの崩壊を参照されたい）。

通常,人は複数のプロジェクトに携わっているので,こうしたドラマティックな崩壊は未然に防止される。昂奮が高まり,周縁の手掛りが無視されるとき,人は中心的プロジェクトに注意を払い続ける。しかし,もし周縁の手掛りが中心にとって重要なコンテクスト的な手掛りであるならば,周縁的手掛りを失うことは,そのプロジェクトを行っている人にとって,このまま働き続けることがいまや意味のないことをいっそう励んでいることにな

る。タスクの意味は，周縁によって規定されているので，注意が狭まるにつれその意味が失われていく。生は決して無意味にはならないが，空になっていく。意味と無意味とのハザマにあるのは複数のプロジェクトを生きるという生のこの基本的にプラグマティックな性質によるのだろう。ある重要なプロジェクトが，難しいかやさしいか，タイトに組織化されているかそれともルースにか，完遂へのバイパスが実質的にリッチか否か，ほとんど学んでなかったかそれとも過剰に学ばれたかなどによって，それらのプロジェクトは，中断しやすいかしにくいか，中断時に昂奮が高いか低いか，中断時に修復しやすいかしにくいか，結果として意味があるかないかのどちらかになろう。こうしたことから，われわれが言いうるのは，中断がセンスメーキングの重大なきっかけになるということである。

第5章
センスメーキングの実質

　意味とは，進行中の経験を何かしら伝えるために会話文へと結びつけられた言葉によって生み出されるものである。人が何を言うかを知るときに何を考えているかがわかるとすれば，そのいずれのステップにも言葉がかかわっている。言葉は，生み出される発話を制約し，その発話を知るために押しつけられるカテゴリーを制約し，このプロセスの結論を保持するラベルを制約する。

　まさに言葉が重要なのだ。1993年12月7日ストックホルムでのToni Morrison (1993) の印象的なノーベル賞受賞記念講演は次のように結ばれていた。「言葉の働きは偉大です・・・なぜなら，それは生成するからです；それは意味をもたらし，意味こそわれわれの個性，つまり人生は他の誰のものでもないことを保証するのです。われわれは死にます。それが人生の意味なのだと言えるかもしれません。しかし，われわれは言語を有します。言語こそ，われわれの人生を量るものなのかもしれません」(『マイアミ・ヘラルド』，1993年12月12日，p.5M)。

　言葉は重要で，それは他者のみならず自己にとっても重要である。そのことは，意味の個人性に関してなされたJames Boyd White (1990) による議論の中で明らかにされている。

　われわれはそれぞれ，過去の言語経験や生活経験——それは，一人一人にとって明らかに異なる——から導かれる意義をあらゆる表現に付与する。・・・われわれが自己と呼ぶものは一部，有機体の非言語的経験と言

語との間，自己と自然，そして自己と他者との間の（原則的に不安定な）認知的交渉の歴史である。この歴史は，われわれ一人一人にとって異なるであろう。ロー・スクールや教授会での会話や生を考えてみよう。われわれは，運が良ければ，自信に満ち居心地良く過ごせる世界を創造することができ，それにもとづいて人生の多くを築き上げることができる。しかし，そうしたところでの共有された意味世界が永続し，自然であるという感覚をよく持ってしまうが，そうした世界でさえ認知的で不完全な交渉によってのみ維持されているのだと時に知らされることがある。それは常に崩壊しうる可能性を孕んでいるのだ；意味世界のもっとも頑健な部分でさえ，その意味の多くはメンバーが異なれば根本的に異なり，表現できないところで異なっている。学校は，ある者にとって，安らぎの場かもしれないが，他の者にとっては限りなき可能性に満ちた挑戦の場であるかもしれない；敬虔なカトリック教徒にとっては，ことの成り行きすべてがある種の意味を持つが，無神論者にとっては何の意味も持ちえないかもしれない。コミュニティーを維持するということは，ある意味で，メンバーが異なれば同じ言語でも異なる意味を持つという事実に決して触れないとの合意を維持することだと言えるだろう。そうした意味の違いはきわめて大きくなりうるので，会話を耳にするにつけ，ともかくもそれが続けて行われていること自体が驚きである。(pp.35-36)

言葉は自己にとってのものであるが，まず何よりも，より大きな集団にとってのものである。社会は精神に先行するというMeadの観察を思い出していただきたい。人は，さまざまなボキャブラリー（Rorty, 1989, 第1章）からセンスメーキングをする。人は社会のボキャブラリーから言葉を引き出し，イデオロギーを用いて意味を生み出す。人は組織のボキャブラリーから言葉を引き出し，第三次コントロールを用いて意味を生み出す。人は職業人や専門家のボキャブラリーから言葉を引き出し，パラダイムを用いて意味を生み出す。人は対処法のボキャブラリーから言葉を引き出し，行為の理論を用いて意味を生み出す。人は先人のボキャブラリーから言葉を引き出し，伝統を用いて意味を生み出す。人は経験や連鎖のボキャブラリーから言

葉を引き出し，物語を用いて意味を生み出す。

　しかし重要なこうした言葉はすべて不完全である。言葉は連続的な主題に不連続なラベルを押しつける。言葉とそれが指し示すものとの間には常にズレがある。言葉は領土を近似する；とはいえ，その領土を完全には地図化できない。これこそセンスメーキングが決して止まない理由である。地図と領土との絶えざるズレという現実に関しては，Freese（1980）が次のように論じている。

　　経験について言明するために文章を構築するということは，連続的な主題に不連続な定義を押しつけることである。観察していることを構造化する概念なしには，経験についての観察を文章で報告することなどできない。観察の言明は，認知そのものではなく企図された認知である。データは，経験によって与えられるのではなくて，経験を解釈するために用いられる言語の概念によって与えられる。観察の言語は，現象世界の具体的で個性的な事象を定義できるよう，現象世界の連続性に不連続な境界を設ける。そうした事象は，雪玉といった単純で確とした対象であることもあろうし，行動連鎖のような複雑で触知しえない事象であることもあろう。対象が単純であろうと複雑であろうと，現象的事象には科学的探究にとって看過できない2つの特性がある；その特性とは，ユニーク性と一過性である。(p.28)

　観察や連続的な主題，経験，認知そして現象的事象に押しつけられる文章や不連続な定義，概念と解釈にFreeseが言及するとき，彼はセンスメーキングの資源について述べている。センスメーキングは，連続性を不連続なカテゴリーに，観察を解釈に，経験を制限された事象に，そして認知をあらかじめあった企図やフレームワークに編集する。連続性を編集するということは，世界をよりユニークでないもの，より類型的なもの，より反復的，安定的あるいは耐久的なものと見なすことである。しかしながら，人が世界をよりユニークでなく，より一過的でないように見たがるからといって，連続的な流れの世界まで，何ほどかユニークでなくなったり一過的でなくなるわけ

ではない。したがって，センスメーキングの不連続な産物と，地図化された連続性の間には常に溝が存在する。この溝を橋渡しできてかつ連続性の余地をいく分残しているようなセンスメーキングが，よりもっともらしさを感じさせるだろうし，もしかしたらより正確なものだろう。このことは，より具体的に次のことを意味している。第一に，センスメーキングが成功するかどうかは，その内容が流れや連続性を適度に保っているか否かによって決まる。内容が，スタティックスや構造，名詞，規定性，リストなどに支配されず，ダイナミクスやプロセス，イメージ，動詞，可能性，物語といった点でリッチであれば，もっともらしくかつ正確に流れが表現される。第二に，センスメーキングが成功するかどうかは，カテゴリーが実世界の中に（主題を非連続的にする境界や差異や裂け目として）文字通り適度にイナクトされるか否かによって決まる。具体的な予期を行動で確認しようとするとき，行為によって境界が世界の中に創り出されるのである（たとえば，Snyder, 1984, 1992）。

　本章の目的はセンスメーキングの実質を考察することである。その理由は，少数の例外こそあれ（たとえば，Daft & Wiginton, 1979; Elsbach, 1994; Sackman, 1992），センスメーキング研究者は，プロセス・イメージのパースペクティヴにとらわれていて（Scott, 1987, p.91），そもそもプロセスで取り扱われているものを見落としているからである。そうした見落としは深刻な結果を招きかねない。なぜなら，集団を変革するためには，集団で話されていることおよびその言葉の意味を変革しなければならない，という点こそセンスメーキングが持つ重要な実践的意味合いだからである。

　意味を変質させていった市民戦争の気運を描いた Thucydides の『ペロポネソス戦史』から一節を引用して，White（1990）はこの点について見事に述べている。

　　言葉は，その通常の意味を変え，いまや新たに付与された意味を受け取らざるをえなくなった。無謀な大胆さが誠実な同朋への勇気として受け取られるようになった；分別のあるためらいは臆病を繕うものに；節度は軟弱さの言い訳と受け取られた；問題をあらゆる角度から見ることのできる能

力は，どの側かに立って行為できない無能さとなった。熱狂による暴力は男らしさの証しに；用心深い企ては自己弁護のための正当化の手段となった。強硬な手段を主張する者が常に信頼に値する者となり；逆に，それに反対する者は疑わしい人間となった。・・・穏健派の市民は両者の間に埋没していった。なぜなら彼らは抗争に加わらなかったか，あるいは妬みが彼らの中立を許さなかったからだ。(p.23)

　Whiteは，この小節において，言語の悪化が政治的・社会的悪化をともなうと軽々には述べていない。それは必ずしも因果的ではない。Thucydidesは，「言語の変化が行動の変化をもたらすとは言っていない；とはいえ，彼にとって言葉の変化は，われわれに文明的な生活を連想させる発話や行動を徐々に不可能にしていくような文化内の変化を反映したものである」(p.23)。

　言語の変質は，行動の変質につながりうる。しかしこのことを把握するためには，プロセスのみならず実質にも注意を払わなければならない。センスメーキングに関する議論において，組織の研究者は過程と構造の間の相互関連を実証するのに手一杯で（たとえば，Staw & Sutton, 1993），言語と組織特性の間の相互関連という問題にまで達していないのではなかろうか。それゆえ，実質に注意を向けること，センスメーキング研究の中でそうした実質の位置を定めること，組織のセンスメーキングを規定する6つのボキャブラリーを提示すること，そして最初にミニマリストの立場からセンスメーキングの基本的単位について説明すること，これが本章の目的である。

最小有意味構造

　センスメーキングの実質に関する考察は，役割を構築したり対象を解釈するに当たって人は何に"依拠する"ものかについての何らかの考えを反映している（Barley, 1986, p.80）。何かに依拠するということは，ある種のフレーム（たとえば，国の文化）の作用——その中で手掛りが気づかれ，抽出

され，意味あるものとされる——を何ほどか前提している。Starbuck and Milliken（1988）の言葉を借りれば，「認知的フレームワークは，データを分類し，それに尤度を割り当て，あるデータを薄め，失われたデータを埋める」（p.51）。また，Snow, Rochford, Worden, and Benford（1986）が論じているように，人はフレームを持てばこそ自らの生や世界の中で生じた物事をその中に置き，知覚し，確認し，ラベルづけすることができるのである（p.464）。Westley（1990）が描写した女性は，首脳陣とその戦略から排除されているにもかかわらず，2インチにもおよぶ書類の山を理解しなければならなかった。彼女の問題は，首脳陣から排除されていることによって彼女には何のフレームもなかったことである。彼女は，「身の回りで行われる個々の意思決定を意味づけできるように，戦略的大筋や全体像を模索していた」（Westley, 1990, p.343）。

フレームと手掛りはボキャブラリーとして考えることができる。ボキャブラリーの中で，抽象度の高い言葉（フレーム）は抽象度の低い他の言葉（手掛り）を包摂し指示し，その手掛りはより包括的な言葉によって創り出されるコンテクストの中で有意味となるのである。ボキャブラリー内の意味は関係的である。手掛りはフレームの中に置かれて意味を持つのであり，手掛りだけ，あるいはフレームだけでは意味をなさない。言い換えれば，センスメーキングの実質は最小限3つの要素からなるのである：その3要素とは，フレーム，手掛り，連結である。センスメーキングの基本的状況についてのこのような考え方は，Upton（1961）による次のような洞察を含んでいる。すなわち，あるものを有意味にするには，「3つのものが必要だ：モノ，関係，そして別のモノである。そのうちの2つを瞬間的に意識することによって残りの一つの意味が決定される」（p.31）。Knorr-Cetina（1981）が次のように述べるときも同じことを論じている。「ある状況に対して多くの定義が構築されるが，それは他の押しつけられたり投企されたり再構築される状況や事象との関係においてなされる」（p.31）。本書において，われわれの意味単位は，「手掛り＋関係＋フレーム」である。意味についてのUpton（1961）の考え方は，海岸線に関する議論から知ることができる。

水際と陸端は一つの同じものではないのだろうか？　海岸線は陸地の一部なのか，それとも海の一部なのか，あるいは海岸線はそれ自体で一つの存在といえるのか？　海なしには海岸線などありえないということはすぐにわかる。海岸なしには海などありえないということに気づくのは少々難しい。海岸線なしには陸も海もありえないことに気づくのはほとんどの人にとってまったく難しい。人はまずどこかに海岸線を引くに違いない。そこに海があれば，ある人は水に向かって言うに違いない。「水さん，あなたはここまでだよ」と；また陸に向かって彼は言うに違いない。「陸さん，これがあなたの限界だ」と。そして，彼の頭の中での線引きの行いこそがあるものとあるものとの関係なのである。世界は本当は動態的なものである；ただシンボルによって，精神は，世界を"あたかも"静態的な構造であるかのように扱うことができるにすぎない。・・・［このような動態的なものは］感覚的ないし情動的活動から始まるが，それは何らかの適切な関係が付加されるときに意味を持つようになる；もしそれが関係に始まるときには，感覚，情動ないし別の関係が付加されるときに有意味となる。いずれにせよ，そこには常に関係というものが不可欠である。思考とは，連続的な感覚や情動の流れが関係の論理的作用によって意識の瞬間へと区切られたものである。それを再認（recognition）の瞬間と呼んでもよいだろう。というのは，関係を付加することで経験のある瞬間を有意味なものとするプロセスは常に，再生（recall）のための繊細な神経構造に記録されている一つあるいはそれ以上の過去の瞬間にある種似ているものを見ることだからである。関係とは単なる類似性のパターンで，感覚の陸と情動の海に定義を与えようと待っている潜在的な海岸線である。(pp.31-21)

意味の関係性は，関係アルゴリズムに関するCrovitz（1970）の議論の中にも見出すことができる。センスメーキングの分析で内容に関する議論があまり見られない理由は，Uptonの分析が教えてくれる。センスや意味には，3つのものが必要だ；つまり，2つの要素と一つの関係である。それらの要素がどんなものかとか，また，それらを結び付けているのはどんな関係か，といった問題は，それら3つがすべて揃って意味が形成されるということほ

ど関心をひかないのだ。さらにいえば，意味は，人がこれら3つの要素のうちどれから着目するかその順番とは関係なく生み出されるのである。

しかし，Upton が "意識の瞬間" を経験の瞬間が過去の瞬間と結び付けられる "再認の瞬間" として論じるときはじめて，内容というものが現れる。組織のセンスメーキングにおいては，何らかの "過去の瞬間" (たとえば，社会化，伝統，前例など) が3要素のうちの一つとなっており，それは Walsh and Ungson (1991) による組織記憶に関する優れた議論や，Klein (1989) による認識先行の意思決定に関する議論の中で明らかにされているところである。「過去の瞬間＋連結＋現在経験している瞬間」という組み合わせこそが，現在の状況の有意味な定義を創り出しているのである。前例のないものすごい山火事といったケースのように (Weick, 1993b)，典型となる過去の瞬間が欠けていると，意味の探索は長びいてしまう。社会化という過去の瞬間がフレームとなり，現在経験している瞬間が手掛りとなる傾向がある。こうした2つの瞬間の間に関係を構築できれば，意味が創り出される。つまり，センスメーキングの内容は，過去の経験を要約しているフレームやカテゴリーの中に，現在の経験の特殊性をとらえている手掛りやラベルの中に，そしてこれら2つの経験の場が結び付けられるその仕方の中に，見出されるのである。イデオロギー，第三次コントロール，パラダイム，行為理論，伝統そして物語といった組織のセンスメーキングに関する多様なボキャブラリーに共通しているのは，それらすべてが過去の瞬間，現在の瞬間，そして連結のいずれかを記述していることである。このことは，それら6つをそれぞれ検討するとき明らかになるだろう。

イデオロギー：社会のボキャブラリー

センスメーキングの実質に関するもっとも包括的な記述はおそらく，Beyer (1981) が意思決定におけるイデオロギーについて論じたもので，それは後に Trice and Beyer (1993) によって拡張され，文化とセンスメーキングをもカバーできるようになった：そこでは，イデオロギーとは，「ある人たちをまとめ上げ，彼らが自分たちの世界を意味づけする上で助けとな

るような，共有され，比較的一貫して関連し合う，情動に満ちた確信や価値観，規範の集合」(p.33)と定義されている。したがって，イデオロギーは，因果関係に関する確信，特定の結果に対する選好，そして適切な行動についての予期を結び付ける。多くの場合，イデオロギーが源となって，「社会的状況が理解可能で有意味なものになる。人間には生来，自分の知覚するものを単純化する傾向がある；イデオロギーは構造を与えて単純化するのである」(Trice & Beyer, 1993, p.45)。

　組織理論のいくつかのテーマがこうした記述に結び付いている。たとえば，因果関係に関する確信と結果の選好という二本の軸は，Thompson and Tuden (1959) による意思決定戦略の有名な分類法に用いられており，それはさらに Weick and McDaniel (1989) によってセンスメーキングの問題に適用された。Weick and McDaniel は次のように論じている。センスメーキングはその初期の段階では，人びとは因果関係と結果の選好に関して自分たちがどれほど合意に達しているかを探っている。その答が明確になるにつれ，多義的な問題は不確実性の問題になっていく。不確実性の問題は，計算，判断，妥協，または着想を用いて処理できる。Thompson and Tuden の分類法の要点は，それまで顧みられることのなかったセンスメーキングの初期段階を捉えていることである。選好や因果関係に関する合意の程度を決定するセンスメーキングは，意思決定戦略の前提条件である。

　Trice and Beyer によるイデオロギーの記述はまた，センスメーキングはフィルタリングという行為として理解でき，確信と価値観がその重要なフィルターとなるというアイディア (Starbuck & Milliken, 1988, p.57) とも共通している。たとえば，借入れはリスクが高く，借金すれば制約が課され，貸手は統制を強めるだろうと信じ，独立自尊に高い価値を置いている人は，金融市場や貸付期間，利子率などにはほとんど注意を払わず，借入れを必要とする戦略を避けるだろう。こうしたことから，金融市場に注意を払わないとしても，それを"誤り"とはいえない。誤りというよりも，それは単純化するイデオロギー的フィルターの帰結なのである。

　Trice and Beyer のイデオロギーの源泉に関する記述は，センスメーキングの研究を制度理論の研究に結び付ける道を開いた。二人は，イデオロ

ギーの内容が次のような超組織的源泉に由来することを明らかにしている。そうした源泉とは，たとえば，国家を越える文化（たとえば，科学に対する信頼），国の文化（たとえば，ペルー人労働者は権威的に振る舞う上司に高い価値を置く），地域やコミュニティーの文化（たとえば，地方のコミュニティー内での自分の宿命を甘受する），産業イデオロギー（たとえば，Mary Kay Cosmetics のような通販会社は卸業者の競争力を弱める），組織集団（たとえば，スコットランドのクラシックなニットウェア製造業者として生き残るための集的レシピ），および職業イデオロギー（たとえば，博士号を有する者なら当然調査と著作活動をすべきだ）といったものである。

　イデオロギー内容の源泉はこのようにいたるところに溢れている。だから，調査者はプロセスに注意を払い続けなければならない。というのは，Dutton（1988）のアジェンダ設定に関する重要な研究に見られるように（Rogers & Dearing, 1988も参照されたい），プロセス調査は，人が莫大なイデオロギー的実質のプールからわずかな部分だけを選び取る仕方を調べているからである。調査者は，人は手に入れたものなら何でも内面化し身に付けてしまうと単純に仮定すること（それは，高次の分析レベルでよく見られるようであるが）に特に用心する必要がある。他方，制度理論家はよく次のように仮定している。多くの人にとって，イデオロギー（"制度システム"）は，詳細な研究によって明らかにされた姿（Zucker, 1991, pp.103-106）よりも単一的で均質的，強制的なものだ，と。いずれにおいても，センスメーキングを研究する者は，文化や組織やイデオロギーに関する彼らの記述に疑いを抱かざるをえない。Trice and Beyer（1993）が「ある人たちをまとめ上げ，情動に満ちた確信や価値観，規範からなる」イデオロギーに言及したとき，彼らはこの点に気づいていた。そもそも社会化や進行中の再社会化の間にも不完全にしか伝えられないイデオロギー内容から個々人はそれぞれ異なる意味を受け取る。意味は局地的に安定化する傾向がある。それは，そこそこの意味しか共有していないメンバーからなる職能横断的チームを創造しようとしても莫大な労力が必要なことから明らかだろう。

　イデオロギーはマクロ理論の研究者が主張し（そして望む）ほど一枚岩ではないだろうが，センスメーキングにとって重要な源泉である。Meyer

(1982b) はこの点を明らかにしている：「うまく調和し合う価値観を包含している強靭なイデオロギーは，自己統制的かつ自発的な協働を引き出すので，同じ目標を達成するよう設計された公式的構造の代わりになる」(p.55)。この組織構造の代替的源泉としてのイデオロギーという考え方は，前提コントロールという Perrow（1986）の議論や，中核的価値観の集権化は分権化成功のための前提条件であるとの Selznick（1957）の主張，分散して駐在している森林警備隊員をイデオロギーによって統制している森林サービス局に関する Kaufman（1967）の記述，戦略策定はイデオロギーの創造に似ているという Westley（1990, p.347）の主張，そしてルースに連結されたシステムが各領域ごとの特有な適応を通して生き残りまとまっていくのは中核的価値観へのタイトなコントロールによるという Peters and Waterman（1982）の示唆などの根底にある考え方である。

第三次コントロール：組織のボキャブラリー

　Perrow（1986）によれば，組織は次の三種類のコントロール形態で管理を行っている：まず，直接的な監督による第一次コントロール，次にプログラムやルーティンによる第二次コントロール，そして最後に，自明視されている仮定や定義からなる第三次コントロールである。第三次コントロールは"前提コントロール"と呼ばれている。なぜなら，そのコントロールは，人びとが状況を診断し，意思決定を下すときに用いる諸前提に影響を及ぼすものだからである。幼児虐待症候群が全国的なスキャンダルになる前にそれを隠蔽した"専門家の死角"などは前提コントロールであったといえよう。Schein（1985）の概念を用いれば，それは文化の基盤となっている深層の仮定である。

　第三次コントロールは意味のいま一つの源泉として見直されてきているが，それは，Perrow がセンスメーキングの実質に関する他の議論が見落としている面をいくつか明らかにしたからである。第一に，彼はよく，前提コントロールの同義語として"目立たないコントロール"というフレーズを用いる。そのフレーズは，センスメーキングに影響するものはしばしば暗示的

で，暗黙的で，前意識的で，無自覚で，自明的であることを改めて思い起こさせてくれる（Ranson 等，1980; Tompkins & Cheney, 1985）。第二に，とりわけ March and Simon（1958）によって論じられたように，前提は意思の決定において肝要なので，前提コントロールの概念はセンスメーキングを意思決定と結び付け，意思決定モデルにおける諸々の制約のうちの予期せぬ制約に光を当てた点で特筆される。第三に，組織のテクノロジーが非ルーティン的であればあるほど，前提コントロールは広まっていく。Perrow は，テクノロジーとセンスメーキングを関連付けた数少ない研究者の一人である（この点を精緻化したものとして，Weick, 1990a を見られたい）。テクノロジーは組織の中核的部分をなすので，センスメーキングに関する議論にテクノロジーという要因を含めることは重要である（Weick & Meader, 1993）。

前提コントロールはどこに埋め込まれているのか，どのように作用するのか，なぜ内容に関わる問題になるのか，といったことを明らかにするために，前提コントロールについてさらに多くのことが論じられなければならない。決定前提とは，主張や結論が依拠している仮説や命題のことである。それは，Trice and Beyer が論じた感情を帯びた確信に近い概念である。

管理的意思決定における判断，事実そして価値に関する Simon（1957）の議論の中で前提の問題が初めて提起されたときに明らかになったのだが，前提には事実的内容と価値的内容とがある。「管理的意思決定を行う場合には，真実か虚偽かがはっきりせず，また決定にいたるために利用できる情報と時間によっては，事実か虚偽かを確信をもって決めることができない，という事実的前提を選択することが，たえず必要である」（p.51；邦訳62-3ページ）。そうした選択がイデオロギーのような他の基盤にもとづいて行われるのは，前提の真偽がわからないからである。"他の基盤"の影響力が強まれば強まるほど，時間のプレッシャーが高まり，情報はますます非ルーティン的なものとなっていく。また，そうした"他の基盤"はより単純かつ根本的なものになる傾向があるので，その影響力はいっそう捉え難くかつ広まっていき，変更し難くなるだろう。

さらに Simon（1957）は，こうした不確実な事実前提が管理的判断にお

いてどのように取り扱われるかを明らかにしている。

> 特定の歩兵隊の攻撃がその目的を達成するかどうかは，純粋に事実的な問題である。それでも，これは判断を含む問題である。というのは，それが成功するか失敗するかは，敵軍の配備，砲兵隊の支援の正確さと強さ，地勢，攻撃軍と防衛軍のモラールおよび他の多くの要因によるが，これらの要因を，攻撃の命令を出さなければならない指揮官が完全に知ることができず，また完全には評価することができないからである。日常の言葉では，決定における判断の要素と倫理的要素の間にしばしば混同がある。手段-目的の連鎖をたどっていくほど，すなわち倫理的要素が大きくなるほど，この連鎖の階段がますます疑わしくなり，かつ，どの手段がどの目的に役立つかを決めるさいの判断の要素がますます多くなる，という事実によって，この混同はひどくなる。（p.51；邦訳63ページ）

　決定前提というアイディアがおもしろいのは，それがセンスメーキング・プロセスの初期段階で作用する何かを暗示しているからである。前提とは，人びとが意思決定プロセスを継続して行えるように作り出された一つの仮説である。そして，前提コントロールがなぜそれほど強力なのかと言えば，それは，この初期の影響力が以降の全ステップを左右する力を持つからである。ところが，Simonにあっては，判断（何がその判断をコントロールしているかはともかく）が組織の形成する意味に影響を及ぼすのは，意思決定の後の段階，手段-目的の連鎖を遠くたどったところなのである。事実が価値に，計算が判断に道を譲り，実感はイデオロギーに取って代わられる。そして，組織のメンバーはこうした移行に気づかないのである。

　それこそPerrowが論じた点である。前提コントロールが"目立たない"理由は，あいまいな事実前提の選択やあいまいな前提の意味そしてそうした前提を束ねる際の目的が，組織のボキャブラリー，不確実性吸収パターン，コミュニケーション・チャネル，手続プログラム，昇進基準といった"間接的な"組織メカニズムから影響を受けているからである（Perrow, 1986, pp.127-128）。こうした影響はみな，情報の流れと内容を制限し，代替案の

探索を限定し，何が危険かの定義を鮮明にし，予期を制約する。このようなコントロールはすべて，ルールや規制による直接的で，明示的で，明白なコントロールなしに行われる。「部下は，気づくべき刺激の幅と（「そういった類のものは関係ない」とか「その問題を処理するには何が必要か？」），考慮する代替案の幅（「そんなことまで私がするなんて絶対にありえない」）をごく自然に制限する」(p.129)。

　PerrowとSimonの両者が述べていることをセンスメーキングの研究にあてはめると，前提コントロールが働いていれば，人びとが組織のパズルを意味づけるために用いる内容には共有された暗黙的な意味がある，となる。また，この種のコントロールは，仕事が非ルーティン的であるとき(Perrow, 1986, pp.130)，たとえば仕事がプロフェッショナルによって行われるときに，いっそう働くようになる。また，組織階層のトップに近い職務は，それより低い職務よりも非ルーティン的なので，「前提コントロールは，組織のトップ近くでもっとも重要性を持つ」(p.130)。

　前提コントロールと非ルーティン的タスクの間には正の相関関係があるという事実から，テクノロジーの次元がセンスメーキングに導入される。命令，監視，ルール，専門化，標準化などからなる第一次コントロールと第二次コントロールを利用するためには，仕事がよく理解され細分化されなければならない。細分化が不可能であったり望ましくない場合には，仕事を安定化し，秩序立てるために第三次の前提コントロールが必要になる。Scott (1987, p.236)が，専門化に関する決定は組織の"分水嶺的"決定だと論じた理由はまさにこれである。センスメーキングの観点からすれば，どのようなコントロール形態をどのような階層や活動に用いると，どのような類のパズルがどのような人に残されるか，という問題が興味をそそる。

　もし組織設計者が第一次コントロールと第二次コントロールによってできるだけ多くの仕事をコントロールし，階層のボトムから始まりトップに向けて設計していくならば，潜在的に矛盾したさまざまな問題がトップの人たちに残されることになろう。設計者が組織階層の上方に向けて可能な限りのことを規格化し標準化していくボトム・アップのコントロールでは，理解不能な環境がトップの人びとに残される。これは，われわれが軍事的な指令統制

システムで見るところであり，それは戦場から始まり司令部の人間のところで終わるよう設計されている。すると，社会階級や民族的差異，社会的ネットワーク，あるいは国の文化といった深層の決定前提から影響を受けるようないわば命令になじまない問題が，判断のために残されてしまう。

この残されたもの，つまり標準化も規格化もされえないものは捉えがたく，事象が一部欠けていたり，原因不明の可能性が高く，複雑に相互作用し合うようなものである。これは次のことを意味する。すなわち，トップ・マネジメント・チームによる意味づけ作業は，困惑や緊張はもちろん，あいまい性と昂奮が高い条件の下で行われる。そして，こうしたことはすべて，ボトムでの活動を第一次コントロールと第二次コントロールによって有意味にしようとの組織設計者の決定にその原因がある。

とはいえ，設計者がボトムから始め，第三次コントロールによって意味づけするような構造をたとえ創ったとしても，やはりトップが理解不能な問題に悩むという結果は変わらないだろう。しかし，トップの為すべきことがあるいはなくなっているかもしれない。いずれにせよ，ボトムでの仕事がどのようにコントロールされようとも，トップまで昇ってくるインプットは意味づけしにくく，センスメーキングへの要求が高い。コントロールされた仕事は，解釈と判断が不可欠な非ルーティン的な仕事を上のレベルに弾き出してしまう。弾き出された仕事に対しては，前提コントロールやイデオロギーによるコントロールが有効である。組織のいずれかの場所で，イデオロギー内容が非ルーティン的な意思決定に影響を及ぼすだろう。どの問題が非ルーティン的でイデオロギー内容によるコントロールを受けるのか，またどの階層でそうしたイデオロギー前提が非ルーティン的なものに押しつけられるのか，といった課題は，組織設計に関わる問題で，それは調査可能なものである。われわれはセンスメーキングを研究する中でそうした問題に出会う。なぜなら前提コントロールは，イデオロギーを行為に変換する一つの手段だからであり，またこの変換はテクノロジーが非ルーティン的かつ分析不能なところや，理解されない可能性が高いところでもっぱら生じるからである。皮肉なことに，イデオロギーや前掲の内容（content）がもっとも決定的な影響を及ぼすのは，このように複雑に構造化された組織においてなのである。

この議論の実践上の意味合いは，もっとも有効な組織設計とはトップ・マネジメント・チームを廃止せよ，ということかもしれない。組織は，字義的にも比喩的にもボトムにおいて意味を形成するから，そこにこそ設計が必要なのだ。チーム，水平的構造，そしてダイナミックなネットワークなどを含む現代の組織形態は，この教訓を実践しているように見えるが，事実その通りである。というのは，最新の組織設計ではどの階層においてもこれら三種のコントロール形態があるからである。そして，階層の数は最小限に抑えられている。

　階層ごとにコントロール形態を変えてテクノロジーに対処しようとする組織設計では，センスメーキングの問題を生み出してしまう。トップにいる人が自分の仕事を楽なものにしようとして，かえって難しいものにしてしまうことがよくある。トップが第一次および第二次コントロールを部下に押しつけるとき，彼らは相互作用し合う複雑で予期しえない方向へと拡散していく状況を創り出して，理解を拒むような意図せざる結果を生み出してしまうのだ。トップ・マネジメントが理解不能性を創り出すとき，その結果もたらされる混乱を収拾するのに彼らに残されているセンスメーキングの主な源泉は第三次の前提である。そうした前提の内容によっては，組織化された活動にもなる。それだからこそ，合衆国の国内企業が固執する前提の多く，つまり競争力の獲得，個人主義，物質主義，エスノセントリズム（Trice & Beyer, 1993, pp.54-61）などの前提が，ルーティンでは処理し切れなかったものを解釈する際に影響を及ぼし，そうした企業のグローバル化の足を引っ張ったのである。そのような「優れてアメリカ的なイデオロギー」（Trice & Beyer, 1993, p.53）を前提としてしまうと，人員削減によっても解消できない国内的条件に適応できず，世界規模で意味づけするには十分な普遍性を持つことができない。かといって，他に有効なイデオロギー内容を探そうとすると，人は往々にして陰気かつ防衛的でさらに被害妄想的な説明を求めるようになる。そうした説明は，われわれと他者との間に極端にエスノセントリックな境界線を生み出し，"われわれ"を構成している人たちの輪を徐々に狭いものにしてしまう。自己を防衛するためのセンスメーキングに都合のいい内容を探すことは，自己正当化に関するStaw（1980）や，集団思考に

関する Janis（1982），そしてイカロスのパラドックスに関する Miller（1990）といった人たちの研究で示されている。これら各ケースにおいて，非ルーティン的事象に直面した人は前提コントロールの影響を受けた。彼らが依拠した前提は集団の利益を無視し私欲を重視するようなものだったため，さまざまな問題が生じてしまった（たとえば，Bellah, Madsen, Sullivan, Swidler, & Tipton, 1991）。

パラダイム：職業のボキャブラリー

これまで，センスメーキングの内容はフレームの中で具体化され，これらのフレームは非ルーティン的な仕事に構造を与えるイデオロギーと一群の意思決定前提である，と論じてきた。内容の第三の具体化は，パラダイムという形のフレームの中で生じる。パラダイムは，次の意味においてイデオロギーや前提とよく似ている。すなわち，これら3つはどれも「内的に一貫した一群の単純化のヒューリスティクス」（Martin & Meyerson, 1988, p.93）からなるボキャブラリーである。しかし，パラダイムはイデオロギーや前提とは異なる。なぜなら，パラダイムはより自己充足的なシステムであり（Pfeffer, 1982, p.228），代替的なリアリティー（Morgan, 1980, p.93）として，あるいは「人が何を認知したり考慮したりイナクトしたりするかを決定する主観的観点」（Martin & Meyerson, 1988, p.93）としての機能を果たしうるからである。

パラダイムという概念は通常，科学的な探究における共有された理解や共有された見本例を連想させるが（Guba, 1990），その概念は Van Maanen and Barley（1984），Brown（1978），そして Pfeffer（1982, p.227）によって職業集団や組織にまで拡張された。その場合，パラダイムは標準実施手続，環境についての共有された定義，そして権力や権威についての合意されたシステム（Pfeffer, 1985, p.424）を指す。Brown（1978）は，パラダイムについて次のように述べている：「パラダイムという言葉でわれわれは，どういった類のものが世界を構成しているかとか，それらはどのように作用するか，それらはどのように結びついているか，そしてそれらはどのように

して知られるようになるのか，といったことに関する，通常暗黙的な仮定の集合を指している。実践においては，そのようなパラダイムは，コントロールの手段として機能するだけでなく，反対者が自らの知覚と行為を組織化する際に利用する資源としても機能する。」(p.373)。

パラダイムという観念は，組織におけるセンスメーキングの2つの特性を捉えている：一つはセンスメーキングにはコンフリクトがともなうこと，もう一つはセンスメーキングが帰納の源になることである。Lodahl and Gordon（1972）による科学の領域ごとのパラダイムの発展レベルに関する研究の中で，コンフリクトの問題がすでに予見されていた。彼らは，パラダイムに対する合意の程度が7つの領域においてそれぞれ異なっていたこと（それらの領域を発展レベルの高い順に並べると，物理学，化学，生物学，経済学，心理学，社会学，政治学であった），そしてこの合意のレベルが，各領域の学部の管理方法に影響を及ぼしていたことを立証した。より発展したパラダイムの学部ほど，学部の管理において，コンセンサスやテクノロジーの確実性が高く，コミュニケーションが多く，コンフリクトは少なかった。

Pfeffer（1981）は，Lodahl and Gordon の論述を組織におけるテクノロジーの不確実性にまで拡張した。彼は，Thompson and Tuden にしたがって，因果関係や結果の選好に関する不一致はコンフリクトを招き，決定を下すに際して権力を多く行使するようになると論じた。おそらく組織におけるパラダイムの発展段階が低ければ低いほど，こうした不一致は高いだろう。科学のパラダイムが方法論やカリキュラムや今日的研究課題に関するコンセンサスを反映しているとすれば，産業におけるいわばテクノロジー的パラダイムは，「企業の経営戦略とマーケティング戦略と利益との間の関係」（Pfeffer, 1981, p.76）に関するコンセンサスを反映していよう。テクノロジーの確実性が低いと，権力や社会的影響力がいっそう行使されるだろう。なぜなら，権力と社会的影響力は，人びとが意思決定に際して明確性と自信を何ほどか手に入れるために残されたわずかな手段だからである。そのためプロセスは論争的となるだろうが（たとえば，Huff, 1988），ともかくも問題は明確になる。

Pfeffer (1981, p.124) は次のような重要な点を指摘している。すなわち, いかなる学問領域ないし企業においても, 観点が明確でそれが共有されていれば, 説得性（必ずしも理解性ではない）が高くなる。もし, 人びとが「一貫した世界観を共有し, その世界観や理論を自信をもって明確にできるならば, ・・・［またもし］それが数多くの事例で立証され, 予測可能ないし確実な結論を導き出すことができるならば」(p.124), 政治的闘争で利益を得ることができる。それはレトリックに関わる問題であり (Arrington & Schweiker, 1992; Tompkins, 1987), そこでは言葉が重要である。

パラダイムにともなうイメージや見本例が重要であることは Firestone (1990) によって強調されているが, これまで見過ごされてきたこれらの点を彼は他の研究者と同様, Kuhn (1970) の元の分析に見出している。Firestone が引用している Kuhn のテクストは次のように述べている：「ある一時期におけるある分野の歴史を細かく調べると, いろんな理論が概念や観測や装置に応用される際に, 標準らしき一連の説明の仕方が繰り返されていることに気付く。これらがその専門家集団のパラダイムであって, 教科書や講義や実験指導の際に現れてくるものである。それらを学び実地に適用することによって, その集団のメンバーは仕事に習熟していく」(Firestone, 1990, pp.107-108；Kuhn, 1970の邦訳48ページ)。

Firestone はこの引用文の中で特に2つのものに注意を払っている。第一に, それは幅広いアプローチではなく, "ある分野"について言及している。パラダイムは, それを引用している人たち（たとえば, Morgan, 1980）が通常認識しているよりも小さな思考体系を包摂し, その数も多い。第二に, われわれの内容という論点にとってはこちらのほうが重要なのだが, 説明や見本例を Kuhn が強調していることに Firestone が触れていることである。

パラダイムに人びとが"合意する"とき, 彼らはそのルールや合理化された形式よりもその存在に合意するようである。Firestone (1990) が述べているように, 「パラダイムは哲学体系よりも文化に似ているように思える」(p.108)。パラダイムにともなう事例は, 文化をシンボル化し（たとえば, Cook & Yanow, 1993), その伝承の助けになる人工物となるので, きわめて重要である。しかしパラダイムは一貫した定式というよりも, むしろ個々

の人工物において伝えられるので、それが強制力を持つのは社会的な影響力のせいである。その上、一群の人工物はさまざまに解釈されるので、常に、パラダイム／文化を少しばかり違ったふうに再達成することができる。特殊からの帰納には際限がない。こうしたズレは、権力によって治められるとPfeffer が考えるところのコンフリクトを発生させるかもしれない。とはいえ、こうしたズレは、環境の変化への適応を高めるような新たな解釈の引金ともなるかもしれない。

　Firestone の分析はまた、なぜ物語がセンスメーキングにとって非常に重要なのかを明らかにする見事な第一歩ともなっている。この点は後に触れられている。ここではさしあたり読者は、パラダイムは見本例の中に保存され、そうした人工物から再構成されるという Firestone の主張を覚えておいていただきたい。こうした見本例は代表的な逸話という形をとることが多い（Burke, 1969, pp.59-61）。人はその逸話から、これこれの事象が何を意味するかについて進行中の意味を引き出す。これらの物語は抽出された手掛りであり、前に言及したセンスメーキングの種子である。しかし、それらはまた、以前には気づかれなかった組織の特徴がそれによって今や気づかれ意味を帯びるようになる大まかなフレームを暗示しているかもしれない。

　また、パラダイムを中心にコンセンサスを築けるのは、パラダイムの見本例の間に違いが存在しているからだ、という点についても論じておくべきだろう。この点は、戦略的あいまい性に関する Eisenberg (1984) の議論での中心的主張である。合意が存在するという感じを、たとえ実際には存在しないときでも維持できるのは、まさにあいまい性のおかげである。パラダイムの見本例の間にある違いは、合意しない人たちが暗に合意はあるのだという感じを維持させてくれるスラックとなるのだろう。これに対して不一致は各人の見本例とのつながりにこだわるからだ。こうしたつながりについての個人的な理解をいちいち明言するようにしなければ、合意は存在し、人びとはあたかもよく発展したパラダイムにまとめられているかのように協力し合える。

　前述の分析は次のことをほのめかしている。センスメーキングの目的にとって、パラダイムとは、行為の理論が代表的な組織的問題に概念的、観察的、道具的にどのように適用されるかを示す、繰り返し持ち出される標準ら

しき一連の説明と定義できる。一連の説明や物語は，行為の理論によってまとめられ，フレームとなり，その中で手掛りが気づかれ解釈される。見本例自体ほどには，"行為の理論"には合意が得られないかもしれない。こうした意味で，組織内のセンスメーキングを担っている人は，より高次のパラダイムを持っているかのようなエコノミストのようにではなく，発展度の低いパラダイムしか持たない政治学者のように振る舞う。しかし，パラダイムの理論的発展が高まれば高まるほど，発展度の低いパラダイムにいる人の行為を説明する能力は低くなる，と予測される。

行為の理論：対処のボキャブラリー

行為の理論は「組織にとってのもので，それは個人にとっての認知構造に相当する。それは環境からの信号をフィルタリングし，解釈し，刺激を反応に結び付ける。それは刺激の同定と反応の組立てを管理するメタレベル・システムである」(Hedberg, 1981, pp.7-8)。行為の理論は，刺激-反応（S-R）パラダイムにもとづいているために，本章で論じられている他のどのフレームとも異なっている。人は組織において，自らが遭遇する状況に反応するたびに知識を作り上げる。こうした試行錯誤の連鎖には，「組織が現実の方に自らを合わせる防衛的プロセスのみならず，組織とその環境の適合を知識の利用によって高める攻撃的プロセス」(p.3) がある。個々の刺激は複合的で有意味な刺激に綜合され，それが行為の領土に写像される。この綜合は，刺激を有意味に解釈するルールによって行われる (p.8)。こうした解釈は，反応を組み立てるその他のルールを励起する。

行為の理論が影響を及ぼす基本的プロセスは，図5．1のように図示され，次のように説明される：「刺激を適切に同定し適切な反応を選択するために，組織は自らの環境を地図化し，どのような因果関係がその環境内で働いているかを推論する。こうした地図が行為の理論を構成し，組織は新しい状況に遭遇するたびに，それを精緻化し洗練していく」(Hedberg, 1981, p.7)。ここで重要なのは，地図化という行為および産物としての地図に言及している点である。なぜならそれは，認知マップ（たとえば，Huff, 1990）や因果

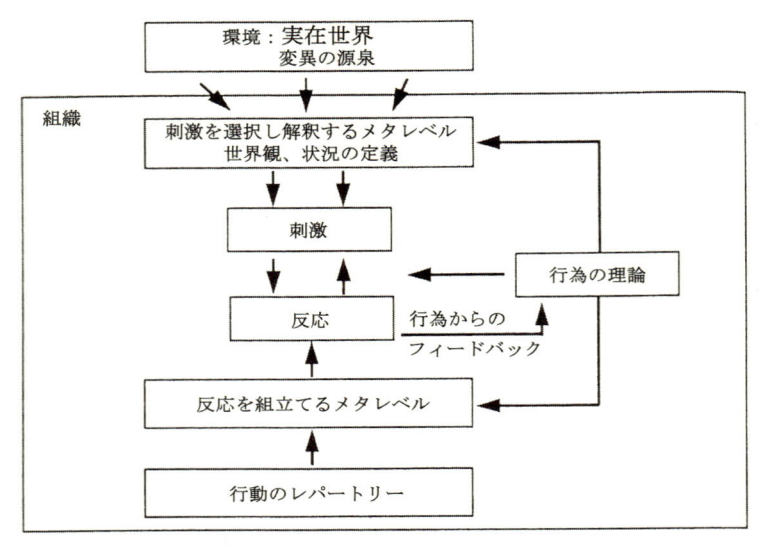

図5.1 組織と環境がどのように相互作用するかを表した刺激―反応モデル

マップ（たとえば，Voyer & Faulkner, 1989）への高まりつつある関心が，センスメーキングの問題とかかわりがあることを示しているからである。地図，知識構造（Walsh, Henderson, & Deighton, 1988），そしてメンタル・モデル（たとえば，Barr, Stimpert, & Huff, 1992）はどれも，有意味な気づきを促す有意味なフレームを提供する実質を含んでいる。確信は，制度理論家によってよく触れられこそすれめったに突き止められることのないものだが，それは組織戦略家のメンタル・モデル（Porac等，1989, p.401）と同じものだと考えてよい。

　行為の理論は，S-Rパラダイムとよく似ているが，さらに別の特性がある。Argyris（1976）はそれについて次のように述べている：「人は，自らの行動を導き，それをより管理可能で一貫性のあるものにし，そうすることによって自らが行動の起点で責任がある，といった感覚を保つために，行為の理論を展開するのだと言えよう」(p.3)。Argyrisが使う理論という言葉は，まさに"if...then"型の相互連結した命題群を意味する。たとえば，カウンセラーならば，落ちこぼれ生徒をどのようにカウンセリングするかに

関して次のような理論を持っているだろう：「まず彼らの言葉で話しかけ，あなたが彼らを理解していることをハッキリさせ，次に彼らにできるだけ話をさせ，そして何が彼らを悩ましているかを見出すよう努めることが必要である」（p.5）。このような理論はさらに，その理論を下で支えている仮定群（たとえば，カウンセラーは上辺でなく心から生徒自身の言葉で話せる）をともなっている。それは次のことを意味する，すなわち「行為の理論にとって完全なスキーマは，次のようなものだろう：Sという状況で，もしCという成果を上げたいと望むならば，$a_1...a_n$という仮定の下で，Aをせよ」（p.5）。

Argyrisにとって，現実の行為における重要な問題は，人が実際に用いている行為の理論と信奉している行為の理論とは別物らしいということである。推定されるこの分裂は，センスメーキング研究者に次のような注意を促す。つまり，センスメーキングについて人はわれわれにある理論を語ってくれるが，その理論が実際に働いているかどうかは別問題で，その溝を埋めるためには行為の観察（Silverman, 1970）が欠かせない，と。この分裂はまた，実践の理論が安定した世界像を提供するので，変化に抵抗する傾向があることをも示している（Argyris, 1976, pp.10-11）。

Argyris（1976）は，実践の理論がイナクト的なセンスメーキングを生み出すことも観察している。

　実践の理論と行為との関係は独特である。すなわち，行為は理論を適用したり検証するのみならず，その理論がかかわっている行動世界を形作ってもいく。そうした現象は軽蔑の暗示，たとえば，先生が生徒たちはバカだと信じていればその信じ込みが生徒たちの愚かな振る舞いを結果として生み出してしまうことでよく知られている。しかし，そのような実験の結論はたいてい，自己成就的予言は避けるべき，いや避けられるというものだ。ところが，実践の理論はどれもある程度まで自己成就的予言である。われわれは，行動世界のリアリティーを構築するが，それとまったく同じプロセスを通して実践の理論を構築するのである。理論構築はリアリティー構築である。なぜなら，われわれは実践の理論によって，何を行動

世界で知覚するかを決定するからであり，また実践の理論はわれわれの行為を決定し，それがひいては行動世界の特性を決定づけるのに寄与し，それがまたわれわれの実践の理論にフィード・バックされるからである。結果的に，実践の理論はすべて，他者に（誰かの行動世界に）何かをやるものであり，それが次には自分自身に何かをやるのである。・・・したがって，実践の理論は，ある時点の一瞬の姿ではなく，実践の理論と行動世界との間の漸進的かつ発展的な相互作用の中で検討されなければならない。(pp.11-12)

　定義によれば，行為の理論とは行為のために単純化する抽象である。抽象の内容は，組織のイデオロギーを反映した社会化経験から生まれる。それらは抽象であるから，行為の理論は行為の領土の粗い地図と考えられる。それが結局，行為の理論の目標である。このことが，信奉されている理論と実践の理論との区別が混同される理由の一端かもしれない。理論と行為の間のズレは，Ryle（1949）による有名な，"内容を知る（knowledge that）"理論とより暗黙的な"方法を知る（knowledge how）"実践という区別の核心部分である。理論と行為の間にズレがあるとしても，環境が柔で行動による理論の確認が当たり前なら，またもし小さな構造がやがてまとまりのない問題に秩序を押し付けるならば，行為の理論が押し付ける不可避なフィルタリングは，その行為の理論自体を妥当なものにする種子を宿している。しかし，それが創造する秩序は部分的なものでしかない。予言はかなり正確だとしても，完全に成就されることはない。そうしたギャップがあるから，予言の更新が行われるのだ，特にコミュニケーションが行きわたっているときには。
　ここでの要点は，実践の理論と信奉されている理論との間の区別を軽視することではない。しかし，センスメーキングという点から見れば，その2つの理論形式をあまり明確に区別することはできないという点こそ重要である。人は自分のやり方を実践の理論に結び付け，意識的処理から自動的処理へとシフトするようになるが，実践の理論と結びついた自動的処理が中断されるとき，意識的処理のほうへ再び戻ってくる。このように，実践の理論が中断されると，それは改訂可能な信奉されている理論に変換される。そし

て，信奉されている理論が再度ルーティン化されれば，再び実践の理論で自動的に情報処理されるようになるのである。

示唆とか，"if...then"形式の命題を含む言明，そして手段‐目的構造を述べている言明はどれも，行為の理論にともなう内容を有している。これらの理論は，センスメーキングにとってもっともらしい構造である。したがって問題は次のようなものとなる。話し手と仲間はそうした言明をどれくらい真剣に受け止めるだろうか？　これは非常に重要な質問である。なぜなら，そうした言明は，潜在的なレシピとなってそれによって環境が形成され，また潜在的なフィルターともなってそれによって気づかれるものを左右するからである。

伝統：先人のボキャブラリー

伝統（Shils, 1981）は，制度理論（Pfeffer, 1982, p.239）とのつながりのみならず，センスメーキングにもっとも興味深い内容をもたらしてくれる。伝統とは，過去に創造されたか行われたか信じられたもの，あるいは過去に存在していたか行われていたか信じられていたと信じられていたもの，そしてある世代から次の世代へと伝えられたり受け継がれつつあるものを意味している（Shils, 1981, pp.12-13より）。伝統として認められるためには，少なくとも2回，つまり3世代以上にわたってパターンが伝えられなければならない（p.15）。調査屋ならばこれを読んで，吸収，合併，乗っ取り，再組織化，人員削減といった時代には，"世代"などもはや存在しないとメクジラを立てるかもしれない。なるほど，われわれ全員が，どんなときにもそして繰り返し第一世代のメンバーであるかもしれない。さらに，世代もどきというものがあるかもしれないが，それは存在の長さでなく歴史で定義されるものだろう。ナノセカンドの90年代（Peters, 1992）においては，"ベテラン"とか"先輩"と見なされるのに必要な時間は，週や日単位にまで短縮されているかもしれない。ともかくも伝統はShilsの言った通りにだいたい機能していると言えるだろうが，そこで何が変化し何が置き換えられているかが，問題である。これから見ていくように，どのように行為は伝えられて

いくか（Cook & Yanow, 1993）という問題に対して特に注意を払う必要がある。

　あらゆる種類のイメージや目的や確信は，伝統として伝えることができる。しかしたった一つだけ伝えられないものがある。それは行為である。行為がなされた瞬間に，それは存在しなくなる。これは次のことを意味する。すなわち，行為のイメージ，およびそれらのイメージが再びイナクトされるよう求めたり促したりする確信だけが，伝達可能なのである。このことについて Shils（1981）は次のように述べている：「それら［行為］のうち伝達可能なのは，行為が暗示したり表したりする行為のパターンないしイメージであり，それらのパターンの再イナクトメントを求めたり，促したり，規制したり，許したり，禁じたりする確信である。何らかの行為や複合的および連鎖的行為が後に残すものは，それ以降の行為の条件になり，行為が生じたときにそれがどのようなものであったかについての記憶や記録の中のイメージになり，そしてある条件の下では，未来の行為のための規範的な前提条件ないし処方箋になる」（p.12）。

　行為が（再イナクトされる）イメージとして残存するという Shils の論点に恰好の例がある。それは，ジャズ・オーケストラによって夜毎演奏されるスタンダード・ナンバーが変化し続けることである。Woody Herman の『Woodchopper's Ball』はまさにそのような名品の一つである。その曲は Herman の演奏活動において繰り返し繰り返し演奏された。そのような名曲に何が起きたか，彼の言に耳を傾けてみよう：「古い曲をやるときには，ふくらませて演奏者がそれぞれ自分のコンセプトを付け加えられるようにしていた。曲の中に演奏者それぞれの余地を残しておくんだ。誰かが何かやり足りないと感じたら，そいつのソロを続けさせる。ときには，それまでのパターン全体が変わってしまうこともある。『Woodchopper's Ball』で言えば，あんまり多くのバージョンを作ってしまったんで，まず出だしをどうするか決めるのに，アレンジした曲を記憶から引き出していろいろ試してみなければならないほどさ」（Herman & Troup, 1990, pp.134-135）。『Woodchopper's Ball』はイメージとして残存したのであり，その元の形は誰も思い出せず，今の形も毎夜変えられている。こうしたことは，メッセージが人

から人へと伝わるにつれ絶えず変化していくような連継的情報処理の間になされる平準化と強調化によく似ている（たとえば，Bartlett, 1932; Bedeian, 1986; Higham, 1951）。

　伝統の妙味は，具体的な人間の行為，すなわち実践に埋め込まれているノウハウは，それがシンボルになるときにのみ持続し伝達されるところにある。型を守るためには，型を破らねばならない——そして後で再構成するのである。伝えるということがこれほどまでに複雑な理由は，何が残されるかを決めるのが，行為を写し取るのに用いられるイメージの内容だからである。ノウハウのイメージ，レシピ，スクリプト，経験則そしてヒューリスティクスはどれも，仕事について世代を超えた伝達を可能にするシンボリックなコード化を表したものである。そこで言われていることに沢山の注意を払えば払うほど，賢い後継者は先人の経験からより大きな利益を得ることができるだろう。それらに細心の注意を払うということは，自明視されている行為に対して自覚的になることである。それは，自分特有な型を残すように自らの行為を象ったり，ラベルづけしたりすることを意味する。それはまた，実践経験の長いだけの人が決して語り得ないものを教えてくれる緩やかな徒弟修業を意味する。このことは，行為のからむ物語（Shils の"行為が生じたときにそれがどのようなものであったかを示す記録"というフレーズを思い出されたい）がとりわけ重要であることを意味している。なぜなら，こうした内容を伝えることは非常に難しいからである。行為について良質なフォークロアを有している文化は，それを有していない文化よりも長く存続するにちがいない。行為の理論は根強く存続するだろう。なぜなら，それは行為についての集的なイメージを具体化しているからである。自分たちの技能をキチンと捉えている因果マップを大事にしている集団は，そうしたシンボリックな産物によって，後の世代の技能の点でそうでない集団と比べて高いだろう。こうしたあらゆるシンボリックな作品は，人間の行為から作り出される実践と制度のより正確な再構成を促進するだろう。

　消え去る行為を分節化することに励む個人や集団や組織は，"行いの伝統"を創造する。そのような伝統の内容を形成するのは，「行為を導くパターン，求められる目標，その目標を達成するための適切かつ有効な手段に関する概

念それに行為から生まれ維持される構造」(Shils, 1981, p.25) を捉えているイメージと確信である。これらはセンスメーキングにとって内容の資源であり、伝統によって利用可能になる。とはいえ、前世代によって学習された教訓を具体化する行為が容易に再達成できるものもあれば、困難なものもある。世界に対し実直で、マジメで、行為志向の姿勢をとることに誇りを持っている人は、自分の正常な脳や先人のやったこと以上にはなれないという点は、伝統の危険なところである。行為のシンボルを消し去ることに成功し過ぎればそこでは初歩的な試行錯誤しかできなくなり、より高い想像力を持つ競争者に比べて不利である。

　本章で論じられているフレームの重要な側面が程度の差こそあれいずれも行為を見据えているのはなぜか、その理由が行いの伝統に関する Shils (1981) の記述からわかる。もし、行為のイメージが伝えにくいものであれば、人は比較的少ない情報下で行為しなければならない。彼らはコンテクストや状況や他者の潜在的な反応などについては多くを知っているが、先人が同じような条件下でどのように動いたかについては詳細を知らないのである。自分の過去の行為についての記憶に関しても同じことが言える。未熟なイメージは未熟な行為につながる。

　伝統はパラダイムと同様、見本例や後見人（Shils, 1981, p.13）、物語そして語り手を持っている。というと、われわれがあたかも物語に取りつかれているかのように思われるかもしれない。ある点においてそれは正しいが、しかしそれは問題の性質のせいである。行為はすぐに消え去ってしまうが、行為の物語はそうではない。もし行為を調整する能力が組織を他の社会形式から区別するもので、またもし組織のそうした特徴が調整行為の生じた瞬間に消えるものならば、行為が消え続けるときに何が持続するかを問題にしなければならない。それはセンスメーキングの実質にかかわる問題である。

物語：連鎖と経験のボキャブラリー

　近年、センスメーキングにおける物語の役割にかなりの注意が向けられてきた。そうした動向は、Mitroff and Kilmann (1976) による先駆的な研

究，Fisher（1984）による体系的な論究，Polkinghorne（1988）によるサーベイ，そして人は論証的ないし範型的に考えるよりむしろ物語的に考えるというアイディアに関するBruner（1990）やZukier（1986）の魅力的な議論によるところが大きい。こうした洞察がなぜ組織理論家にとって重要かといえば，それはほとんどの組織のモデルは物語よりもむしろ論証にもとづいている（Weick & Browning, 1986, p.246）が，しかし組織のリアリティーのほとんどは物語にもとづいている（たとえば，Bantz, 1993; Boje, 1991; Orr, 1990）からである。これは，人びとが組織の生を意味づけようとする際足枷となる。なぜなら，解釈に物語を利用するための能力が，論証用にデザインされた構造によって抑制されてしまうからである。

センスメーキングにとって物語が重要であることは，次のようなRobinson（1981）による観察で明らかである。「帰納的に一般化していく人間の性向ゆえに，注目に値する経験が，経験則や格言やその他の行動指針にとっての経験的基盤になることが多いだろう。したがって，驚くような経験を物語るという行為は，予期せざるものを予期しえるもの，つまり管理可能なものに変えるための手段の一つなのである」（p.60）。物語を通して予期せざるものを予期しえるものへ変えることは，ゼロックスのサービス職員の間で交わされる物語についてのOrr（1987, 1990）の調査の主要テーマである。物語が"行動指針"として役立つという事実は，手掛り——それは行動によって明らかにされる——の解釈をフレームが促進することによって行動を導くという先の論点をもう一度簡潔に言い直したものである。

Robinson（1981）が，活き活きとした"語るに足る"面白い物語に言及するとき，物語は次の4つの点で共有されている経験則やよく知られているフレームと区別されると考えている：(a)記述されている行為は安直なものであってはならない，(b)その状況は，ルーティンなやり方では扱えない難題を抱えている，(c)さもなくば通常の連鎖をたどったであろう予期せざる事象が起きている，(d)状況の何かが語り手の経験にとって尋常でない。この種の面白い物語は，リアリティーのモデルないしフレームに対する脅威となる。つまり，面白い物語は恐怖と好奇心が混じり合ったものを引き起こす手掛りである。それらはフレームを更新するきっかけになるが，しかしその内容が途

方もなく新奇だと更新は難しいかもしれない。その活き活きとした物語が進行中の手掛りとなって新たなフレームが探索されるのは，そうした更新が困難なときである。

典型的な物語の要素は，「主人公，難題，その難題を解決しようとする試み，そうした試みの結果，そしてそれに対する主人公の反応」（Stein & Policastro, Robinson & Hawpe, 1986, p.112 に引用）である。人は自分自身の生を物語へと象るとき，さもなくば流動的なスープのようなものに形式的一貫性を押し付ける。物語性とは，「事象が完結的語り物の一つとして機能できることを示すことによって，事象を歴史的事実へと変換する」（White, 1981, p.251）一つの記述様式である。

人が自らの生を物語形式に置き換えるとき，その結果生まれる物語は経験をそのまま写し取ったものではない。経験はフィルタリングされる。物語内の事象は，再分類され秩序——通常その中で連鎖というか繋がりが創り出される——が与えられる（Zukier, 1986）。後知恵は観察された結果を必然的に導くような明確な連鎖を再構築するが，そのタイトな連鎖を構築するのに必要な編集は実質であることを想い起こされたい。それと同様に，個人の物語はまさしく編集の産物である。とはいえ，これは驚くべきことではない。なぜなら，自分自身の生の物語を作り上げる人は後知恵を用いているからだ。一般に彼らは，自分を導いた感じのする有力な因果連鎖を捜し求めるときに，回顧的に導いたと感じられるいくつかの出来事を採り上げる。物語は発見というよりも発明である。物語はフィクションの産物ではあるが，「思想のようなその他の産物がフィクションでないのと同様にフィクションではない。なぜなら抽象やスキーマ化や推論は，あらゆる認知的行為の一部であるからだ」（Robinson & Hawpe, 1986, pp.111-112）。

良い物語を生み出すことができれば，センスメーキングにもっともらしいフレームを提供することができる。物語は結果に歴史を付与する。物語は，経験の糸をその結果につながる一本の筋へと縒り合わせる。筋は，開始 - 中盤 - 終局という連鎖か，あるいは状況 - 変換 - 状況という連鎖をたどる。しかし，その連鎖が意味の源なのである。

物語とは，主題によって結び付けられ，時間に関連付けられた事象の連鎖のシンボリックな表現である。時間的関連がなければ，それは単なるリストにすぎない。主題の連続性がなければ，それもまた別種のリストにすぎない。電話帳はそうしたリストである。しかし，リストの第一の項目と第二の項目の間に"生めり"という言葉を付け加え，後の項目に"生まれし者"という言葉を最後まで挿入することによって，リストを物語的にすることができる。リストのほとんどに女性の名前がないとしても，それはある最小の宗教的物語に似たものになる。・・・連鎖を構成したり関連付けることができる事象の集合も，物語となることができる：たとえば，植物の成長段階，病気の進行，絵の制作，自動車の組み立て，自動車の解体，あるいは岩石の浸食がそうである。(Scholes, 1981, p.205)

連鎖化は，センスメーキングにとって強力なヒューリスティクスである。物語ることの本質はその連鎖化にあるのだから，物語がセンスメーキングにとって並外れて強力な内容であることは驚くべきことではない。物語によって，ある小さな領域で確立された明確性が，それほど秩序立っていない近接の領域にまで拡張され，押し付けられるようになる。物語は思考法として"スキャンダラス"な評価（Campbell, 1986）があるものの，人間は帰納をする傾向があることおよび意味が比較的容易に確立できること（必要なのは関係付けられる2つの要素のみ）を考えれば，物語の在庫の量がセンスメーキングにとって重要であることは驚くべきことではない。在庫の中の2つの物語が，何らかの形で結び付けられ，意味が生み出される。物語の集合だけでは意味を構成するものの3分の1に過ぎない。それは次の事件を待っている状態でしかなく，次の事件が起これば，物語の集合内の一つがその事件のある局面と結び付けられる。在庫の物語には筋目というものがあるので，古い物語と新しい事象との連結によって，結果を予測し，理解し，おそらくコントロールさえできる可能性が高まる（Sutton & Kahn, 1987）。

物語がセンスメーキングに対して果たすいくつかの機能はおおよそ以上の通りであるが，他にも付け足すべき機能がある。第一に，物語は理解を助ける。なぜなら，物語は，事象に関して憶測と既知とを統合するからである。

第二に，物語は，当初何の関係性もない単なるリストと思われた諸事象に因果の秩序を付与する。第三に，物語は，そこにない物事について語れるようにし，意味を生み出すためにそれらをそこにある物事に結びつけられるようにしてくれる。第四に，物語は，過去の複雑な事象を容易に再構築できるための記憶術である。第五に，物語は，ルーティンが定式化される前に行為を導くことができ，ルーティンが定式化された後でもルーティンをより豊かにすることができる。第六に，物語は，物事がどのように作用するかを推論できるようにする経験のデータベースの構築を可能にしてくれる。そして第七に，物語は，共有された価値や意味を伝えることで第三次コントロールを伝達し強化する（スクリプトは，標準実施手続のように機能する第二次コントロールである；Wilkins, 1983, pp.82, 84）。

最後の分析になるが，物語は，プロジェクトが中断されたときに生ずる混乱を診断し，抑制するので，センスメーキングにとって重要である。その2つの可能性を知るために，次のような物語を考えてみよう。われわれの仲間がディアブロ・キャニオンの原子力プラントで調査を行っていたある日，連絡道路上を猛スピードでフォード・ムスタングを運転していた建設作業員が運転を誤り，ピックアップ・トラックに追突した。車は炎上し，山火事を引き起こし，2時間後にやっと鎮火した。ディアブロ・キャニオンの周囲80エーカーが延焼した（『ファイヴ・シティーズ・タイムズ』——プレス・リコーダー, Arroyo Grande, California, August 16, 1985, p.3）。どの原子炉建屋にも被害はなかったし，どのコントロール・システムも機能は停止しなかったとはいえ，いずれも起こりえたのである。そうした可能性が常にあることを保存し暗示することこそ物語の機能である。

フォード・ムスタングが原子炉のメルトダウンを引き起こすなどまず起こりそうもないが，物語の中にその事件を保存しておけば，予期せざる事象がコントロール不能につながりうることをオペレーターに覚えさせることができる。その物語によって，発電プラント外部の事象が内部の事象に影響を与えうるという因果連鎖がよりタイトになり，人びとは，今ではこうした可能性に対して注意深くなっている。

"ニア・ミス"の物語には，事象間の結びつきがしばしば不確定で連鎖に

明確な始まりも秩序立った終わりもないような世界そのものよりも，よりタイトな一貫性があるものだ。起こりそうもない事象が錯綜し，複雑な相互作用を生み出すとき，多くの危機が生じる。物語に関して興味深いことは，それが信じ難い連鎖の"リハーサルになる"点である。物語が因果の結びつきの強さを強調するとき，それは複雑な世界におけるタイト・カプリングの作用をシミュレーションしているのである。たとえ言及されている事象がルース・カプリングであったとしても，その物語は次のことを暗示している：タイトに結び付けられた世界——それは危機状況で生じ，高い昂奮をともなう世界——ならば，これは起こりえることなのだ，注意を怠るな！と。

このように，物語は診断のための道具となる。しかしそれはまた，センスメーキングの妨げになる昂奮を抑えてもくれる。信じがたい結果を招きかねない複雑な相互依存性のただ中で人が働いているような組織では，センスメーキングの問題がとりわけ深刻になる（Perrow, 1984）。このような組織は，Perrowを含む多くの人が思っている以上に，広範に存在している。大規模に相互作用し合う複雑性がどのようになりうるのか，それは昂奮に関する先の分析をさらに木目細かくすることによってわかる。プレッシャーが高まるにつれて，人はタスクの中心面に焦点を絞り，周縁的でときに困惑させるような手掛りを無視し始める。この焦点化によって，人は中心的手掛りの逸脱にいっそう敏感に反応するようになる。この敏感な反応は，タスクの要素間の結びつきをタイトにする。プレッシャーがさらに高まると，人はタスクの中心的手掛りをも無視するようになる。キーとなる情報が失われるが，それはタスク要素間の何らかの相互作用が，忘れられたり，誤解されたり，無視されたりすることを意味する。徐々にタイトに結びつけられるようになっているシステムの中で複雑な相互作用が働き始める可能性は，このような見落しによって高められる。こうした相互作用は，もはや訳もわからぬまま急速に広がっていく。プレッシャーが高まるにつれ，次のような変化が生じる。第一に，ルース・カプリングがタイト・カプリングに置き換えられる。第二に，線型の変換システムが相互作用し合う複雑な変換システムに移行する。どちらの変化も，徐々に情報が失われていった結果もたらされる。そしてその原因は，Perrowがこだわったテクノロジーの複雑性のみなら

ず，人間の弾力性や注意力やセンスメーキングの限界である。

複雑性のエスカレーションが脅威になるとしても，物語は次のような点でそのペースを落としてくれる。物語はプレッシャーが高まってゆくペースを落とすことができる。また，物語はタスクを単純化することもできる。そして，タスクが単純化されれば，人はより大きなプレッシャーに耐えられるようになる。物語はまた，動転の要素を減らし，事前の警告としての役割を果たし，同時に，事象の重要性や逼迫性を緩和してくれる（McGrath, 1976）。こうした効果はすべて，プレッシャーを減らし，周縁的ついで中心的手掛りが見落とされるペースを落としてくれる。

物語は緊急時のプレッシャーを和らげ，センスメーキングを向上させるのに役立つが，緊急事態の防止にも役立つようだ。想像上の脅威は現実の脅威ほどプレッシャーを感じさせないと仮定してみよう。それが正しいとすれば，想像上の脅威は現実の脅威ほど"認知の"狭窄を招かないはずだ。したがって，想像上の脅威は現実の脅威よりも徹底的に"検討"されるし，より十全に理解される。想像上では，潜在的に重要な手掛りが止む無く見過ごされてしまうといったことがないという利点がある。

物語について検討すべきことも多いし，要求することも多い。しかし，少なくとも，活き活きとした物語は，センスメーキングにどうしても入り込んでくる根強いボキャブラリーであるという点は押さえておかなければならない（Wilkins, 1984）。おそらく，「それが私にある物語を思い起こさせる」（Brown, 1985）ことほどよく使われるセンスメーキング戦略はないだろう。この素朴なフレーズは，意味の単位を表している。現在の何かが，過去のそれとよく似た何かを私に思い起こさせる。調査屋が物語を帰納法の濫用とか重大な結論を導くための少数サンプルの不当な利用と批判するが，それはわからなくはない。しかし，そうした批判は当たらない。それはいくつかのことを見落としている。物語は，フレームの中の手掛りであり，そのフレームはさらなるフレームを生み出すことができる。イデオロギーやパラダイムや伝統は，抽象的なフレーミング原則によってではなく，その事例によってわかるものだ。あなたのイデオロギーは，と問われたら，人は確信のパターン——その中で事例が意味を持つ——を暗示する事例で説明し始める。フ

レームの見本となる物語と，物語を暗示するフレームは，センスメーキングの実質を有意味にする 2 つの基本形態なのである。

ま と め

　内容はセンスメーキングにとって重要な資源ではあるが，さらに重要なのはその内容の意味である。そして意味は，どの内容がどの内容とどのように結び付けられるかで変わってくる。内容は手掛り，フレームそして連結の中に埋め込まれている。これらがセンスメーキングの素材である。

　センスメーキング研究者は，イデオロギー，第三次コントロール，パラダイム，行為の理論，伝統そして物語を理解していなければならない。なぜなら，それらの内容は組織に染み込み，解釈を染め上げるからだ。これらの内容はどれも，どんな時でも待機している。それらのうちの 2 つが有意味な仕方で連結するとき，意味形成の瞬間が訪れる。その意味は内容と連結の関数である。したがって，センスメーキングの内容の資源にとって，固定した意味のようなものはない。しかし，内容の意味がシフトするからといって，ただそれだけで内容を無視したり，連結のプロセスにのみ焦点を当てる理由にはならない。つまるところ，センスメーキングとは世界についてのものである。そして，世界について主張されていることは，フレームに暗示されているラベルやカテゴリーの中に見出される。これらの言葉が表現し解釈する。これらの言葉が包含したり排斥する。つまり，言葉が重要だということだ。

第6章
確信主導のセンスメーキング・プロセス

　センスメーキングとは，小さな手掛りを広げることである。それは，小さな細部がまとまり，意味をなすようなコンテクストを探索することである。それは，予感を現実化する人びとの相互作用である。それは，特殊と説明との絶えざる交替で，サイクルごとに相互に形式と内容を付加していくことである。それは，特殊が一貫性を得，説明が徐々に正確な演繹を可能にするにつれて，信頼を築き上げていくことである。ここで連想されるイメージは，自分の持っているもので何とか間に合わせ，意見を述べ合い，しばしば直接的ないし間接的にお互いを模倣し合い（Porac 等，1989, p.400），少なくとも当面の間だけは何が起こったかをさも知っているかのように振る舞う人間の図である。彼らは，もし可能ならばの話だが，自分が創り出した意味は一時的なものでいつでも崩壊しうることを知っていて，お互いをチェックし続ける。そうしたプロセスの一貫性はどれも，主に2つの構造，すなわち確信（belief）および行為（action）のいずれかから生じる。

　まず，イデオロギーやパラダイムといったフレームの中に沁み込んでいて，人の気づくものや事象の展開とかに影響を及ぼす確信（Sproull, 1981）というものがある。確信は，自己成就的予言を生み出すとき，事象の展開に影響を及ぼす。センスメーキングの世界では，信ずることは見ることなのである。信じることは選択的に気づくことである。そして，信じることは，確信に実質を付与できる行為を導くことである。確信は人によって異なるので，関連しそうな確信の多様性や，気づかれるものの多様性そして予想されるものの多様性を削減しようとするときには，**議論（arguing）** を中心とし

た相互作用が通常生じる。また，センスメーキングが生じるとき，**予期**（expecting）を中心とした相互作用が通常生じる。自己成就的予言は，ふとした閃きによって世界に押し付けられた予期が奇しくももたらした副産物といった程度のものではない。そうではなく，予想，戦略計画，予測そして推定などに満ち溢れた組織を前提として考えると，自己成就的予言はどこにでもあり，人が未来を志向するときの巧妙なツールであることがわかるだろう。何が起こったかについて話し合えば合うほど，予期はより鮮明かつ確固としたものになり，予期そのものの正当性を証明する力を帯びるようになる。議論も予期も，センスメーキングにおいて確信に由来する規制を行うものである。

　しかし，センスメーキングにおける規制は，行為にも由来するだろう。センスメーキング・プロセスの一貫性は，信じていることより行ったことへのこだわりから生まれるものだろう。行為を軸に築かれるセンスメーキング・プロセスにおける規制は，組織が行為を生み出す活動システムであるという基本的事実からもたらされる（たとえば，Starbuck, 1983）。組織の公の顔は，目標を達成するために設計された合理的システムというものであるが，組織は，行為が不明確であったり，適切に合理化されていなかったり，（極端な逸脱が生じたときにのみ知覚されるのだが）ルースに結びついたシステムでもある。さらに組織では，偶然や，幸運（Peters, 1992, pp.612-614），アクシデント，信頼そして運命といったものが，依然として影響力を持っている。その結果，公式システムとしての要請とは無関係に雑多なシグナルに応じて展開するかなり勝手な行為が見られる。その原因は種々あるだろうが，こうした勝手な行為は影響力を持っている。行為は痕跡を残す。それは人びとやモノや予期を変えていく。そして，それはセンスメーキングしなければならないパズルを残す。こうした行為は，人びとが自分の考えていることを発見するために知る"発話"をもたらす。センスメーキングは，確信よりもむしろ行為から始まる。奇妙な話だが，この「考えてから行為する」から「行為してから考える」へのレシピの一見非合理に見える逆転は，結局「見ることは信ずること」というきわめて合理的なレシピに戻っている。人は，自分の見ているものが自分自身の過去の行為からもたらされた結果であ

るという点に気づいていない。彼らが見ているものは彼ら自身が作り出したものなのである。この連鎖は自己成就的予言とよく似ている。もっとも，そこでは予言が主導しているのではなく，結果が予言を探し求めているのだが。

　センスメーキングを行為とその結果から始まると考える人には，その行為は何を意味しているか，という問題が生ずる。当然のことながら，彼らにあっては，行為を無視することはできない。また，行為の発生は過剰決定されているので，単一のどんな思考ないし確信がその行為を生み出したのかはすぐにはわからない。そのため，適切かつ自尊心も保てるような説明のできるコンテクストが探索される。行為に由来するセンスメーキング・プロセスは，**コミット**（committing）と**操作**（manipulating）を専らとする。コミットは，責任のある行動の説明に焦点を置いた解釈と関連がある。そして操作は，さもなくば不安定であったであろう一群の事象を安定化することと関連があり，そうすることで事象の説明がいっそう容易になる。操作は，知覚する者へ作用するというよりも世界そのものに作用して，知覚される世界を単純化することに関連がある。

　要約すると，たとえセンスメーキング・プロセスが捉えどころのないものだとしても，人が進行中の流れにフレームを当てがい，手掛りにそのフレームを結び付けて意味を得るとき，少なくとも4つの方法があるようだ。センスメーキングは確信から開始することができる。そのときには，議論と予期という形がとられる。あるいは，センスメーキングは行為から開始することができる。そのときには，コミットかあるいは操作という形がとられる。これら4つのケースにおいて，確信のであれ行為のであれどこから開始してもよい。センスメーキングとは，確信と行為を互いにより緊密に結び付けようと努力することであり，たとえば，議論が行為へのコンセンサスを導き，明確な予期が行為を確認するための地ならしとなり，コミットすることでその行為の発生の正当性を明らかにし，大胆な行為が世界を単純化し，いま生じつつあることや，それが何を意味しているのかをより明確にするといった具合である。これらのいずれのケースにおいても，センスメーキングは，確信であれ行為であれどちらか明確なものを取り出し，それを明確でないものに

結び付けることにかかわっている。こうしたことが，センスメーキングの根本的作用である。2つの要素，つまりある確信とある行為が関係づけられる。関係づけの活動がセンスメーキング・プロセスである。そのようなプロセスからもたらされるものが，意味単位，つまり2つの結び付けられた要素である。そして，その結び付けられた要素は，社会的に意義あるように結び付けられた確信と行為である。

本章では，確信主導のセンスメーキング・プロセスが，次章では，行為主導のセンスメーキング・プロセスが論じられている。

議論としてのセンスメーキング

本書においてこれまでもっとも多く言及されてきたセンスメーキングのプロセスは，次のレシピにうまく表されている，「何を私が言うかを私が知らずして何を私が考えているかを私がどうしてわかろうか？」。このレシピでは，言うことの後に知ることが続き，そして考えていることで終わる。しかし，このレシピは不完全である。レシピはわかるという行為で終わっているが，そのわかり方の運命がはっきりしないのである；考えていることが，確認されるのか，論破されるのか，拡張されるのか，他者を改悛させるために使われるのか，放棄されるのか，自明視されるのか。またそのレシピは，基本的にモノローグで，一人よがりの色が濃いので不完全である。人はそれぞれ自分の考えていることを知るが，だからといって，別の関心を持つ他者も同じものを知ったり，同じように考えたりするわけではない。また，自分の思考が包括的で，あらゆる異議を予想しているわけでもない。回顧的なセンスメーキングが非常に説得的で妥当だと思われている理由は，それが後知恵のバイアスがすでにかかった評価者によって理解されるものだからで，あらかじめ矛盾が生じないようになっているからなのである。

しかし，組織におけるセンスメーキングは，そのセンスメーキングのレシピが示すような整然とキチンとしたものではない。「人びとが上品な会話を交わしているような高尚な会社」(Billig, 1989, p.231) での理解行為から

組織のセンスメーキングが成り立っていることなどめったにない。それより
も，「われわれは，特定の時と場所で何らかのオーディエンスに向けて常に
議論している」(Mailloux, 1990, p.134) というのが，より一般的な相互作
用の形態である。議論はセンスメーキングにおいてよく見られるということ
を特に銘記していただきたい。というのは，コンフリクトや支配や矛盾が，
解釈的な観点からは抜け落ちていると感じられている研究者が一部おられる
からである（たとえば，Burrell & Morgan, 1979, p.31）。しかし，センス
メーキングという行いには，逸脱的で，敵対的で，アンバランスな力がいた
る所に織り込まれているということはすでにわれわれの見てきたところであ
る。

　組織的センスメーキングでは議論が中心的であるという点は，いく人かの
人が指摘している。このテーマは，Tompkins (1987) の組織研究全般の修
辞学的説明の核であった（Tompkins, Tompkins, & Cheney, 1989）。
Cohen, March and Olsen (1972) は，「問題解決や意思決定のためのみな
らず，議論や解釈のためでもある一群の手続きとしての組織」(p.25) を論
じている。キューバ・ミサイル危機での意思決定に関するAnderson (1983)
の分析は，次のアイディアを中心に組み立てられている。すなわち，「目標
は，正当化や適法性が重要な役割を演じる場での議論やディベートがからむ
社会的プロセスを通して発見されるものである」(p.214)。この社会的プロ
セスは，異議による意思決定として記述されている。Hage (1980, p.280)
によれば，権力闘争は組織が利用しうる情報の質を高めるとのことである。
なぜなら，各派閥が他の派閥の情報に挑むからである。同じようなテーマが
Huff (1988) の小論の中にも見られるが，そのタイトルは本節の要点をう
まく表したもので，『あいまい性と変化に対処するための手段としての政治
と議論』であった。Huffは，人びとが互いに反論し合い，その中で新しい
戦略的アイディアを明確にしていくとき，組織内の政治的な相互作用が「自
然な弁証法」(p.84) を生み出す様子を明らかにしている。こうしたことは，
Schmidt (1991) が"論争的協働"として組織的センスメーキングを記述す
るとき，もっとも的確に捉えられているようだ（論争的協働の優れた事例に
関しては，pp.88-96; Mirvis, 1985を参照のこと）。

議論は，2つある確信主導のセンスメーキング・プロセスの少なくとも一つの形態である。議論がどのように展開するかを把握するためには，議論の特質を理解しておかなければならない。**議論**という言葉自体には，個人的側面と社会的側面の両方がある（Billig, 1989, pp.44-45）。その個人的側面は，推論された言説の何らかの断片の主張であり，議論の社会的側面は，推論の連鎖ではなく人と人との間の討論である。Billigは，これら2つの側面が事実上関連のあることを指摘しており，その点は，議論に関するBrockriedeの分析を後に検討するときいっそう明確にされるだろう。

Billigにあっては，推論された言説の断片が人と人との間の討論を必然的に生み出すのは，プロタゴラスの公理にもとづいているとされる。その公理とは，あらゆる問にはまったく正反対の2つ立場の論議が存在する，というものである（Billig, 1989, p.41）。したがって，意見の個人的表明はどれも，潜在的に論争的なもので，他の人が反対の主張をする社会的議論の潜在的な一部なのである。Starbuck and Milliken（1988）は，社会システムにおける対立的プロセスに関して論じる中で同じことを述べている。彼らは次のような事実を事例として挙げている。法律がある事業を禁じれば，その事業をうまみのあるものにしてしまい，戦略的決定は競争者のつけこむ隙となり，差別をなくそうとすると逆差別が生じる。そのイメージは，Lewin（1935）の準定常的均衡とよく似ているが，センスメーキングへの意味合いという点では異なる。

そのような［対立的プロセスの］世界にいるので，もののわかった人は，互いに相容れない無数のセンスメーキングのフレームワークを持っている。これら無数の枠組みは，実り豊かな解釈の場を創り出してくれる――最初の枠組みで失敗したとしても，それとまったく正反対のものを試したり，異なる要素を強調するものを試したりすることができる。かように，意味とは概して安直かつ，簡単に見出すことができるものである。もっとも離婚とか愛する人の死といった重大な悲劇に直面し・・・それが"成長経験"になることがよくあるが，そのときは別である。人は，自分がほとんどの状況をともかくも意味づけできるとの自信を持っているし，事実で

きる。(Starbuck & Milliken, 1988, p.59)

　個人的推論は社会的論争の中に沁み込んでいる。そして，その論争の展開こそ，われわれがいうところの議論であって，そこでセンスメーキングが行われるのである。論争は推論された言説の断片から始まるので，議論が確信主導のセンスメーキングと呼ばれる。社会的議論に関して注意すべき点は，その言葉が日常用いられるときに暗に意味されているような，敵意とか昂ぶりといったニュアンスを必ずしも含んでいないということである（Billig, 1989, p.84）。社会的議論は，どの立場をとってもつきまとう矛盾をむき出しにするディベートである。また，情報の応酬は過熱しやすく，事実そうなることが多い。とはいえ，「議論が必ずしも怒りの空気の中で行われるわけではない。怒りは実際にディスカッションとしての議論の妨げになるだろう。・・・ふくれっ面やバタンとドアを閉めることは，まぎれもなくディベートの，そして議論の打切りを意味する」（Billig, 1989, p.84）。怒りは議論の妨げとなるが，それは単にコミュニケーションをできなくさせるばかりではなく，昂奮のために，注意の範囲が狭められることで議論の質を落としてしまうからである。

　議論の性質，そしてセンスメーキングでのその役割に関する最も明確な記述の中でも，故 Wayne Brockriede の研究がすぐれている。彼は，議論とはあるアイディアから別のアイディアの選択への移行を理屈づけるプロセスであると言う。彼によれば，議論は一般的に次の5つの特性によって特徴づけられる。

　(1)既存の確信（ここから始まるので議論は確信主導だと言われる）から新しい確信の採用ないし古い確信の強化にいたる推論の跳躍，(2)その跳躍を正当化する認知的根拠，(3) 2つないしそれ以上の競合する主張からの選択，(4)選択された主張とそれにともなう不確実性のバランス――推論の跳躍がなされたので，何ほどかの不確実性が発生する，(5)その主張によって同僚と対立するリスクを進んで引き受ける意志。(Brockriede, 1974, p.166)

Brockriede（脚注5, p.166）は，議論として何が欠けているかを調べるためのチェックリストとしてこれら5つの特性を扱ってはならないと言っている。彼は，これらの特性を議論という像を描く相互に関連する5つの次元と見なしている。したがって，センスメーキング行為がなされるとき，その行為は，機能の点から見て，非議論から完全議論にいたる連続体のどこかである。センスメーキング行為を検討するには，その5つのどの次元からも始められる。組織におけるセンスメーキングというわれわれの目的からすると，Brockriedeいうところの第五の次元，つまり対立から"始まる"ことが多い。組織のセンスメーキングでは，「評論家的だが議論する人は，自らの判断やその理由にある程度の間主観的信頼を確立しようとする」（p.167）。しかし，対立という事実だけで，センスメーキングが議論という形をとっているわけではない。それは，他の4つの次元でそのとき何が生じているかにかかっている。

記述（description）や分類（classification）といった行為についても言えることだが，回顧的センスメーキングのような評論（appreciation）の行為は，議論の形をなさないだろう。これら三種類の行為はどれも，議論の5つの属性すべてを満たすことがない。評論家が好き嫌いの理由を説明できず，その評価の跳躍が称賛しうるか否かを判断するための基盤が何ら聞き手に与えられないことがよくある。反対に，

> 彼が，自分の依拠している哲学的ないし理論的基盤と判断に用いた基準を明確に述べるとき，そしてその修辞的経験が基準を満たしているか否かを示すデータを提示するとき，彼は議論したと言える。というのは，読者は以下の何種類かの選択ができるからである：彼はそのデータを受け入れたり拒否することができる，その基準を受け入れたり拒否することができる，その基準の哲学的ないし理論的基盤を受け入れたり拒否することができる，そしてデータと基準を結び付ける推論の跳躍を受け入れたり拒否することができる。（Brockriede, 1974, p.167）

記述や分類も議論ではなく，情報的にはさほどのものではない。「人が記

述から学ぶのは，単にあるデータが利用可能であるということ，そして可能ならば読者はそのデータを学習しうる何か別のものに編集できるかもしれないということに過ぎない。人が分類から学ぶのは，さまざまな種類のデータをさまざまな種類の容器の中に放り込むことができるという何の変哲もない話である」(Brockriede, 1974, p.173)。「意義ある議論を提示も暗示もしない記述屋は，記述の正確性のみを問題としているに過ぎない。意義ある議論を提示も暗示もしない分類屋は，カテゴリーの適切性やデータ分類の適切性以外に，何の問題も読者に提起しない」(p.174)。

評論，記述それに分類よりも，むしろ説明 (explanation) を示してくれる人の方がセンスメーキングにとってより大きな助けとなる。説明は，具体的な経験とより一般的な概念とを結び付けることで意味を創り出す (p.170)。この結合は帰納的な作業となろう。「適用すべきアイディアや採用すべき多様なパースペクティヴでいっぱいの頭でいかなるア・プリオリなカテゴリー体系にもとらわれずに，彼［説明という手段で向き合う人］は，自分が分析しているものを見，批評対象を理解する上で最高の助けとなるパースペクティヴやアイディアを選択する。こうした選択をした後ようやく，彼は自分の説明の説得力について議論することができるようになる」(p.171)。説明を展開したり批判する過程で，新しい説明が発見されることがよくあるが，それこそ，議論が適応的なセンスメーキングを生み出すことのできる理由なのである (p.172)。

議論と呼ぶにふさわしい説明が提示されてはじめて，聞き手は向き合うということができる。もし聞き手が「批判者の議論を否定しようとしてそれに失敗したなら，その議論の間主観的な信頼性は高まる。もし聞き手が批判者の議論を否定できたり，疑義を呈することができれば，その議論は放棄されるか修正されなければならない。議論とその反対議論との向き合い過程から，より信頼できる理解が生まれるのである」(Brockriede, 1974, p.174)。

Brockriede が仮定している読者と批判者との間の相互作用は，James の決定不能に直面したときの熟考についての研究 (1890/1950, Vol.2, p.529) や，Mead (1934) の他者の役割取得に関する研究の中で明らかにされたように，内面化することもできる。両者の研究において，人は自分自身に疑い

を投げかけ，提案者と批判者のどちらの役割もできることが明らかにされている。

　議論とは別のダイナミクスに依拠するセンスメーキング・プロセスがあるのを知っておくことは重要である。いまここで述べているのは，議論という手段によるセンスメーキング・プロセスで，それはBrockriedeの基準を満たし，彼のいう連続体の一方の端の完全議論の方向でのものである。しかし，連続体のもう一方の端の非議論の方向でのセンスメーキング・プロセス，たとえば物語によるプロセス（Weick & Browning, 1986）もまた，センスメーキングの強力なツールなのだ。しかも，それらの説明力の源泉は，確信主導の議論とは別のところにある。

　これまで論じてきたことにもとづいて，議論のプロセスそのものをより詳細に見てみたい。もし，会議で日常的に生じる少数派と多数派の相互作用として議論を操作化できれば，議論がどのようにセンスメーキングの助けとなるかについての理解がいっそう深まるだろう。

　社会的影響プロセスに関する研究（たとえば，Nail, 1986）によれば，人は多数派の見解に沿うように自分のそれを改めていくとのことである。とはいえこの結論は，人は少数派の見解に自分のそれを近づけていくこともあると論ずる研究（Wood, Lundgren, Ouellette, Busceme, & Blackstone, 1994）が増えてきたことで，再検討されている。この後者の研究はセンスメーキングの研究にとって重要で，それは少数派が自分たちの主張を展開するときには，多数派がそうするときよりも，多様な思考プロセスを誘発するからである。そして，こうした多様な思考プロセスが，事象に対して多様な意味を創り出すのである。

　少数派と多数派の影響力の違いに関しては，Moscovici（1980）による優れた研究がある。彼は二種類の社会的行動が存在すると論じた。一つは追従（compliance）で，それは影響力を公的に受容しはするものの私的には受け入れないというものである。もう一つは転化（conversion）で，それは公的な受容をともなわない私的な受容のことである。そして彼は，多数派は追従を介して影響を及ぼし，少数派は転化を介して影響を及ぼすと論ずる。多数派が影響を及ぼそうとするとき，注意がメッセージの源に向けられるので，

多数派のメッセージは情報処理がほとんどされることなく受動的に受け入れられる。しかし、もし信頼できる少数派から別の判断が示されたなら、聞き手は能動的に情報を処理し、議論とその反対議論を起こすようになるだろう (p.214)。少数派の判断を聞いた人は「リアリティーに焦点を置く」(Moscovici, 1980, p.214) ようになるが、それは、少数派がいかにしてそのような見解をかくも自信をもって主張しえるのかを理解しようとすることを意味する。この疑問に答えるために、聞き手（多数派に属する人びと）は、彼ら自身のさまざまな判断を検討し、それぞれを確認し正当化するための対応を検討する。こうした態度にはハッキリ割り切れるものはほとんどないし、「態度とは本質的に終わりなき営み」(Billig, 1989, p.252) であるために、一つの判断に再度達するときでさえも検討プロセスは続行されるのである。そして、個々人がもはや多数派の言うことを鵜呑みしなくなったとき、少数派の見解の影響力は増大する。これによって転化が、すなわち公的な反応よりも私的な反応に大きな変化がもたらされるだろう。

　こうした考え方は、さまざまな人たちによって研究されており、Tanford and Penrod (1984)、Maass and Clark (1984)、Maass, West, and Cialdini (1987)、Nemeth (1986) によってレビューされている。ここでは Nemeth の研究に焦点を当てたい。というのは、それが少数派と多数派によって生み出される思考の質的な差異に関してもっとも明確に論じているからである。Nemeth にとっては、人びとが少数派の見解を考慮するのに多かれ少なかれ時間を費やすことが問題なのではなく、少数派が提起する問題と多数派のそれとに対して人びとが異なった仕方で考察するということが問題である。

　多数派は自ら提出した見解に注意を集中させる傾向があるが、少数派は他の代替案（その多くは提起すらされていない代替案）を考慮するよう刺激する。対立する少数派の見方を聞いた人は、認知的努力をより多く払い (Nemeth, 1986, p.25)、状況のより多くの側面に注意し、そのためさらに多様な思考やいっそう真新しい解決案や決定を生み出すのである。多数派の見解を聞いた人は、多数派の見解に適う刺激に焦点を当て、より収束的な考え方をし、真新しい象りに気づくことはあまりない。

こうした推測の理論的前提は一部，昂奮の作用にもとづいている。もし多数派に疑問を抱くとしたら，昂奮のレベルは高くなる。疑問を抱いた人が，高度の昂奮にさらされるため，手掛りの数は少なくなり，その数少ない手掛りは多数派の見解の手掛りである。そのため，思考は収束していく。少数派に疑問を感じてもそれほど昂奮しない。そのことは，より多くの手掛りが，人びとのセンスメーキングの中に組み込まれ，より多様かつ独創的な仕方で結び付けられることを意味する。したがって，少数派の影響があれば，さまざまな観点がより入念に考慮される可能性が高くなろう。少数派の観点がまったくナンセンスなので，人は公的にはその少数派の観点を放棄する気になるものの，私的にはどうしてあの人はそこまで間違っていられるのか，そして私の見解がどうして正しいのかと自ら問うようになる。このやっかいな疑問に答えるためにあれこれ思考するが，そのためより問題志向的で能動的情報処理が行われるようになる。ここで重要な点は，強力で一貫した少数派の見解を聞いた人は，少数派のその明確なメッセージについて考えるのに多くの時間を費やすということはない。そうではなくて，彼らはより多様な思考をするようになり，その思考は少数派によって提起された問題との関連をあくまで保ちつつ，少数派のメッセージを越えるようなものになるのである。

少数意見の提示によって，思考はより広い範囲に及ぶようになる。そうした思考にはより多くの手掛りが組み込まれるので，センスメーキングは，より安定し，より説得的で，より否定しがたいものになる。一言で言えば，少数派の影響はより良い議論をもたらすのである。それとは対照的に，多数派の影響は初めから収束的である。見慣れない手掛りは気づかれなくなるが，それは多数派の状況の定義が狭い枠内で意味を持つに過ぎないことを意味する。状況の定義にある諸々の欠陥は見落とされるが，それは多数派の見解が突然，理解不能で信じがたいものへと崩壊しうることを意味する。理解不能性は，もともと存在してはいたが（プロタゴラスの公理を思い出してもらいたい）無視されていた矛盾した手掛りから発生する。人が定義の中にそれらを包摂しえなかったとしても，これらの手掛りはその状況の中で影響を及ぼし続けている（過剰決定）。こうした影響力を見過ごし続けるという事実に

よって，複雑な相互作用が理解不能になる確率は高まる。

　強力な少数派に応じて形成された状況の定義は，理解不能な場面に遭遇することが少ないだろう。また，センスメーキングが Brockriede の議論と呼ぶにふさわしいものとなるとき向き合いが非常に重要となるが，異議を唱える少数派の考えが奨励されればそうした向き合いはいっそう生じやすくなる。

　少数派の影響力が，より多様かつ能動的で，刺激により多く焦点を置くような考えを生み出すのだが，その影響力の何が作用しているかについては，Nemeth よりも Maass 等（1987）のほうが明確である。彼らによれば，少数派はより多くの注意を引きつけ，より深い認知的処理を引き出すが，その理由として以下の点を挙げている。

　(a)少数派は**目立つ**，それゆえ彼らはより多くの注意を引きつけ，より極端に評価され，彼らのメッセージはより長い間，そしてより正確に記憶される。(b)少数派は**ア・プリオリな信頼性**が低い；彼らは間違っていると見なされているので，人びとは彼らの意見が社会的に妥当でないことを際立たせる刺激に注意するように動機づけられるようだ。つまるところ，信頼できないものに同意できなくとも，さほどストレスは感じない。昂奮は程々なので，関連する手掛りがより広範に留意される。(c)少数派は多数派からの相当な**社会的プレッシャー**に晒される；もし彼らが集団的プレッシャーにも負けずに首尾一貫していれば，人びとは彼らのメッセージを入念に考慮するよう動機付けられる。この社会的プレッシャーは，追従を抑えて転化を促進する働きがあるように思われる。(pp.71-72)

　しかしながら，組織内で大部分の議論が生じる場，すなわち会議（meeting）について何も語らないとしたら，議論としてのセンスメーキングに関するわれわれの考察は不完全との誹りをまぬがれないだろう。Huff（1988）が，会議を「組織化された活動の前提条件となる共通の焦点」(p.87)をもたらす決定機会として機能する計画化された引金的事象として論じるとき，議論と会議との緊密な関係が暗示されている。

第6章　確信主導のセンスメーキング・プロセス　191

　会議は，話し合いという作業が行われる単なる場ではない。会議に関するSchwartzman（1987, 1989）のすばらしい研究の中で，優れた見解が示されている。それは，「会議とは，実体としての組織を発生させ維持させる形式**そのもの**と言える」（1989, p.86）というものである。その前段で，彼女は次のように述べている。「会議は，個々人に活動を指示し，その活動とそれらの相互関係とに意味を付与する方法を提供することで，組織を発生させ維持させることを可能にする」（1989, p.11）。Huff が，会議は"組織化された活動の前提条件となる共通の焦点"を生み出すと論じたときにも，それと同じことが暗示されていた。Schwartzman にとっては，会議は組織化された活動そのものである。それは前提条件などではない。まさに正反対であって，その他のあらゆる組織化された活動が存在するからこそ，人は会議することができるの**である**。このことについて少しばかり見ていこう。
　会議を定義すると，それは

相互作用を明確な仕方で組織化する一つのコミュニケーション事象である。きわめて具体的に言えば，会議とは，組織ないし集団の運営に密接に関連した目的で，たとえば，アイディアや意見を交換したり，政策や手続を作成したり，問題を解決したり，決定を下したり，賞罰を定めるなどのために，話し合うことに合意した三人ないしそれ以上の人びとの集まりである。会議の特徴は，多様な関係者たちが交わす本質的にエピソード的な会話にあるが，参加者たちはこの会話を調整するために特定の慣習を開発したり利用したりする。・・・会議の形式は，その中で生じる行動を，当の集団ないし組織や社会の"ビジネス"ないし"仕事"に関わるものとしてフレーミングする。（Schwartzman, 1989, pp.61-62）

　会議と議論はともに進む。というのは，Schawartzman（1987）が述べているように，「会議はセンスメーカーである」（p.288）からだ。この言葉で彼女は，会議が社会的関係のみならず社会的実体をも規定し，象徴し，再生産すると見なしている。人はこのセンスメーキングの形式を利用し，利用される。「会議は，それ自体**小さな**組織でありコミュニティーであるので重要

である」(1989, p.288)。会議で生じる行為が組織的行為であるので、そこに組織は実際にあると言えよう。瞬間瞬間とはいえ、少なくとも会議の間は組織が存在している。そして、この存在は、会議が行われるたびに、再生されるのである。会議中に交わされた会話が、メモや覚書、レポート、記録の中に客体化されると、その存在はより実質的なものとなる。さらに言えば、会議は意思決定を促したり、政策を策定するとき役立つ形式にとどまるものではないと主張できるだろう。逆に、

> 会議での会話イコール組織的行為なのである。・・・意思決定や政策、問題解決などは会議がなすことでは**ない**。そうではなく、見方を逆転させて、意思決定や政策、問題および危機のなすことが会議なのである。この見方からすれば、意思決定、政策、問題そして危機が生じるのは、それらが会議を生み出す**から**であり、前に論じたように、ある社会システムにおいて"組織"を生み出すのは会議である。(Schwartzman, 1987, p.288)

Schwartzman (1987, p.313) は、会議を組織のゴミ箱モデル (Cohen等, 1972) でことさら論じられることのなかった"箱"になぞらえている。人びと、解、問題、課題や喜びそして痛みといった組織のゴミが一緒くたに混ぜ合わされ、何らかの形式を整えることができるのは、そこに意思決定ではなく会議があるからである。無秩序を組織化するのは、会議において「これら諸々の事象を構築し、イナクトし、解釈し、再解釈する」(Schwartzman, 1987, p.313) からなのである。

Huff (1988, p.88) もまた独自にこれと同じような見解に達している。彼女によれば、繰り返される予算編成や計画策定会議といった決定機会は、コントロールされないゴミ箱的意思決定などではなく、人びとや解や問題が相互作用し合える定期的な機会となる政治的システムの一部なのである。「非常に多様な利害、要求、解そして問題が一つの決定機会で結びつけられるのは組織のなせるところである。会議の構造や決定機会のスケジュールは、ここで言う政治に役立つだけでなく、それ自体が政治となり、その構造によって意見の相違が調整され融合されるようになるのである」(p.88)。

会議が召集され，少数派と多数派が生まれ，その中で，意味を創造する基盤が創造される。この基盤にもとづいて，「矛盾の精神」(Billig, 1989, pp. 223-256)のみならず，良き議論や弁論，多様な思考などが生み出されるが，それらが生じる頻度は基盤によってマチマチである。センスメーキングといえば共通理解を強調するきらいがあるので，組織的センスメーキングは共通のベースや調和の精神を求めると安易に仮定してしまう。しかし，それは単純に過ぎる。少なくとも，プロタゴラスの公理は次のことをわれわれに語っている。共通のベースを探し求める動機があるのなら，矛盾したり，反論したり，議論したり，他者のカテゴリーに抵抗したり，たとえ少数派であっても自分自身の見方を主張したりする動機もまたあるのだ，と。たとえ注意されることが少なくとも，矛盾の精神はまさしくセンスメーキングの一部である。Billigが指摘するように，どのような態度の表出も，それが表出される状況によって変わる。これは，「態度は本質的に終わりなき営み」(p.252)であることを意味する。態度のこの不安定な性質は，不確実性によって意識的情報処理が引き起こされるまで表に現れない。こうしたことが生じたとき，意見の相違，少数派そして多数派が会議で顕在化して，人びとは議論し，自分たちが直面しているものに新たに意味を付与する。

それこそ，議論がセンスメーキングの一つの重要な源泉である理由なのだ。

予期としてのセンスメーキング

センスメーキングとは，手元にある資源でなんとか間に合わせるというプロセスである。これまで，確信が議論のうちに込められているとき，それが重要な資源になるということを見てきた。議論がセンスメーキングの支配的形態であるとき，たたき台としての提案に含まれている薄弱な状況の定義でさえ，発案者が批判を受けるたびに，徐々に精緻化され強化される。この"自然な弁証法"が綜合や勝者を生み出すと，センスメーキングが生じる。

またEden (1992) が非常に見事に論じているように，確信は，解釈を導

き対象事象に影響を与える予期（expectation）の中に埋め込まれているときにも，重要な資源になる。われわれが存在論のツールとしての信頼と仮説について論じた中で，すでにこのプロセスがほのめかされていた。議論にくらべ，予期は確信をそのまま維持する傾向がある。人は予期に反論したり否定したりするよりも，それを確認したがる傾向がある。予期によるセンスメーキングの核となる確信は，推論によって保証される決定合理性の確信というよりも，もの珍しく印象深いが保証の限りでない行為合理性（Brunsson, 1982）の確信のほうにむしろ近い。

　手短に言うと，予期は議論がそうであるよりも指示的なのである。予期は無骨な手で物事を処理するので，インプットは強引にフィルタリングされる。それによって，正確性の問題とか，社会的構築の限界といった諸々の問題が生ずる。こうした問題をより深く理解するために，まず Bruner や James そして Merton による予期に関する記述を見てみよう。

　予期がいかにセンスメーキングを促すかということについては，少々長くなるが，Bruner（1986）からの引用によっておおよそ察せられよう。

　神経系は，いわば世界の進行よりもほんの少し先行する世界のモデルを保持している。われわれの出くわすものがそのモデルの予想する状態と一致しているときには，われわれは注意力を少々緩めたり，どこか別のところに目を向けたり，さらには眠ってしまうことさえあるだろう。予期を破壊［中断］するようなインプットを与え，神経系を警戒態勢にまで高めてみよう。そのとき，あらゆるインプットは，環境から生み出された刺激としてだけでなく，神経系が予期しているものと一致しているか否かを表す指標ともなるだろう。そして，すべてが予期と一致すると，われわれはそれに慣れきって，気づくことを止めさえするかもしれない。ちょうど，われわれが，着衣感や眼鏡のレンズのほこりに普通気づかないように。人間の知覚に関する研究は，この深層の原則がわれわれの知覚系をいかに強く制約しているかを明らかにしている。閾，つまり客体ないし事象を見たり認識したりするのに必要な時間やインプットの量は，予期に強く左右される。事象が予期されていればいるほど，より容易にそれを見たり聞いたり

することができる。・・・われわれは自分の予期にしたがって世界を構造化しているので，知覚は何ほどか世界の一つの装置である。さらに，見たり聞いたりするものを予期したものにできるだけ合致させようとするのも，複雑な知覚プロセスの特徴である。・・・知覚者は，抽出可能なものならどんな断片でも刺激インプットから取り出し，もしこれらの断片が予期と一致すれば，頭の中のモデルから残りの部分を読み切る。(pp.46-47)

手掛り（Brunerの引用文では"断片"）が予期と結び付けられるとき，意味の単位が形成される。そして，予期は手掛りの意味を検証したりさらに肉付けするのに使用される。この付加された意味は新しい手掛りに照らして試される。もし予期が十分に正確である（満足できる）ならば，人は自分の下した状況評価に自信を持ち，それを状況の定義として扱う（Klein, 1989; Noble, 1993）。このプロセスは，頭の中のモデルから残りの部分を読み切ることとしてBrunerが述べたものとよく似ている。

さらに，Brunerの論述で注目に値するのは，あらゆるインプットが予期と比較されるという観察である。それは，制御理論をセンスメーキングや知覚の問題にまで拡張したPowers（1973）の優れた研究の核でもあった。予期された事象はすばやく処理されるので，適応的行為をするための時間的余裕を与え，意識的処理に注意を振り向けられるようにしてくれる。

Brunerはまた，複雑な知覚プロセスでは，見るものを予期したことに一致させようとする傾向があることについても論じている。正確性ともっともらしさの問題は，ここから始まる。センスメーキングは，正確性と同じようにもっともらしさや一貫性とも関わりがあり，予期の無骨な手が災いだけでなく恩寵にもなりうる理由はそこにある。この点を正しく理解するために，予期に関するJamesの記述に耳を傾けてみよう。「ある程度の強さと質を有する感覚についての予期がキチンとしていれば，感覚の点で実際にかなり欠けている対象でもはっきりと見たり聞いたりできるだろう」（Stephan, 1985, p.604の中で引用）。予期の指示的な性質に関するJamesの記述は，それがセンスメーキングにおける不正確性の源泉になりうることを暗示している。というのは，予期はインプットをフィルタリングするからである。し

かしそのフィルタリングを誤りとして考えるか、あるいは相互作用の目標を反映したものと考えるかは、理論家の目的による。

　予期の形成と活用がセンスメーキングにとって重要なのは、まさに予期が強力なフィルターとして作用しうるからである。部外者から見れば、強固な予期の対象となっているものは、その諸々の性質の多くが見過ごされてしまうとの意味で"きわめて不完全"でしかありえないと結論付けられるだろうが、知覚者本人はその強固な予期を押しつけながら、彼ないし彼女自身の目的にとって十分明確な領域を構築し（Snyder, 1984）、したがって十分正確なのである。

　予期およびセンスメーキングでの予期の役割に関して何が重要かといえば、それが自己修正しうるということである（Jussim, 1991）。事象が予期から外れているようなときには、予期だけでなく事象それ自体までもが調整されるのである（Rothbaum, Weiss, & Snyder, 1982）。相互調整が可能であることは、自己成就的予言の研究でほのめかされているものの、センスメーキングにとって重要な知見である。しかし、この自己成就的予言の知見は、これまでの自己成就的予言の研究から通常引き出されるようなものではない。自己成就的予言に関する教科書的な物言いは次のようなものであった：「自己成就的予言とは、もともと誤っていた概念を本当に実現してしまう新しい行動を引き起こすような誤った状況の定義から始まる。自己成就的予言のこうした見せかけの妥当性は、誤謬の支配を永続させてしまう。なぜなら、予言者は一連の現実の事象を、自分が初めから正しかった証拠として持ち出すからだ。なんという社会的ロジックの倒錯であろうか」（Merton, 1948, p.195）。

　Merton は、不正確かもしれないがともかくも意味を創り出す一つの手段について述べているのだ。しかし、もう一度見直してみよう。自己成就的予言が"誤った定義"から始まると言うとき、次のような問題が生じる。つまり、誰の見方から誤っているのか？　また、どのような目標に照らして誤っているのか？　定義が"そもそもの"状況の誤った規定であると言われるとき、あたかもその状況には唯一の読み方があるかのようである。多元的現実とか過剰決定といった考えはそこにはない。誤った予言に反応して引き起こ

された"新しい行動"は，状況を変えるが，その予言に敬意を払ってばかりいるわけではない。新しい行動はさまざまに作用し，元の予言に沿うように状況を形成することもあろうが，予言を台無しにするよう作用することもあろう。Merton は元の予言があたかも唯一無二の意味しか持っていないかのように論じているが，それは，予言がさまざまな読みを許容する"終わりのない営み"であるという事実に反する。苦労して得られた妥当性は"見せかけ"と言えるが事実でもあり，妥当性は妥当性であると言えないだろうか。もし状況が変えられ，それが元の予言と符合するなら，その正確性がどのように達成されようとも，その読みは正確なのである。そこでは，誤謬の支配がはびこるのではなくて，有意味になった一群の新しい組織化された手掛りが広がるのである。これを"社会的ロジックの倒錯"だと言う人がいるかもしれない。しかし，他のグループのメンバーたちが物事を違ったように見たり言ったりしている中で，こうしたことを実際に行い，自然な状況の中の対象と相互作用し続けるならば，そうしたセンスメーキング作業は不確実性を削減し，意味の構築を可能にしてくれるのである。

　私はことさら Merton を批判したいわけではない。そうではなく，私はむしろ彼の洞察の意義を拡張したいのである。自己成就的予言は何も，誤った先入見が対人関係の結果やダイナミクスに影響を及ぼすことに限ったものではない。もちろん，それは独立した一つの重要なトピックスで，そのことは，たとえば Darley and Fazio（1980）や，Jones（1977），Snyder（1984, 1992）によるレビューで明らかにされたように，さまざまな形で証明されている。

　しかし，自己成就的予言がセンスメーキングの基本的行為だということは，長年見落とされている。予言，仮説，予想――人がそれらを何と呼ぼうとも――が出発点である。それらは最小構造であり，何らかの積極的な第一歩として，その最小構造を中心にインプットが形作られるのである。その第一歩は確信主導であることが多く，またそれを導く確信は予期であることが多い。他者や背景，仕事などを"知ること"が目標である場合，始めるにあたってあてにできるものはほとんどない。したがって，予期が人の推し量ろうとする世界を形作る一つの力にならざるをえないのである。人はまさに自

らが創り出したものを見る。人は自らが予期したものを見る。そうしたことが，選択的注意と対象自身への直接的影響とによって行われているという事実は，驚くべきことではない。なぜなら知覚者は能動的なのだから。

人が事象を予期と比較するとき，その事象が外れているか否かにかかわらず，注意を絞り込む。予期は，処理するために選択される情報（たとえば，Snyder & Swann, 1978）や，下される推論（Cantor & Mischel, 1977），保持される情報（たとえば，Zadny & Gerard, 1974）に影響を及ぼす。予期と一致し，それを確認させてくれる事象は意味を持つ。予期に反する手掛りが突出する。そして，この乖離を説明するために構築される説明が，その状況の意味になるのである。

自己成就的予言と行動による確認（behavioral confirmation）とが基本的センスメーキング・プロセスであるとの議論は，近年，行動による確認を研究している人たちがその焦点を機能的パースペクティヴ（Snyder, 1992）にシフトさせていることと軌を一にしている。意味やセンスメーキングそして社会的知識の習得などを行動による確認の点から捉えようとしている彼らに共通しているのは，予期のプロセスの明確化である。

この流れに沿った数多くの調査を生み出すきっかけとなった研究，つまりRosenthal and Jacobson（1966, 1968）の『教室のピグマリオン』を思い返してみよう。第1学年から第6学年までの18クラスで各クラスの20%の子どもたちが調査対象として無作為に抽出された。教師たちには，ハーバード式語尾変化能力テストの結果が示すところによれば，これらの生徒たちは今から8ヵ月間で驚くべき知的能力の向上を遂げるだろうと告げられた。そして8ヵ月後，全クラスの全生徒にある知能試験を受けさせてみると有意な向上が見られたが，それは教師たちが向上すると予期した生徒たちのみに限られた。追跡調査が示すところでは，この結果は，彼らに向けた教師の暖かい眼差し，木目細かなフィード・バック，多くの教材，多くの応答機会が複合した結果，無意識的に生み出されたようだ。

Rosenthal（1993）はその後，これらの決定要因を感情／努力理論にまとめ上げた。その理論は次のように述べている。

生徒の知的能力に対する教師の期待レベルの変化は，(1)その生徒に対して教師が示した感情の変化，またそれと比較的独立に，(2)その生徒を教える際に教師が払う努力の程度の変化，に変換される。具体的に言えば，特定の生徒に向けられた教師の期待レベルが好ましいものに変わっていくにつれて，その生徒に肯定的な感情が示され，その生徒のために払われる努力は増していった。(p.11)

劇的な向上への予期は誤った状況の定義**には違いない**。なぜなら，その生徒たちは無作為に抽出され，ハーバード能力テストとやらの結果はフィクションだったのだから。しかし，そこから事柄は一筋縄ではいかなくなっていく。Mertonの言う"新たな行動"は教師から引き起こされたのだろうが，おそらく生徒たちからも引き起こされたであろう。学期初めの最初の2，3週間のうちはおそらくは見せかけの妥当性であったものが，時間が経つにつれ次第に内容をともなうものになっていった。少なくとも，**教師および生徒**が，自分たちの相互作用や向上率について徐々に安定的で正確な定義になりつつあったものに合わせて，自らの知覚と行為を修正するにつれて，"誤謬の支配"の色彩は薄くなっていった。

センスメーキングの観点から見れば，これは，異なる力を持ち，相手についてよく知らない2つの集団が，互いに知り合うというケースである。彼らは互いに予測可能で，親しい間柄になる。たとえば，規則的なフィード・バックを与えるという教師の行為が生徒たちに予期されるようになり，生徒たちのフィード・バックの応答が教師によって予期されるようになる。相互作用の焦点が成長という手掛りに向けられるので，どちらも以前より相手をよく知るようになる。クラスの残り80％の生徒たちは成長しているかもしれないし，していないかもしれない。しかし，彼らの成長には対象者のような注意が向けられない。その代わり，あらゆる点で，彼らにあっては全ての次元が無視できず，時が経過しても変わらずにみな重要なのである。このようにあまり構造化されていない80％の生徒たちにくらべると，急激な成長の可能性によって構造化されている20％の生徒たちは，有意味で予測可能である。しかし彼らは，たった一つの予期の作用からそのように単純化されたの

である。

　しかし，そのたった一つの予期が強力な力を持つのである。それは，教師の行為を制限し，気づくものを限定する。それはまた，生徒たちの注意を同級生よりも教師に，そして教師の望んでいるものに集中させる。われわれは，この80%のその他大勢が，20%の生徒たちに対する厚遇にどのような反応を示したかを知らないし，またDarley and Olesen（1993, pp.52-53）が指摘しているように，彼らが予言を果して"増幅させうる"のか（減衰させるのか）についてもよく知らない。もし，調査対象にされた20%の生徒たちの行為が教師にとって理解しやすいものになるならば，残りの80%の生徒たちにとってもいくつかの次元で理解しやすいものになるだろう。

　教室での実験で，そうした相互作用が8ヵ月間続けられたということにも留意する必要がある。というのは，最初の予期が内包されている一般的な社会的相互作用の連鎖が，その間何度も繰り返されるからである。Darley and Fazio（1980）によれば，その連鎖には6つの段階がある：

二者間での社会的相互作用の連鎖に関して一般に受け入れられている説明は以下のようなものだろう：(1)他者に関する過去の観察や他者をコード化したカテゴリーにしたがって，知覚者は対象者について何らかの予期をする。(2)次に知覚者は，その対象者に関する自分の予期に沿うような形で行為する。(3)次に対象者は知覚者の行為の意味を解釈する。(4)その解釈にもとづいて，対象者は知覚者の行為に反応する，そして(5)知覚者はその対象者の行為を解釈する。・・・(6)対象者が知覚者に対して行為した後，彼は自分自身の行為の意味を解釈する。(p.868)

　この連鎖の中には，予言の影響力が減衰してゼロになりうるところがいくつかある。しかし，これらの段階の結びつきが，権力格差の結果や，不確実性を削減する必要性ないし局所的なイデオロギーや行為の理論との一貫性の必要性の結果，タイトになれば，また，サイクルが繰り返されるならば，予言の影響力は徐々に増幅していくだろう。

　自己成就的予言が減衰せずに増幅することは，Henshel（1987）による連

鎖的な自己成就的予言に関する議論の中心であり，それはバンドワゴン効果や株式市場における投資，犯罪歴などで例証されている。Henshel の分析が示すところによれば，自己成就的予言が一巡したら，つまり Darley and Fazio の連鎖の 6 段階目まで達したら，知覚者自身が改めて確認した自分の予言への自信が増し，かつ対象者や他の人びとによる知覚者に対する信頼感が増すので，6 段階目と 1 段階目との結びつきがタイトになる。このタイト化が今度は，連鎖を再び循環させ，その展開スピードを加速させ，既存の状況の定義をいっそう支配的なものにする。なぜなら，その連鎖はルースにしか結びついていない周りの事象よりも明確で，有意味かつ安定しているからである。

連鎖的自己成就的予言の一例として，Henshel（1987）はある判事のケースを挙げている。その判事は，青少年犯罪のケースを処理するにあたって，被告が健全な家庭に育ったか崩壊した家庭に育ったかを手掛りとして利用し，恣意的に判決を下していた。もし，その判事が崩壊した家庭出身の少年たちを刑務所に送り込み，健全な家庭出身の少年たちを保護観察処分にとどめるなら，この行為は崩壊家庭出身の少年たちだけに刑務所経験をさせることになる。いったん刑務所を経験した者は，悪さを学習し，釈放されても仕事を得るのがいっそう困難になり，すぐにでもより悪質な犯罪に手を出すようになる。その結果，崩壊した家庭を悪質な犯罪者の手掛りとして恣意的に使用したことを正当化するようなケースが，公式の犯罪統計の中に次第に多く記録されることになる。崩壊した家庭はいまや事実として，常習的犯罪と相関を持つようになり，このことを理由に，判事たちは家庭状況にもとづいた差別的判決を正当化するようになる。ここでも見せかけの妥当性は，見せかけ性を徐々に薄め，青年の成長を助けるよりもむしろ阻害する結果をもたらしている。

判事は連鎖的自己成就的予言を生み出したのだ。というのは，いくつかの主要な段階が繰り返され，判事は強い影響力を持ち，相互作用は非対称的で被告の予期からは比較的影響を受けにくく，注意は顕著な手掛り（つまり，家庭的背景）だけでなく犯罪統計にも注がれ，知覚者は対象者に対しどのように行為すべきかに関して比較的明確な規定（対象者を崩壊した家庭から

も，他者からも隔離せよ）が予期に含まれているからである。

　教室と法廷のどちらの事例でも，さもなくば不規則な行為の流れであったものに教師や判事の予期が構造を押しつけていた。こうした予期が押しつけられるとき，それは，気づかれるもの，推論されるもの，想起されるもの（これら3つはどれも，Darley and Fazio 言うところの5段階目と1段階目にかかわりがある）に影響を及ぼし，そして最も重要なのだが，それは実際の行いに影響を及ぼしていた。この重要な"行い"とは，知覚者の予期主導の行為（Darley and Fazio では2段階目）と，対象者の行動による確認の行為（4段階目）である。そこには3段階目と6段階目がない。それらを埋めるためには，対象者の役割を仮定し，対象者の観点から1，2，4，5段階目をそれぞれ想像すればよい。

　このような観察をもとにすると，センスメーキングの根本的プロセスとしての自己成就的予言と，社会的知識を習得する際にもっともよく見られるのは行動による確認であるという近年の機能的研究との間の類似性を考察することができる。機能的分析の中核には，一般的相互作用の連鎖は目標主導型か，少なくとも目標解釈型（Weick, 1979, p.239；邦訳310ページ）であるとの仮定がある。「社会的知覚が抽象的に，すなわち知覚者が対象者個人の'正確な'特性を突き止めようとすることはほとんどない。むしろ，相互作用し合う二人の人間は，互いに自分自身の目標や目的を持って["プロジェクト"の重要性を思い出していただきたい]，互いに他者から確かな扱いを受けられるよう努め，互いに相手の中に確かな印象を植えつけるよう努めているのである」（Darley & Oleson, 1993, p.56）

　Snyder（1992）によれば，社会的相互作用には少なくとも二種類の基本的な目標があり，第一は互いをよく知ること（「社会的知識を習得し利用すること」pp.74-75）であり，第二はうまくやっていくこと（「社会的相互作用を調整し促進すること」pp.76-77）である。まず，知ることは，他者の動機や意図や気質を理解したいという欲求として；また，環境の因果構造を習得しようとする試みとして；また，安定し，予測可能で，コントロール可能な世界を作り出そうとする行為として，さまざまに描かれている。行動による確認は，「安定的で，予測可能な社会的世界という感覚を促進するよう機

能し，そこは人が予期通りに行為しているように見える世界である」(Snyder, 1992, p.75)。それとは対照的に，うまくやっていくことは，互いに反応し調和し合うことで，相互作用の流れをスムースにし，受容と承認を保証することである。

　知覚者が自分の予期にもとづいて行為するとき，彼らは自ら予想しているものが現出するようにイナクトするだろう（Weick, 1977）。そして彼らが，自分たちの予想をレンズとして用いて，自分たちのイナクトしたものを見るとき，自分たちの予想したものを確認するのだ。この志向的行為が選択的注意と結びつくと，予期と一致する意味ある一群のインプットが生み出される。

　Snyder and Haugen（1990）の研究によれば，人びとが互いに知り合うという目標を持つとき行動による確認が生じるが，うまくやっていくという目標のときには生じない。この発見は次のことを暗示している。人は相互作用の初期段階，つまりセンスメーキングへの関心が何よりも勝っているときには，安定性のために正確性を喜んで犠牲にするだろう。Snyder（1992）はこの問題を次のように要約している：行動による確認は，「知覚者に相互作用のパートナーは安定し予測可能であるとの印象を与える働きをする。それによって，この世界は他者が予期通りに行動する秩序正しい世界であるという感覚がもたらされる」（p.98）。問題は，この安定感が正確性を代償にして得られたものかもしれないという点である。外向的な人でも，敵意ある申し出に不機嫌な態度で応対すれば，わずかな行動サンプルに過度に頼っている知覚者に誤解されてしまう恐れなしとしない。さらに，対象者に依存する行動による確認は，知覚者が"正確である"よう要求されたとき，それができなくなるとの証拠がある（Neuberg, 1989）。

　したがって，証拠によれば，知覚者が正確性に動機付けられているとき，彼らは自己成就的予言を生み出さない。しかし，彼らが安定性と予測可能性に努めるときには，他者との相互作用は，自分の確信や予期に関する行動による確認に導くだろう（Snyder, 1992, p.99）。

　ここで組織という舞台に立ち戻って，不安定な競争世界の圧力を受けて絶えず変化する意思決定機会に出入りする人や解それに問題のミックスが絶え

ず変化していることを考慮すると，組織では，ほとんどの人がほとんど常に，正確性などにうつつをぬかしていられないと思われる。むしろ彼らの目標は，さまざまな困難に抗して，ある種の安定性と予測可能性を確立することである。これぞ真実である。なぜなら，現代の組織では，間違いよりも優柔不断のほうがより大きな損失を招くことがよくあるからだ。このことは，センスメーキングが証拠主導よりもむしろスキーマ主導になりやすいことを意味し，人がスピードと正確性のトレード・オフでスピードをとるときに示される（Fiske & Taylor, 1991, pp.159-163）。人はタイム・プレッシャーのため，予期を確認しようとし，最初の仮説に執着し，パラダイム的でデータ主導の思考様式よりも物語的な思考様式をより好む。新参者を，しかもタイム・プレッシャーの下で知ろうとすれば，予期がますます顕著になり，人が予期を確認するよう行為する可能性が高まるだろう。言い換えれば，組織ではほとんどの人が，自己成就的予言の広まる条件下で，意味を付与することに時間の大半を費やしているといえる。自己成就的予言が広まるのは，それが実効的なセンスメーキング・プロセスの貴重な一つだからである。

　世界が比較的安定し，推理が将来においても真であると予期できるときにのみ，人は議論を用い，いかに意味づけるかを論ずることができる。いま何が生じているのか，また次に何が生じるのかについて誰もが確かでない世界では，たとえ議論しても気休めにしかならず，益するものはない。不安定な世界で必要とされるのは，ある種の安定性なのである。行動による確認によって，人はほんの一握りの安定性をイナクトし，そこからそれをさらに広げていける。その一握りの安定性は，選択的気づきと，循環の繰り返しによる選択的形成とから得られる。選択的気づき，選択的形成そして連鎖的自己成就的予言が結びついてやがて，社会的世界が構築され，そこではじめて人は，安定性より正確性を云々できるようになる。安定性が達成されてはじめて正確性が可能となる。正確性が主役のときは，自己成就的予言はセンスメーキングの引金としての力を無くし，予期によって最初に創り出された意味を保持している議論に席を譲る。

　とはいえ，永遠に正確ではありえない。新しい乖離が生じたとき，事象は不安定かつ予測不能になり，行動による確認が行われるようになる。不安定

性が再発したときにもっとも有効で確かな支えとなるような予期ならば，それがどのようなものであれ，行動による確認によって次の安定性への引金となる。社会的に構築された世界は安定した世界だが，その安定は予期が行動によって確認されることで保たれている。知覚者も対象者もこの安定性を得るという点においては結託している。なぜなら，両者とも不確実性を望まないからである。個人的な目標はそれぞれ違っているので，センスメーキングするときにはこの安定性という目標が共有されるのである。もし，この安定性が予期への一時的収束によって，また力を持つものと持たざる者の両者によって達成されるならば，それこそがわれわれの見たいと予期するものである。

　自己成就的予言とは，この収束の，そしてそれによって創造された有意味な世界の小宇宙なのである。

第7章
行為主導のセンスメーキング・プロセス

　センスメーキング・プロセスとは小さな構造を広げることである，というアイディアがこれまでの分析で繰り返し論じられてきた。すでに検討されてきた2つの構造，すなわち議論と予期はどちらも確信によるものであった。その後の事象や追加される確信と行為が確信を核に結晶するのである。そうした結晶化は，議論のケースでは否定という関係の中で，予期のケースでは確認という関係の中で行われる。確信はイデオロギー，文化，スクリプトそして伝統の中に埋め込まれているので，確信が組織のセンスメーキングにおける核であることは明らかだ。
　しかし，センスメーキングのための潜在的準拠点はたくさんあるが行為もその一つである。そして，行為がどのようにしてセンスメーキングを導くかについては，議論と予期に関する考察の中ですでに論じられていたのである。といってもそれは，特別驚くべきことではない。なぜならば，2つの確信主導プロセスによって，その自己‒完結的構造の中で確信と行為が結び付けられるからである。確信と行為が相互に関連し合っているので，センスメーキングは行為からでも確信からでも始めることができるのである。互いに原因となりうる構造の中では，独立変数とか従属変数といった言葉は無意味である。その代わり，そうした構造にあっては，確信が行為を媒介にして確信自体に影響を及ぼしうるような状況，また行為が確信を媒介にして行為自体に影響を及ぼしうるような状況を記述することが求められる。前にわれわれは，いかにして予期が予期自体を確認するような行動をとらせるかを見た。本章では，いかにして行為が行為自体を継続させるような認識を抱かせ

るかを検討する。

われわれは行為主導のセンスメーキング・プロセスを二種類取り上げる：つまり，行動によるコミットメントと操作である。どちらも前章の確信に関する話の中で暗示されていた。また，両者はいくつかの点で互いに似通っている。いずれのケースにおいても，責任を負う行為（コミットメント）であれ，説明が必要とされる世界で目に見える変化を生み出した行為（操作）であれ，センスメーキングは行為から開始される。両者間の最大の違いは，コミットメント・プロセスではある一つの行為が焦点となるのに対し，操作プロセスでは多方面からの一連の行為が焦点となることである。さらに，コミットメント・プロセスでは，意味が創造される手段として説明と認知に重点が置かれる一方，操作プロセスでは環境における現実の変化が強調される。計算と社会的情報処理は，操作よりもコミットメントにおいて大きな役割を果たす。さらに，コミットメントは頻繁にあるものではない。なぜなら，それには組織でめったに生じない特定の状況が必要だからである。操作はどこの組織にも見られる強固なセンスメーキングの方法である。操作は大胆さを，そしてコミットメントは慎重さをもっぱらとする。

コミットメントとしてのセンスメーキング

コミットメント（commitment）に関するわれわれの議論の出発点は，次の Kiesler（1971）の論述に求められる。「後戻りできない意思決定のように，明示的行動は，認知的に脚色される軸のようなものを生み出す」（p.17）。コミットメントは，明示的行動を後戻りできないようにするプロセスで，認知的不協和理論の遺産の明らかな一つである。行動に関する確信を変えるよりも行動を変えるほうが難しくなったなら，その行為を正当化するために確信が選択的に動員されるようになる。確信は，行為自体が取り返しのつかないものになったとき，そうした行為やそれが生み出された環境が訳のわからないものであっても，それらを意味あるものにする。このようなセンスメーキングの軸となるのが，説明を必要とするコミットされた行為である。その

考えの根本は，人間は，コミット性がもっとも強い行為を軸に意味を構築しようとする，ということである。言い換えるなら，コミットメントは拘束的行為をセンスメーキングの中心にするということである。そして，世界に付与される意味を理解するためには，過去の拘束的行為と，その拘束が生じたときに利用できた受容可能な正当化について検討することから始めたらよいだろう。こうした正当化が，解釈と表出に用いられる行為の理論を精緻化するための種子となるようだ。

公式的には，行動によるコミットメントとは，「人が自らの行為によって，またそうした行為を通して，その活動や自身の関与を支える確信に拘束されるようになった状態」(Salancik, 1977, p.62) として定義される。いくつかの要因が人を行為に縛りつけるのに与っているが，典型的には似たような4つの要因が通常挙げられる (Kiesler, 1971)。行動が明示的で（行為が生じた明白な証拠が存在する），公的で（重要な人たちが行為の発生を見ていた），かつ取り返しのつかない（行為をなかったことにできない）ものであるとき，拘束が生じる。これら3つの要因が結合して，行為が生じたリアリティーを構築する。ここで，問題は次のようになる。果たしてその行為の主体はその行為に対して責任があるのか？ もしその行動が，外部からの要請や外的な理由もほとんどなく，おそらく相当な努力を払って自らの意志でなされたのなら (Staw, 1982, p.103)，その明らかに発生した行為は，当人がそれをするよう選択したので発生したのである。したがって，その行為は彼あるいは彼女に責任がある。

Staw (1982, p.103) は，さらに一般的な先行条件として行為に対する責任，行為の顕著さ，行為の結果，そしてその結果への責任を挙げている。彼の主張によれば，「コミットメントは，大きな結果に対する責任をともなう行為によって生ずる」(p.103)。

前者のリストでは行為それ自体が強調されていたが，後者のStawはコミットメントにおける結果の役割を強調している。組織ではアカウンタビリティーが強調されているので，結果が無視できないことは確かだが，その結果がよく遅れたり，混同されたり，取引きされたりすることも確かであり，それはつまるところ，結果が特定の行為に簡単には結びつかないこと，その

ため結果はコミットメントの源泉としては比較的弱いことを意味する。コミットメントのより強固な源泉は，目につく行為と結びついたものである。したがって，コミットメントを定義する多くの方法を認めはするが，われわれはそのうち行為に対する責任を重くさせる3つの変数に注目したい：すなわち，公的性（publicity），不可逆性（irrevocability），そして意志性（volition）がそれである（"明示性"は"公的性"に含められる）。

　これを土台にすると，ミクロ，マクロの両レベルで，コミットメントの条件を理念的に記述できる。ミクロレベルでは，新入社員にコミットさせたいと強く願っている雇用主は次のように言うだろう：「さて，君がこの仕事につこうとしているのは，君が望んだからこそだということを確かめておきたいんだけどね。君がここに来るに際して多くのことを諦めたことを知っているし，またそのことに感謝してもいる。君は自分の家や古い友達の元を去ってきた。それは君にとってまったくつらいことだったろう。それに，われわれが払う給料は，これまでの稼ぎ以上のものだとしても，そのつらさを補うに十分ではないだろうしね」（Salancik, 1977, p.11）。

　第一のセンテンスは，束の間ではあれノーと言えるチャンスが新入社員にあること（「確かめておきたいんだけどね」），そしてこれはその人自身の選択であること（「君が望んだからこそ」）を強調することによって意志性が読み取れる。第二のセンテンスは，不可逆性を際立たせており（「君がここに来るに際して［すでに］多くのことを諦めた」），非常に多くのことを諦めることによって，当人が本当にその仕事を望んでいるにちがいないことをほのめかしている。こうした不可逆性，重要性そして選択性は，第三のセンテンスの中で強調されており（「君は自分の家や，古い友達の元を去って」），その行為は，彼の友人たちが彼の去るのを知っていることから公的なものである。第四のセンテンスはその決定にともなう犠牲と労力を際立たせており，それによって意志性が読み取れる（「それは君にとってまったくつらいことだったろう」）。そして，最後のセンテンスは，その決定を強要するのに外的な報酬では不十分だった（「そのつらさを補うに十分ではない」）ので，当人が心から望んでその仕事を引き受けたのだと暗示することによって，コミットメントを強調している。

コミットメントを生み出すためのマクロレベルのやり方は，行為や，公的性，選択性，小さくない犠牲そしてミスに対する厳格さが存在するような状況を築くことである。ミスに対する厳格さは，選択を躊躇させるがそれだけ自らの行いを正当化する必要を高めるのでコミットメントが強まる。

　マクロレベルのこうしたものは，ほとんどの組織でどこにでもある。地位によって差異はあるが，ほとんどの従業員は他者が見ている中で仕事をしている（Stewart, 1976の"他者の目に晒されている仕事"を参照されたい）。アカウンタビリティー（Tetlock, 1991）は人を結果に縛りつけるが，同時に（結果を導く）行為をより可視的に，より意志的に（目標が取引きされる），そしてより不可逆的に（資源は不可逆的に費やされて結果を生み出す）もする。従業員は参加と生産のために決定をする（March & Simon, 1958）。人はいったん雇われれば行為を生み出す（Starbuck, 1983）との物言いは，結果よりもむしろ行為のほうが，説明の要る進行中の対象として重要であることを意味している。Keislerが論じたように，行動が凍結されてはじめて，その行動を軸に正当化という形の認知が形成されるのである。

　正当化は自己防衛的な理由から行われるかもしれないが，そのことをもって正当化が必ずしも不正確だとか虚構だとは言えない。「正当化は，客観的かつ社会的リアリティーの中で行われ，そのリアリティーと矛盾するものであってはならない」（Salancik, 1977, p.22）。正当化の多くは，散漫な注意では気づかれない新しい状況特性を見出すような焦点の定まった注意の結果であることが多い。たとえば，職業の選択を正当化するために，新入社員はいま何が起こっているかに注意を払い，他人なら見落とすようなことに気づき，自分たちがそれについてより十分に知っているので環境に対してより優れた理解をするのである（たとえば，O'Reilly & Caldwell, 1981）。外部の者から見れば，正当化は虚構を築いているように見えるかもしれないが，そうした印象は，部外者が別のものを見ていることから生じるのである。コミットしている人とコミットしていない人とでは往々にして，留意している判断対象がまったく異なっている。これは，どちらの観察がよりバイアスがかかっているかという問題ではない。そうではなくて，違う目的に仕えていれば観察するものが違ってくるというだけのことだ。この違いを捉え損なっ

たことが,「合理性対コミットメントによる合理化」の多くの論争の一因になっている。コミットしている人とコミットしていない人とでは物事を違ったふうに扱う。そして,物事を違った仕方で検討してきたなら,おのずと違ったものを見るようになる。コミットされた推論にいくぶんかの真理が含まれ,かつ冷静な情報処理が行われていることがよくあるのはこうした意味においてである。

　コミットされたセンスメーキングは,ふつう気づかれない細かなところにまで気づくだけでなく,秩序や価値観の源泉でもある。コミットすることで,組織化されていない知覚がより秩序だったパターンへと変えられる。コミットされる前は,あらゆる種類の知覚,経験,推論は,コミットしない行為がもたらす揺籃状況とルースにしか結び付いていない。しかし,ある行為を軸にコミットメントが発展するにつれ,そうした多様な認識は,その行為を支持する認識,その行為を否定する認識,そしてその行為と無関係な認識へとそれぞれ分化するようになる。行為を選ぶことによって,知っていることが変わる（Zimbardo, 1969, pp.12-18）。選択することで,価値観が情報に押し付けられる。「われわれは先験的に善なるものを選ぶのではなく,選ぶことによって善なるものを作り出すのである」(Macquarrie, 1972, p.75)。何かを選択するとき,われわれは3つの仕方でその善なるものを作り上げる：まず,われわれはなぜそれが善いかについて一般受けする理由を作り上げる。第二に,われわれはそれに注意を注いで新たな魅力を見出す。最後に,われわれはそれにいっそう多くの時間を費やす（つまり,われわれはその他の活動にはそれほどの時間をかけず,そうした等閑にされている活動はさほど魅力的ではないと推論する）。このように,コミットメントは注意を絞り込むこと,気づかれなかった特徴を浮き彫りにすること,価値観を押しつけることによってセンスメーキングに影響を及ぼす。コミットメントは行為の解釈に何らかの論理形式を押しつけるのである。

　組織の創造するコンテクストが行為をどれほど可視的,意志的,不可逆的にできるかで,組織を特徴づけることができる。可視性,意志性そして不可逆性の高いコンテクストを常に創造している組織は,より強固なコミットメント,より実りある正当化を生み出し,メンバーにより多くの意味を与える

だろう。これら3つの次元が低いコンテクストしか創り出せない組織は，メンバーにわずかな意味しか与えられないだろう。なぜなら，そうした組織ではコミットメントと推論された正当化がわずかな反面，どんな後続の行為が意味を持ち，どのような解釈がそれを正当化するかに関しては膨大な選択肢が残されるからである。コミットメントのこの3つの次元すべてにおいて常に低いレベルの組織は，自分たちが何者なのか，また何をできるのかについて貧弱な意味しか持てないだろう。個人としてあるいは組織としてわれわれは何者なのかは，決定を下した後ではじめてわかる。なぜなら，われわれは決定から価値観を推し測るからである（Brickman, 1987）。もし何の決定も下さない人がいたとしたら，その人は，一人の人間として自分は何者なのかについて，きわめて漠然とした答しか持っていないだろう。それは組織にも当てはまる。何の決定も下さない組織は組織たりえない；つまり，崩壊しているのだ。そこには拘束的行為も，強制する理由もない。

　人も組織も，第一に，説明の要るいくつかの行為のうちどれを選択するかによって，そして第二に，そうした行為にはどの説明がふさわしいかを選択することによって，自分の未来の姿を選択する。行為したり，正当化したり，選択したりすることを躊躇したりできなかったりしたら，あまりに多くの可能性が残され，あまりにわずかな確実性しか手に入らないだろう。拘束力のある決定によって，われわれが魅力を感じる仕事，われわれを突き動かす理由，われわれが実現に向け努める価値観，われわれが賛同する計画，そしてわれわれが探し求める人材が変わってくる。そうした決定を回避していると，魅力，理由，価値観，計画そして仲間を展開していくのが遅れてしまう。

　それとは対照的に，コミットメントの三次元すべてにおいて高いレベルの組織の状況は，皮肉にも組織化された無秩序によって説明できる。Olsen (1976) の記述によれば，組織化された無秩序とは，「問題を探し求めている選択；（そこで採り上げられそうな）進行中の決定機会を探し求めている問題や感情；そして問題を探し求めている解といったものの集合である。組織とは単なる道具，つまり手段的でタスク志向的活動と関連した意思決定プロセスのみならず，参加者たちが自分たち（または他者）は何をやっているの

か，自分たちは何者なのか，に関して一つの解釈に導く手続の集合でもある」(p.84)。

　組織化された無秩序は，歴史的先行条件によってよりもむしろ進行中の選択に主導されているので，特異 (Hickson, Butler, Cray, Mallory & Wilson, 1986, p.251によれば，限定された一般性しか持っていない) である。先行条件はあまり重要な役割を果たさない。なぜなら，記憶は貧弱で，人びとは移動が激しく，意図的な調整よりもむしろ思いがけないタイミングが結果を決定づけるからである。先行条件はほとんど指針とならないので，組織は頻繁に再達成されなければならず，それは何を意味しているか，それは何なのか，それは何をするだろうか，について絶えず選択していなければならない。

　組織化された無秩序に可視的で不可逆的な選択の機会が多く存在するとすれば，多くのコミットメントや，多くの正当化，そして多くの意味をその構造の中に見つけられるだろう。そうした選択の機会が公式化や伝統や集権化によって減らされている伝統的官僚制の下では，それほど多くの意味を見出すことはできないだろう。官僚制の参加者は，自分たちがしていることに対する説明を絶えず構築するのではなく，説明を受け継いでいるだけなのだ。継承された説明は時代遅れになりがちで，現在の事象を説明できないことが多い。コミットメント行為をする機会が少なければ，新しい行為のために仕立てられた正当化という形の最新の理解を構築する機会もまた少ない。したがって，官僚制という過剰構造体が意味で溢れているように見えたとしても，そこで利用できる意味は時代遅れなものになりがちである。このように，官僚制はあまり意味を生み出さない。

　それに対して，組織化された無秩序がそれと同じ運命をたどることはない。そこでのセンスメーキングは，絶え間なくかつ最新のもので，伝統ないし過剰学習されたルーティンに妨げられることもない。組織化された無秩序は非常に多くのコミットメントと正当化を生み出すので，無秩序は観察者はともかくそこのメンバーに多くの意味を与えている。このことは，組織化された無秩序の中にいる人びとは，たとえ慢性的な無秩序の中にいてもアノミーに陥らないようだという社会学者の John Meyer がよく持ち出す謎

（1979年3月2日の私信から）を説明してくれる。無秩序がアノミーにならない理由の一つは，無秩序という形態がかなりの意味を生み出す点にあるようだ。

　もし強力なコミットメントがセンスメーキングや社会構造に影響を及ぼしているとすれば，組織理論におけるいくつかの研究はいっそう興味深いものになる。たとえば，コミットメントという概念はしばしばエスカレーションに関する議論（たとえば，Ross & Staw, 1993; Staw & Ross, 1987）の中で採り上げられ，そこではコミットメントは，損失が拡大しつつある状況からの撤退を妨害するものとして描かれている。コミットメントが，柔軟性や学習や適応の妨げとなるので，一種の足枷と見なされているのである。

　エスカレーションの議論が見落としているのは，コミットメントが物事を達成するための手段でもあるという点だ。コミットされた行為の記述と行為合理性の記述（Brunsson, 1982）はきわめて似ている。行為合理性では，緻密な計算の上で選択するとき（意思決定合理性）よりもいま一段高いモティベーションを必要とするため，選択肢を評価する際にバイアスがかけられる。行為合理性は実行のために計算を犠牲にするが，こうしたトレード・オフは，わずかな選択肢しか考慮しないときや，選択肢の肯定的な面しか見ないとき，そして現実的な結果を目標とするようなときに生じる。このような計算の省略は，決定の実行に対する情熱を募らせ，労力をいとわぬようにする。

　行為合理性とコミットメントはどちらも，要求に適応するよりも，要求を変えてしまうような強力で持続的な行為を促す。これはいわゆる操作と呼ばれるセンスメーキング・プロセスであり，ここで一言触れておかねばならない。というのは，操作ということを考えに入れると，コミットメントが変化への適応を遅らせてしまうと軽々には言えなくなるからだ。正確に言おうとすれば，それは次のようになろう。もし環境の決定力が大きいとコミットメントは適応を遅らせるが（Astley & Van de Ven, 1983），もしその決定力が小さければコミットメントは適応を早める，と。人は，次の2つの方法のどちらかで変化に対処することができる。つまり，コミットメントを弱め行為を変えることによって変化に適応するか，またはコミットメントを再確

認し行為を強めることによって変化を操作するかである。弱いコミットメントは組織が環境に適応するのを容易にしてくれる；強いコミットメントは環境が組織に適応するのを容易にしてくれる。

このように，環境が従順でない場合にのみ，コミットメントは足枷となる。とはいえ，この修正もまた不完全である。なぜなら，従順でないとの認知自体が自己成就的予言となるからである。従順でないとの予期は，労力の支出を控えさせ，そのことが従順でないことと受動的適応の"必要性"を再確認させてしまう。人が環境を変えるための持続的な労力を何ら払わないからこそ，環境は従順でないと考えてしまうのである。

こうした物言いは，どんな環境でも変えられるものだとか，適応とは人の支配力の過少評価ゆえに臆病になっていることの表れだ，などと解されてはならない。そうではなく，それは，コミットメントは，環境決定論の仮定を認めるか否かによって足枷になったりならなかったりすると言っているのである。

コミットメントについて特筆すべきは，意味を形成し持続する際に，行為，可視性，意志性，不可逆性が重要だと強調している点である。コミットメントは一般に，モティベーションに影響を及ぼす組織活動として考えられているが（たとえば，Ring & Van de Ven, 1989, p.182），私は，コミットメントが認識にも影響を及ぼすことを明らかにしようとしてきた。コミットメントによって，リアリティーの社会的構築は選択性，可視性，不可逆性の高い行為を軸にしたものになる。この絞り込みはリアリティー構築を助ける。なぜなら，その絞り込みがあるからこそ，あらゆる行為に潜在的な意味を持つ広範な認知集合を，ある行為へのコミットメントを正当化する狭い認知集合にまで編集できるからである。したがって，この編集過程をクリアーし，行為に貼り付けられるにふさわしいとされた正当化が，行為の意味となる。こうした意味は，後続の事象によって再確認され，他の問題へと一般化され，他の人が決定前提として利用するほど説得力を持つようになると，より強固になる。このようなことが展開していくにつれ，次第に明確で，妥当で，強制力を増したイデオロギーによって，より多くの人びとが組織化されるようになる。そして，彼らの連結活動が意味を生み出すのである。

操作としてのセンスメーキング

　最後に論ずるセンスメーキング・プロセスを知れば，いかにセンスメーキングが能動的プロセスであるかが理解されよう。私がかく言う理由は，センスメーキングという現象はともすれば認知や知覚，表象といった現象と混同されやすいからである。それらの現象の多くは受動的で，環境を所与として受け容れるイメージと結びつくきらいがあり，それが問題なのだ。受動的だと前提すると，センスメーカーとは与えられるものを謎解きする人となる。人が実在論者のように思考し，センスメーキングを発見の問題と見なすならば，この受動性にもいくらかの意味があるかもしれない。しかし，構築主義者のように思考し，センスメーキングを発明の問題と見なすならば，発明者は何が存在するかを思案するだけにとどまらず何かを行わなければならなくなる（Fondas & Stewart, 1994）。発明者は何かをそこに置いてみたり，そこに何があるかを確定したり，そこにあるかもしれない何かを探索したり，そこに何があるかについてある種の合意を編成したりしなければならない。この布置，確定，探索，編成はすべてこの世界内での行為である。この行為は，組織が次に見るものに影響を与える。

　Starbuck（1976）はこの問題について次のように論じている：

　組織の環境とはほとんどその組織自身によって発明されたものである。組織はさまざまな環境の中から自らの環境を選択した後で，自分の住んでいる環境を主観的に知覚する。選択プロセスと知覚プロセスはどちらも主知的でも秩序だったものでもなく，徐々に進むもので，社会的規範と慣習から強い影響を受ける。（p.1069）

　しかし，環境の発明は単なる選択的知覚の行為だけではない。それはまた，能動的行為でもある。Starbuck（1976, p.1081）によれば，組織は自らの環境を形成するのに積極的な役割を果たしている。なぜなら，組織は競争

者がわずかしかいない環境を探したり，競争者との違いを際立たせるように自分の製品や産物を定めたり，環境の可能性を推測するのに自身の経験に依拠したり，複雑な関係に単純性を押しつけたりするからだ。こうしたことすべてに共通する主要なメカニズムは，すでに論じたのであるが，知覚と行為が自己成就的予言によく似た方法で互いを正当化し合うメカニズムである。

組織が自らの影響力で変化を生み出したと考えるのはもっぱら，組織がその影響力を行使したと確信している領域においてである。組織が自身を無力な存在と思い込んでいるような領域では往々にして，影響力を行使できる機会を見逃し，その無力さが本当かどうかを知ることさえない。・・・その上それが，社会的リアリティーにもとづく確信と知覚であるので，なおさら自己確認の傾向がある。(Starbuck, 1976, p.1081)

このように，(行為が環境に合わせるように) 環境が行為に合わせる傾向がある。March and Olsen (1989) は，政治制度について述べる中で，次の点を指摘している。

生態学的政治理論の優れている点は，参加者一人ひとりの行為が他の人の環境の一部になっているという考え方にある。したがって，各政治アクターの環境は，それぞれが互いに影響し合っているので，一部自らが規定しているのだ。・・・環境が創造されるときは，環境に適応する行為は，(環境を媒介にしてはいるものの，一部分) 同じ行為者の前段階での行為に対する反応である。その結果，小さなシグナルが大きなものに増幅される。どうということもないルーティンな適応過程が信じられないほどの大きな結果をもたらす。これらは，同時に内生的に変化している環境ということを考えないとわからない。(p.46；邦訳68ページ)

Huber and Glick (1993) は同じような点を次のように論じている：「つまるところ，最高経営者とは，少なくともある程度まで組織環境の操作者である。最高経営者は，環境を自分たちの組織にとって快適なものとするため

に，広告をうち，ロビー活動を行い，教育を施すのである。最高経営者は，組織の環境に働きかけることによって，環境の需要と資源の流れに影響を及ぼす。債権者や労働組合，合衆国政府に影響を及ぼすのに成功したリー・アイアコッカという人物は，組織環境の操作者としての最高経営者の良い例である」(p.9)。

このように，政治のアクターと組織のアクターは一般に，センスメーキングのために自らの制約の一部を選択し創造する。人は自分自身の制約を選択していることに気づくことが重要である。なぜならば，それによって数々の分類が（他の面では有効だろうが）理解という面では妨げになることが明らかになるからだ。Astley and Van de Ven (1983) の有名で便利な分類法は，組織理論をマクロ/ミクロの次元，決定論/社会的選択の次元で区分している。環境は操作されうるという議論は，決定論/社会的選択という次元を無効にしてしまう。なぜなら，人は自らの制約を選択するからだ。以前触れたコミットメント・モデルの言葉を用いれば，人は実行すると決めた行為を正当化する方法をいったん選択したら，自らの確信，行為そして連携を意味あるようにするフレームを定める。しかし，組織は自ら見るものが，行為の理論によってだけでなく (Pfeffer & Salancik, 1978, p.73)，自らの行為によっても一部制約されていることに往々にして気づかない。彼らは次の点を十分理解していないのだ。すなわち，自らの行為が，事象の流れを変え，「多様に解釈しうる（秩序だった物的な）社会的構築物を築き上げてゆくのである。イナクトされた環境には反応槽やパイプやバルブといった現実の客体が含まれている。こうした客体の存在は自明だが，その意義，意味，内容は謎である。これらの客体は，働きかけられ，回顧的に事象や状況や説明に結びつけられてはじめて有意味なものになる」(Weick, 1988, p.307)。

パイプは，誰かがそれに働きかけるまでは，奇妙に曲がりくねった無意味な鉄の管に過ぎない。たとえば，ある化学工場である人がパイプを洗浄し，洗浄水がそのパイプ・システムを逆流するのを制御できなかったとしよう。するとその水は，60トンの有毒化学物質のタンクに流れ込み，複雑な化学反応の触媒となり，ボパールのような環境を創り出す。この事例の中で，社会的に構築されたのは物性それ自体ではなく，検査や予測，手続の遵守といっ

た人間と物性との間の関係である。パイプとのこうした関係が社会的に構築された意味を構成していて，その意味は当然，われわれの意志とは無関係に存在しているモノの存在を認めている。モノを，歪曲という壁の向こうに"外在している"というよりは，"内在している"と考え（知覚や関係付けや相互作用が行為を促すような仕方で認知するためのツールとな）ることが大事なのである（Czarniawska-Joerges, 1992, p.33）。Czarniawska-Joerges（1992）はその点に関して次のように論じている：「組織は表示したり，記述したり，表象したり，意味したりするものと同時に，切り取ったり，区切ったり，印刷したり，型に合わせたり，乗ったり，穴をあけたりするものに満たされてもいる。それゆえ，その同時性の両側面：すなわち観念の物質化，および物質の象徴的で実践的な面のどちらをも捉えることを目指すべきである」（p.53）。

操作という手段によるセンスメーキングは，人が理解し管理できる環境を創造できるように行為することである。この操作の見事な実例は，夏時間推進連合である。コンビニエンス・ストアやファースト・フード・チェーン，温室栽培農家，そしてスポーツ用品のメーカーを代表する人びとから成るこの連合は，夏時間の開始を4月の最終日曜日から第一日曜日に繰り上げるよう合衆国議会に対しロビー活動を展開した。結局この努力は成功し，夕方に余分な時間を創り出し，それが次により多くの女性たちが安心感を抱けるようになったことで仕事帰りにコンビニエンス・ストアやレストランに立ち寄るようになり，園芸好きの人が春の到来をより早く感じより多くの植物をより早く購入し，スポーツ好きの人がシーズンを以前よりも早めることにつながったのである。連合が環境をより有意味な形にしたとき，彼らは市場環境が固定的でコントロール不可能なものではないことを知ったのである（Varadarajan, Clark, & Pride, 1992）。

操作のイメージは，Hedberg, Nystrom, and Starbuck（1976, pp.46-47, 52-53）に由来する：

組織が環境に自分自身を押しつけるプロセスを，操作的と呼ぶことができる。操作的プロセスには，望ましいニッチの構築や，ドメインの取引，連

合の形成，顧客や従業員の教育，潜在的な顧客や得意先への宣伝，コンフリクトの解消などが含まれる。(p.46)

　解釈システムに関するDaft and Weick (1984) の論文の中の"発明"型の組織についての記述がこれとよく似ている。
　操作には基本的に起業家的な性質がある。したがって，起業家が自分自身や他者にとって有意味なニッチを創り出すやり方は，操作によるセンスメーキングを理解するのにふさわしい出発点となる。Lanzara (1983) の"短命な組織"に関する記述の中に起業家的センスメーキングの一端を見ることができよう。
　1980年に南イタリアで起こった大地震の直後に形成されたいくつかの組織の観察から，Lanzaraは，社会活動の集中する場所がいくつかできて，それらが前にはなかった特徴を環境に付加していた (p.77)，と結論付けている。操作によるセンスメーキングの結果であるこれらの新しい特徴は，次に関係を形成した。操作を用いていたいくつかの組織に共通するもっとも基本的な特徴は

　　それらの組織が，アイデンティティやパフォーマンスの有効性の要件として組織の生存や存続を考えていないことであった。言い換えれば，短命な組織とは，活動を一挙に誇示した後，消え去るために存在しているのである。そうした組織は自分の物語を語らず，自身のイメージを将来に投影もせず，ただ今あるチャンスを掴むのみである。(p.88)

　Lanzara (1983) の言う短命な組織はどの組織とも似ていない：「何をなすべきかを誰も教えてくれないとき，人びとが行うこと，それが短命な組織である。・・・それゆえ，それはおそらくもっとも原始的な形の組織現象で」(p.88)，いわば，イナクトされつつあるのである。短命な組織は短絡的な局所的知識しか持っていない。その作用の範囲は露店の規模である (p.92)。それは，行為合理性で，漸進的というよりはむしろ突発的な変化をもたらし，そして局所的条件にとりわけ適応的である。短命な組織は，局地的

なニーズや発起人の自己表現ニーズ（pp.79-80）に合わせて作られているので，その内容の点で適応可能性は最小であるが，その短命であるとの形態自体の点で適応可能性は最大で，センスメーキングに非常に適している。地震による被災の直後，公的機関や政府の救済機関はその動きが鈍く，しかも的外れであった（p.74）。彼らの対応のマズサは目を覆うばかりであった。Lanzara（1983）が結んでいるように，「突如として混乱し，何にも頼れず，予測もできなくなってしまった世界，そしていったん自明と見なされた'慣例'の価値が現在および将来の行為にほとんど役立たなくなりつつあるところでは，人間社会やそのメンバーが公式の長期的展望にたった制度や手続に依拠しなくなり，非公式の短命な集団にますます依拠するようになったとしても，それは驚くべきことではない」(p.92)。

　短命な組織がセンスメーキングにとって重要なのは，そうした組織が行為を通して有意味な構造と環境を創造するからである。たとえば，地震のあった次の日に，崩壊した村の広場にコーヒー・ショップを開き，誰にでも無料でコーヒーを提供した人がいた。その提供されたサービスによって希望がよみがえり，人びとが出会ったり，休息をしたり，情報を交換したり，計画を立てたり，組織化されたりする環境がイナクトされたのである。二日目に，その人に二人の応援する人が加わり，仕事とサービスをもっと分化できるようにやり方が少々修正された（たとえば，子供にはミルクが提供された）。三日目に，その男とコーヒー・スタンドの姿はなくなっていた。聞くところによれば，軍隊がその村への立入を統制するために設けた検閲所を彼は通り抜けられなかったかららしい。

　そのコーヒ屋は，彼自身の活動がいまや適切で，有意味で，ふさわしいものとなった環境をイナクトしたのである。「しかし同時に彼は，もともとその活動にはかかわりがなかったまったく新しい諸関係を構築することで，その活動の意味を豊かにした。一言で言えば，彼は環境を**発明したのである**」(Lanzara, 1983, p.77)。彼の行為の主導性，その単純なテクノロジー，基本的な顧客 - 供給者関係の構築，絶えざる対面的なやりとりと，そしてコーヒー屋が自律的なやり方でコントロールできた行為のコンテクストでのあらゆるものが創造的活動で，組織と環境とをデザインしたのである。「彼の戦

略は単なる適応などではなく，彼自身の場の創造である。彼が**あの**作用をしなければ，**あの**環境は存在しなかったであろう。コーヒー屋がそれを成し得たのは，別様のリアリティーのモデルを形成し，そのモデルを用いて元の状況には存在しなかった創発的かつ創造的な特徴を生み出すという特殊な能力があったからである」(pp.76-77)。

行為を中心とするわれわれの考え方は，組織デザインの考え方にとって大きな意味がある。デザイナーが論じるように，コントロールは行為の原因ではない。コントロールは行為の結果である。行為は関係を生み出し，**次に**その関係が拘束や解放をもたらす。人が自らの制約を選択するとき，その選択が独立変数で，制約やその枠内での決定およびコントロールは従属変数になる。たとえば，現場にいる警官（Manning, 1988, pp.179-189）は，一定の許容範囲や自由裁量権を規定する上司や司令官とかかわりながら行為をしている。司令官や上司は，警官の行為をコントロールしようとしているだろうが，警官はこの範囲を広げるよう行為する。警官が自分の職務を遂行しうる唯一の方法は，彼らが自分で対処しうる環境や自分にとって意味ある環境をイナクトする許容範囲を持てるか否かにかかっていると言えるだろう。人が環境をイナクトするやいなや，コントロールが行われ，コントロールが後続の行為を形成する。しかし，行為がコントロールや秩序や構造を生み出し，それらすべてがセンスメーキングを発展させるのであって，その逆ではない。

Lanzara (1983) の事例は，Bryman, Bresnen, Beardsworth, Ford, and Keil (1987)，Goodman (1981)，Goodman and Goodman (1976)，Miles (1964)，そして Sutton and Louis (1987) によって記述された事例と同じように，他者が見ることができて解釈できる有意味な何かを創り出すのに，操作は大袈裟でも大規模でもある必要がないことを明らかにしている。"認知的寡占" の創出に関する Porac 等 (1989) の研究で明らかにされたように，操作は徐々に秩序と有意味性を創り出すことができる。

そして，操作の要点はそれが比較的直接的なことである。操作は，行為から始まり次に確信がそれに適応する少なくとも二種類あるセンスメーキング・プロセスの一つである。コミットメントでは，行為それ自体に焦点が置

かれ，確信が不可逆的な行為の実行を正当化するときに意味が付与される。操作では，夏時間や有毒な煙，あるいはコーヒーと仲間意識のような安定性に表される，行為の有意味な結果に焦点が置かれる。操作は不可解な世界に明確な結果を生み出し，これらの結果によっていま何が生じているかが把握しやすくなる。操作は，"見る前に跳べ"や"構え，撃て，狙え"というアドバイスを具体化したものである。操作は物事を生じさせることであり，それによって人は，その創り出された物事に取りかかり，それを説明し，いま生じていることについてより良い意味に到達できる。

　コミットメントも操作も行為から始まるセンスメーキングを代表するものである。コミットメントは，なぜその行為が生じたのか，という問題に焦点を当てることで意味を生み出す。操作は，何が生じたのか，という問題に焦点を当てることで意味を生み出す。センスメーキングは行為かその結果のどちらかから始まるが，しかしどちらのケースにおいても，行為かその結果の有意味な説明を創り出すために確信が修正される。

第8章
センスメーキングの未来

　Bob Sutton に本書の草稿を読んでいただいたとき，彼はセンスメーキングの研究年表の中に実証的，定量的研究があまり含まれていないことに驚かれた。彼はその点について次のように述べている：「ところで，面白いことにこのリストを見ると，実証的研究，とくに定量的研究が組織のセンスメーキングに関する今日の知識にはほとんど寄与していないことがよくわかる（小生としては，アイディアを検証するためにはそれが必要だと思うのだが）」（私信より，May 30, 1994）。

　過去について Sutton が述べたことは，未来についての示唆として解釈できる。その示唆するところはきわめて広い；実証的ないし定量的な方向への力強い転回が必要なこと，過去の理論化を統合するいっそう強力な理論が必要なこと，センスメーキングにかかわる諸々の問題を解くにはさまざまな思考法が必要だという事実，研究課題が自己実証的である（つまり，その研究課題に取り組むことは，見たい現象を選択的に示す）こと，センスメーキングが調査に対してポスト実証主義者の立場をとり続けていること，センスメーキングは意味内容を探る話であること，人は自身が考えていることを知るという課題についてさまざまな仕方で論じ合っていること，Bob の言っていることはおそらく単に彼自身の見解にすぎず，よくても程ほどの一般性しか持っていない（参考文献の50％近くが定性的実証研究であり，そうした研究が増えている）。少なくともこれだけ多くの示唆が与えられれば，読者はこうした示唆の向こうにほの見える次の研究段階の課題を知ることができるだろう。

とはいえ，未来の姿をいま少し見通すために，次の段階がどのようなものになりそうか，その方向といわずとも傾向をこの最後の章で示してみたい。私はそれを3つの点から試みたい。組織のセンスメーキングを簡単に総括した後，第一に，センスメーキング研究における内容と技法の両方を含む来るべき研究段階を示したい。第二に，これまでの章の議論から引き出すことのできる実践への示唆をいくつか提示したい。そして第三に，研究にも実践にも等しく適切な（センスメーキングの）心構えを提示してみたい。

組織的センスメーキングのまとめ

組織とは，ルーティンを相互に結びつける集主観性，解釈を相互に強化する間主観性，そしてこれら二種類の形態の間を行き来する運動，を継続的コミュニケーションという手段によって結びつける社会構造であると概念化された。間主観性のイノベーションと集主観性のコントロールの間で緊張が生じれば，往還運動とコミュニケーションが活発になる。組織をセンスメーキング・システムとして考えるなら，組織の目標とは，環境を安定させ，予測可能なものにするために再発的な事象を創り出し同定することである。意味ある事象とは，以前生じた何かと似ている事象である。

組織のセンスメーキングの特異な点は，前提コントロールや人的互換性を確保するために，集主観性が常に働いていることである。集主観性は，議論，予期，コミットメントそして操作というプロセスを通じて働く。そうした4つのプロセスは，互換を可能にする役割というものを生み出し，行為の共通前提となる論議，期待，正当化そして客体を生み出す。そうした同じ4つのプロセスは，論議，期待，正当化そして客体のイノベーションが形成される親密な間主観的相互作用を支配する。

組織では，迅速な社会化，分散している資源のコントロール，各利害関係者に対する正当化，測定可能な結果そしてアカウンタビリティーなどの必要性から，集的なセンスメーキングへの圧力が強い。集主観性は，人びとが互換できるような管理構造を創り出す。この構造によって，人は綿密に調べな

くとも，世界は意味をなし，物事はコントロールしうると思えるのである。理論家はこうしたシナリオをあるいは組織文化の証として，あるいは制度によるコントロールのそれとか，権力と政治力の行使の証として解釈しているようだが，それらの核にあるのはいずれもセンスメーキング・プロセスなのである。

　こうして次第に浮かび上がってきた組織的センスメーキング・プロセスの全体像には，組織が実際に行っているもの，すなわち仕事というものが欠けていると思われるだろう。仕事はセンスメーキングの分析に欠かせないものだが，少々奇妙な形で登場する。仕事とは，先任者によって区切られ，正当化されてきた活動に取り組むことである。仕事に関して何が重要かと言えば，センスメーキングの視点からすれば，それを円滑に進めていくのに用いられる型，およびその型が再定義を許容する程度である（再定義プロセスの詳しい記述は，仕事の進化に関するMiner，1990の議論を参照されたい）。ここでShils（1981）の洞察を思い出されたい。伝統は行為それ自体にかかわるものではない。なぜなら行為は生じた瞬間に消えてしまうからだ。過ぎ去った行為には，そのシンボリックなイメージが残されるだけである。テクノロジーはこのシンボリックな残像をかなり減らすかもしれない。とはいえ，テクノロジーの使用がワザの型で行われるので，残像が完全に無くなることはない。センスメーキングにとって重要なのは，こうした消え去ることのないシンボリックなイメージである。こうした残像の意味していると思われるものが言語化され，さらに組織にとっての意味が付与されるとき，仕事は有意味なものとなる。そして，この有意味性が以前の正当化と区切りとを再びイナクトする。要するに，"慣行的"行為パターンや"ルーティン"は完全に自動的に行われているわけではなく，常に繰り返し達成され発展しているのである。こうした達成が繰り返されると，それはイノベーションや間主観性につながり，あまり繰り返されないと，コントロールや集主観性につながる。センスメーキングとは，特異で移りゆくものに対処していく常に進行中の営みである。より印象的な言い方をすれば，センスメーキングは，「この変わりゆく世界が決して無意味にならないように類似や統一といった精神の力を持続しつつ，世界の多様性や変異性をいかに受け入れるかという

課題にかかわっている。・・・現代的であるということは，新しいもののために過去を犠牲にするという問題ではなく，われわれが創り出した価値を維持し，比較し，忘れないという問題で，そうすることによって現代の価値を失わずに過去の価値を現代的にするのである」(Fuentes, 1990, pp.49-50)。

センスメーキングの未来；研究

　読者はこれまでの議論でセンスメーキングに対し何らかの感じをつかまれたと思われるので，次にその感じをより明確にするため，われわれがここから進んでいく段階，特に，われわれが何を知らなければならないのか，なぜそれは知っておく価値があるのか，という段階のあらましを示しておこう。これは，実質の問題というばかりでなく技法の問題でもあり，本節ではその両方について論じる。

　そもそも自分たちがどこにいるかについて合意が得られないなら，何を知らなければならないかについての合意を得ることなどとうてい望めない。これは，弱いパラダイムしか持たずに研究するとき出くわすごく当たり前で自然な問題である。とはいえ，問を進めていけば合意が得られる何らかの段階があるはずである。そうした皆が合意するところとして，Czarniawska-Joerges (1992) の：「意味や人工物は集合行為の複雑なネットワークの中でどのように生産・再生産されるのか？」(p.37) という問題こそセンスメーキング研究においてもっとも重要であるとの主張が妥当なところだと思う。また，センスメーキングの今後の研究に基礎を提供してくれる具体的な成果がいくつか存在するということにも合意が得られると思う。たとえば，政策策定 (Feldman, 1989)，社会化 (Louis, 1980)，大学運営 (Gioia & Chittipeddi, 1991)，医療ケア (Westley, 1992)，専門書の出版 (Levitt & Nass, 1989; Powell, 1985)，リハーサル (Weick, Gilfillan, & Keith, 1973) といった，センスメーキングが疑いもなく行われている場面が確認されている。また，社会調査 (Leach, 1967)，お手軽に集めたデータの集合 (Hirsch, Michaels, & Friedman, 1987)，シミュレーション作成者の意味づけにも

とづいたコンピューター・シミュレーション（Carley, 1991）といった方法論が，センスメーキングを考察するのにほとんど役に立たないことも確認されている。また，レストランの立ち上げを調べるのに用いられたLincoln and Guba (1985) の自然誌的調査法，新任の大学総長が自分および他者をいかに意味づけるかを捉えたグラウンデッド・セオリー (Gioia & Chittipeddi, 1991)，消防士がセンスメーキングするために用いるチェック・リスト (Klein, Calderwood, & Clinton-Cirocco, 1986, p.576)，CEOに自社のインフォーマントとして働いてくれるよう依頼するケース・シナリオ (Thomas 等, 1993, p.261)，人びとが働いているときに自明視しているものを明らかにするための離職者インタビュー (Fineman, 1983)，政治闘争を綴った日誌 (Dalton, 1959, p.278)，CEO が自社と外部の世界の境界をどのように定義し意味づけるかを知るための株主向け文書の記号論的分析 (Fiol, 1989)，学区内のセンスメーキングへの権力の影響力を明らかにするための弁証法的分析 (McGuire, 1986, 1992)，あるラジオ局の番組構成を変えるという"同じ"決定が，従業員に異なって受け止められてゆく様子を調べたフィールド観察 (Krieger, 1979)，会計報告書を経営者が解釈する仕方を調べた実験室研究 (Boland, 1993)，そしてセンスメーキングのために用いられるストーリー・テリングの参与観察 (Boje, 1991) といった方法論を用いれば，より良い理解が得られることがわかっている。

　これらの研究は一見多様に見えるが，その多くにはいくつか共通する特徴がある。

1. 研究者は，行為をコンテクストと結びつけて記述している。そのコンテクストが単なる机上のものであるようなときでも，彼らは言及されている場面の密度をなるべく失わないよう心がけている。どちらのアプローチでも，個人-状況間の相互作用やかかわり方を暗示する説明がなされている。
2. 観察者は，調査する側が規定したモノサシなど当てにせず，誘導や既製の構造化をなるべく排したところで参加者が言ったり行ったりすることを重視する。あくまでも参加者のテクストが中心である。

3. 観察者は研究室からとび出し，参加者の近くで観察している。
4. 観察者よりもむしろ参加者が作業環境を定義している。
5. 発見された事実は，仮説よりもむしろパターンによって記述されている。
6. 説明は，ア・プリオリな理論もさることながら常識やもっともらしさ（Daft, 1980）に照らして検証されている。
7. 情報の密度と意味の迫真力は，正確性や再現可能性と同じくらい重要である。
8. 個人-状況間の相互作用は特定の個人や状況の種類に左右されることなく似通う傾向があるとの仮定の下，多数のケースを選択的に精査するよりも少数のケースを集中的に精査する傾向がある。
9. センスメーキングは観察する場面でとりわけ捉えやすい傾向がある。どの場面を調査するかは，代表性よりも，現象へのアクセスのしやすさの点から選ばれている。
10. 適切な物言いを求めて，観察者はどのケースにおいても，単に頻度をカウントすることなどせず意味を扱える方法論を工夫している。その方法論はみな予期せざる中断に対して状況固有の説明が生み出される様子を捉えられるよう組み立てられている。

こうした共通性を規範的なものとして受けとめてはならない。そうではなく，それらはセンスメーキング研究と結びつくことの多い方法論のための心構えを示しているのである。いっそう興味深いのは，それらが改良・修正に寛大なことで，そのためセンスメーキングのどの概念がこれまで用いられてきたアプローチに特有なものなのかがわかる。

センスメーキングとは展開するものだと巧妙に示唆する言語の構築では，いくらかの成功が収められている。たとえば，脅威／好機（Jackson & Dutton, 1988），センスギビング（Gioia & Chittipeddi, 1991），フィルター（Starbuck & Milliken, 1988），イナクトメント（Weick, 1977），正当化（Chatman 等，1986），レシピ（Spender, 1989），行動による確認（Snyder, 1984），そして慎重な相互関係形成（Weick & Roberts, 1993）

などがそれである。また，管理活動をセンスメーキングの観点から捉える試みもある。たとえば，意味の管理（Limerick, 1990; Smircich & Morgan, 1982），企業リニューアル（Hurst, Rush, & White, 1989），戦略課題管理（Dutton & Ottensmeyer, 1987），そしてリーダーシップ（Conger, 1991; Pondy, 1978, Thayer, 1988）などである。また，Barley (1986)，Dutton and Dukerich (1991)，Isabella (1990)，Jackson and Dutton (1988)，Manning (1988)，Mintzberg and McHugh (1985)，そしてPorac等（1989）といった，パラダイムの見本例になる研究がある。こうした成果がさらに拡張されれば，われわれのセンスメーキングの理解も向上するだろう。

　また，これまでの章の中で確認された諸々の問題との今後の取組みからも向上がもたらされるだろう。たとえば，コミットメントの話（p.214）では，人が行為に拘束されると，その行為を正当化する説明がもっぱらセンスメーキングになると論じられた。言い換えれば，解釈がコミットメントを意味づけるのである。しかし，気質からであれ状況からであれ，行為することが難しい人はどうなのか？　彼らは無数の無意味な事象を経験しているのだろう。なぜなら，彼らはセンスメーキングを絞り込む行為をほとんどしていないからだ。こうしたことを考慮すると，シャイな人は行為することが難しいと考え，疎外されている人は行為をし続けるのが難しいと考え，気落ちしている人はそのどちらも難しいと考える，というBrickman（1987, pp.70, 229）の観察に興味を引かれる。パーソナリティー変数に関するなにがしかの予測はさておき，Brickmanの観察は次のことを示している。すなわち，躊躇や疎外や絶望を引き起こす状況は混乱として経験されるにちがいない。なぜなら，そうした状況は，後に意味がそれを核に結晶する行為をしにくくしているからだ。このような仮説的シナリオは，同僚たちが人員削減のため解雇された後，残留している人たちについての報告とよく似ている（たとえば，Brockner & Wiesenfeld, 1993）。残った人たちが感じた混乱は，"生き残った者が抱く罪悪感"からではなく，むしろ行為できないことから生じている。だとすれば，行為せざるをえないようにする手立てのほうが，罪悪感を紛らすような手立てよりも，混乱を減じるのに効果があるだろう。

前の話からはまた別の問題が引き出される。たとえば，ヒエラルヒーや垂直型組織から，プロジェクトや水平構造化や自己管理チームへの今日の動向を考えてみよう。本書の言葉で言えば，こうした動きを見るにつけ，集主観性が組織特有の属性だと言い続けるのが覚束なくなる。集主観性や互換性を可能にするルーティンや役割や予期は，親密性や自由裁量や近接性に富んでいてかつエキスパートとしてよりもむしろコラボレイターとして働ける小規模集団に道を譲ろうとしているかのように思える。もし組織単位がその使命，規模，構成を変えてばかりいるなら，組織を集的に記述しようとしても無意味になる。これは，間主観的なセンスメーキング――もしくは何らかの新しい社会形態――が，組織を定義する新しい属性となることを意味しており，そうであれば，親密な関係と結びついたようなミクロ・ダイナミクス（Berscheid, Snyder, & Otomo, 1989）が，組織のセンスメーキングにおいてより大きな影響力を持つようになる。さらに，一般的に言って，相互作用的な間主観性においては自明視されるものが（集主観性に比べ）少ない。それは，組織的なセンスメーキングが間主観性との関係を深めるにつれて，意識的情報処理が多く見られるようになることを意味する。大半の注意が意識的情報処理に費やされるので，さらに多くの手掛りが見落とされるようになる。その結果，問題が長期にわたって気づかれないままになり，いったん問題が気づかれても，それは深刻で，解決しがたいものとなる。このような可能性はもっぱら，意識的処理と自動的処理との間のバランスを変える構造化の変更のもたらす主観性の変化に起因する。組織に古くからある効率性は集的理解にもとづくルーティンや他のテクノロジーの多用からもたらされるが，誰もが関与できる間主観的手続に組織が立ち帰るようになるとその効率性は失われてしまう。問題は，垂直的より水平的に組織化されるのもよいが，そのためセンスメーキングに何が生じるかを知る必要があるということだ。集主観性や意識的処理の発生率に変化が生じるだろうか？　もし生じるなら，そうした変化は，淘汰，社会化，スキャンニングといった他のプロセスにどのような影響を及ぼすのだろうか？

　上述のことは，組織のデザインが変わるときに何が生じるかについての理論的シナリオである。とはいえ，シナリオなどなくてはならないものではな

い。シナリオの主たる価値とは，理解を得るために観察したものと比較するときの基準として役立つことである。センスメーキングに関する昨今のアイディアの多くが垂直的なヒエラルヒーを仮定していることはよく知られている（たとえば，不確実性はコミュニケーションが上方に流れるとき吸収される）。こうした仮定の代わりに，Winograd and Flores の言う会話のネットワークのように構造化が水平的に行われるとしたとき，センスメーキングに何が生じるか，これがわれわれの知らなければならないことである。

　構造化は垂直的ないし水平的に行われるというだけでなく，機械的ないし有機的でもある（Burns & Stalker, 1961; Tichy, 1981）。一見，機械的構造は集主観性に，有機的構造は相互作用的な主観性に適っているように思えるかもしれない。しかし，そうした結びつけ方はおおまかなものでしかない（Blau & Alba, 1982; Courtright, Fairhurst, & Rogers, 1989）。証拠が示すところでは，不安的な環境においては，有機的で柔軟な構造のほうが不安定性にうまく適応できる。問題は，この適応の良さがセンスメーキングの成功と直結しているかどうか，である。もし有機的システムの中で働いている人が，不安定な環境に関して安定的な解釈をうまく創造するとき，それが成功すると有機的システムは時代遅れで，不能率なものにならないだろうか？　解釈が環境を安定させるのなら，その安定性に対処するのに適した形態は機械的システムなのだ。集団思考が発展する初期段階の様子は，まさにこのように進むだろう（Janis, 1982; Tetlock, Peterson, McGuire, Chang, & Feld, 1992）。いったん有機的組織が環境を安定させる解釈を生み出すと，安定性は機械的な形態の方を好むので，機械的形態へのシフトが生ずるだろう。この機械的形態は新たな不安定性に対して以前ほど敏感ではなくなり，つまるところ組織は有効性をいくらか失うことになろう。有機的組織が環境を安定化させて，（機械的形態のルーティンで十分間に合うのに）有機的なままでいて，無駄な注意や意識的情報処理を続けるならば，組織は衰退するが，こうしたことにも注意しなければならない。

　自己成就的予言，イナクトメント，行動によるコミットメント，ラベリング，イノベーションそして意味のマネジメントといったセンスメーキング・プロセスに対する境界条件について，いま少し知る必要があるが，これは扱

いにくい問題である。これまで私は図々しくもこれらのプロセスをあらゆる規模，形態および産業の組織に適用できるものと一般化してきた。私がこの問題を扱いにくいとのラベルを貼った理由は，それがあらゆる種類の存在論的不安が投げ込まれるゴミ箱の一つに容易になりかねないからである。境界条件の内側では説明が有効だが，外側では有効でないという考え方（Dubin, 1976）は，観念主義者や構築主義者のものというよりも，実在論者や実証主義者のものである。また，境界条件という考え方は，解釈は科学の一つの次元ではなくむしろ科学のほうが特殊で突出した解釈の一つであると主張する人（Taylor, 1987）のものというよりも，解釈的パースペクティヴを数あるパースペクティヴの一つであると考える人（Hassard, 1991）のものである。

　Keesing（1987）によれば，解釈的パースペクティヴには次の3つを過小評価する傾向があるそうだ：つまり，コンテクストから課される制約，情報の分布状態，そして権力や既得権の格差である。したがって，制約のこれら3つの源泉にそれぞれ差があるとき，解釈に何が生じるかを知らなければならない。これに関連して Burrell and Morgan（1979）は次のように論じている：

　　もし，現象学者たちが存在論の問題に取り組む気があるなら，人が自らのリアリティーを象るのに際して相対的に**わずかな**（ゴシックは引用者）自由裁量権しかないと一般に見なされている状況を研究することが必要なのではないか。これまで，現象学的調査は，受付係，地方検事，警察官，婦人科医といった機能主義的理論家の目から見て自由裁量権が大きいと思われる役割に焦点を当ててきた。わずかな自由裁量権しかない状況（たとえば，組立ラインの特性）と見なされているものに関する現象学的研究は行われなかったと言わざるをえない。（p.276）

　われわれは，わずかな自由裁量権しかない条件下でのセンスメーキングについてもっと知る必要がある。ところで，有毒物質を扱う作業の行動に関する Jermier, Gaines, and McIntosh（1989）の研究，わずかな自由裁量権

しかないディズニーランドの仕事に関する Van Maanen（1990）の研究，機械工としての生活を調べた Tulin（1984）の研究など，わずかな自由裁量権しかないケースに関する有望な研究を改めて見れば，実際はどんなセンスメーキング・プロセスが研究対象となり，どんなプロセスが敬遠されたかがわかる。これは見た目ほど簡単な作業ではない。自由裁量は，単に仕事そのものに設計されているというものではなく，むしろ社会的に構築されるもので（Salancik & Pfeffer, 1978），部外者の目から見れば自由裁量の少ないセンスメーキングも，内部者から見れば自由裁量権の大きなセンスメーキングであるかもしれないのだ。

　解釈，センスメーキングそして社会的構築は不確実な場面でもっとも影響力を持つという議論が組織研究では繰り返されるが，これは境界条件の話だと言える。自己成就的予言，イナクトメントそしてコミットされた解釈といった現象は，混乱した環境の中で非ルーティン的意思決定を下さねばならない，新しく，小規模でプロフェッショナルな組織においてもっとも多く観察できる。一方，ルーティン的意思決定を下さねばならない安定した環境と向かい合っている，古くて大規模なプロ的でない組織では，この同じ3つの現象を目にすることは少ない。私の組織タイプのリストと，Burrell and Morgan の自由裁量の大きい役割に関するリストとの間には重なり合うところがあることに注目されたい。高い不確実性と強力な解釈とを結び付けている場面として，中学校（Weick & McDaniel, 1989），大学（Cohen & March, 1974; March & Olsen, 1976; Milliken, 1990），病院（Heimer, 1992），警察制度（Feldman, 1989）などが研究されている。それらはちょうど，人が自由裁量権の大きな役割に就いている場面でもある。わずかな自由裁量しかない全制施設（Goffman, 1961）におけるセンスメーキングは，いまや大きな関心を引きつけるトピックとなっていて，これまで論じられたどのプロセスが生き残り，どのプロセスが新しく創発するかを知ることができる。

　ますます重要になりつつあるもう一つの領域は，情報テクノロジーとセンスメーキングとの関係である（たとえば，Fulk, 1993; Prasad, 1993）。Orlikowski（1991），Pentland（1992），Weick（1990a）の論文に見られる

ように,研究者たちはテクノロジーを解釈的パースペクティヴに沿って記述するのに次第に慣れてきている。上述のどの論文も,テクノロジーの物的影響力のみならず,テクノロジーにともなう意味も大きな影響力を有していると見なしている。センスメーキングにとってますます大きな問題となりつつあるのが,情報テクノロジーのスピードや複雑性と,情報技術のアウトプットを理解する人間の能力との間の不均衡である。こうした不均衡は,潜在的に昂奮の増大をもたらす。高度信頼システム(Sagan, 1993)や,軍事的指令統制システム(たとえば,Lanir, 1989)に関する研究は,この潜在的問題についての警鐘となっている。

Lanir (1989) は,分散された意思決定・エキスパート・システムからなる軍事的指令,統制,コミュニケーションおよび知能システム(略してC^3I)の推測と人間の判断との間の無視しえない問題を明らかにした。その問題とは,そうしたシステムが,数多くの"条件的に独立した"事象が同時に発生する確率を過小評価していることであり(p.489),このような過小評価は"考えがたいこと"がかなり起こりうるものであると気がついたとき,大惨事につながりかねないのである。また,このエキスパート・システムは,プログラムされていた区分が役に立たなくなったとき,何が生じつつあるかを判断するのに,新たな区分を環境に押しつけるのを困難にしている(p.491)。C^3Iのテクノロジーは,対面的な接触からもたらされる面識や歴史など重要でないとの幻想を抱かせてしまうが,そのような幻想は1980年4月25日のイランに対するアメリカ人救出作戦によって打ち砕かれた。ヘリコプターが誤作動を起こしつつあり,作戦を継続するのに必要な部隊の規模に関して鋭い意見の対立があり,指揮系統が不明確であったときに,別々の指揮官に導かれた4つの部隊が,当面の作戦のために現地へ向かう途上で初めて合流した(p.110)。その作戦を中止する決定が下されたのは,ヘリコプターがC130給油機に突っ込み,8人のクルーが焼け死に,そのまま秘密文書と共に置き去りにされた大惨事の後であった。既存のプログラムは,ア・プリオリに"コントロール可能"だと判断されるものに焦点を置くきらいがあるが,それは,即応,リフレーミング,区切り直しをするのに必要な情報が手に入らないということを意味する。観察者はテクノロジーの押しつけがましい結

論に捕われ，理不尽な綜合だと思われるものにも疑問を抱いたり，覆したりするための時間やデータを持てなくなる。

Lanir（1989）は事柄の本質を次のようにまとめている：

> 人間は意思決定の規範的な合理モデルの要件を完全に満たすことなどできないのに，その規範的モデルのルールに厳密に従う意思決定支援システムを設計することはできるというところにパラドックスがあり，いったんそうしたシステムを設計してしまうと，それに抗うことはほとんどできなくなる。警戒体制と複雑性のレベルが上がるにつれて，C^3Iの早期警戒システムは，あらかじめ規定されている因果のロジックにいっそうタイトに従うようになり，その因果ロジックに決定を委ねるよう厳しい圧力を意思決定者にかける。やがて，彼は，以前区切られたものを区切り直す人間の認知的特性を放棄してしまう。

上の引用文は，ディシジョンメーキングとセンスメーキング，合理性と非合理性，事実と価値，および論証と物語の間にある緊張関係についての簡潔な要約である。情報テクノロジーは，意思決定合理性によって主導されており，行為合理性ないし物語合理性によってではないというのが全体の要点である。さらに，意思決定合理性を信奉しているエンジニアが意思決定合理性をテクノロジーの中に組み込んでしまったとき（Perrow, 1983; Winner, 1986），そして，展開している行為から遠く離れた上層部がそのテクノロジーを動かすとき，意思決定合理性を覆すのは容易でない。

この文脈で興味深いのは，湾岸戦争の最中に Gus Pagonis 将軍（1992）がロジスティクスを統制するために用いた戦術である。これまで実施されてきた中でもっとも成功したと見なされているこのロジスティクス作戦は，人びとが自分たちの要求や問題を書き出す3×5インチ幅のカードによって集約され実行された。これらの要求や問題はいろいろなチャネルを通して物理的に伝送された。そのロジスティクス情報システムは，人間が予期せざるロスやゲインを意味づけるのと同じペースで動き，同じカテゴリーや隠語を使用していた。他方，情報テクノロジーをフルに活用したペルシャ湾岸の別の

司令部から発せられた作戦には，ムラがあったと思われるようになっている（たとえば，Atkinson, 1993）。人が自らの世界として扱うようになるものを情報テクノロジーが事前に構造化してしまうとき，何が失われ，何がもたらされるかを把握しようとするなら，この種の比較作業がさらに体系的に行われなければならないだろう。少なくとも，情報テクノロジーは事象間の結びつきをタイトにする（たとえば，Orlikowski, 1991, p.36）——あるいは，ある人が言うには"情報の遊び"を減じる——が，それによって相互作用の複雑性とノーマル・アクシデントがさらに広まる可能性は高くなる。

　これらの諸問題を考えると，われわれは意思決定支援システムのみならず，センスメーキング支援システム（Weick & Meader, 1993）について，すなわち，そもそも何が支援されているかについてもっと多くのことを理解する必要がある。もう一度，7つの特性に戻ってみよう。もしセンスメーキングが複数のアイデンティティの錯綜する問題であるとすれば，意味が情報テクノロジーによって媒介されるとき，どのようなアイデンティティが支持され，どのようなアイデンティティが排斥されるのか？　そのためどのような結果がもたらされるのか？　記憶が完全となり，後知恵のバイアスや選択的忘却や再構築における脚色がなくなるとき，回顧的センスメーキングに何が生じるのか？　記憶をサーベイする手間が省かれる分，現在の事象に焦点が当てられるようになるのか？　現在を生き，完全記憶の重圧をうまくかわすようになるのか？　抽出された手掛りは，完全記憶という条件下で抽出され過去に結び付けられるとき，それが行為を継続させるのに十分な構造を提供するので，センスメーキングに対してさらに大きな影響力を持つようになるのだろうか？　こうしたことはどれも，きわめてミクロ・レベルの問題のように思われるかもしれない。部分的にはその通りである。なぜなら，われわれは細かなレベルで，スクリーン上に現れる謎めいた世界に人がいかに対処しているか，を知る必要があるからだ。しかし，こうしたアイデンティティや回顧や手掛りの使用といった問題は，システムやネットワークや共同体にとってもそのまま当てはまる。そうしたより大きな単位はトップ・マネジメント・チームを持ち，多様なアイデンティティや今期の四半期業績それに株主の反応を形成する行為の仕方に悩んでいる。トップ・マネジメントの

センスメーキングが情報テクノロジーによって媒介されるとしても，こうした悩みは依然として彼らのセンスメーキングに影響を及ぼす。しかし，そこで形成される意味は違ってくるかもしれない。われわれが知る必要のあるのは，これらの影響がどのようなものであるか，だ。なぜならば，情報技術への依存は，組織化において急速に定着しつつあるからである。

これまで述べてきたようにマクロ的色彩が強まっていくと，話は最終的に集合的センスメーキングの問題となる。集合的センスメーキングは，文献を読むだけでは気づかれないだろうが，"共有された価値観"以上のものである。共有された価値観は，企業文化の研究において何やら経文のようになっているが，共有という言葉はあいまいで，何かあるものを分割し配分することなのか，または何かあるものを共通に持つことなのかわからない（Cole, 1991, pp.18, 398）ので，そうした研究は不幸としか言いようがない。また，共有された価値観は強引な押し付けからも共同決定の経験からも生まれるので，たとえその言葉自体が明確であるとしても，やはりあいまいである。**共有する**という言葉は，一見過程を記述しているように見えながら実は結果を記述している，いわば何も説明しない（Sandelands & Drazin, 1989）やっかいな達成動詞の一つである（Ryle, 1949）。解釈主義者だけがそうした言葉の問題と格闘してきたわけではない。人口生態学者も，**淘汰**というこれまた一筋縄ではゆかぬ達成動詞の上に壮大な神話を打ち立ててきた。それゆえ，われわれがなさねばならないことの一つは，何かを共有するとはどういう意味かについての理解をさらに緻密にすることである。

そのような緻密化に向けた一つの動きとして，集合精神（たとえば，Perry, 1922）というやっかいな問題を再検討する最近の試みが挙げられる（Daft & Weick, 1984; Hutchins, 1991; Sandelands & Stablein, 1987; Wegner, 1987; Weick & Roberts, 1993）。組織とは解釈するための設計図であるというMarchの主張を思い起こされたい。組織は，自分たちの行為の理論が受動的か能動的か，また自分たちの環境を分析可能と見なすか不可能と見なすかで異なる構造を持ち，その構造にしたがってスキャンし，解釈し，学習するシステムである，というDaft & Weick（1984）の論述によってこの提言は実質が与えられた。受動的／能動的の次元は，イナクトメ

ントの程度や最初に問題となる手掛りの抽出の仕方をもっとも明確に表しており，分析可能／不可能の次元は，回顧，進行中の事象そしてもっともらしさのミックスしたものを反映している。組織が解釈システムとして扱われるとき，戦略的課題管理（Dutton & Ottensmeyer, 1987），学習（Brown & Duguid, 1991），意思決定フレーミング（Milliken, 1990），センスギビング（Gioia & Chittipeddi, 1991）といった新たな課題が生まれることが明らかになっている。

　集合精神に関する最近の議論は，解釈システムのアイディアをいっそう前進させている。これらの新たな議論は次の3つのどれかを試みている；観察者が大きな単位の精神やセンスメーキングについて考察できるような言語概念を提起すること（Sandelands & Stablein, 1987; Weick & Roberts, 1993）；集合的センスメーキングによく似た実験室を構築すること（Liang, Moreland, & Argote, in press; Wegner, 1987）；あるいは，集合的センスメーキングをコンピューターでシミュレートしようとすること（Hutchins, 1991）。これまでは，精神の集合的な操作に焦点を当てた継続的なフィールド観察が試みられてきた（ソフトウェア・エンジニアリングにおける集合精神の有望なフィールド研究については，Kammerer & Crowston, 1993を参照のこと）。そのような観察の内容に関しては，Weick（1993）やRoberts and Hutchins（1991）によって記述された空母甲板上でのフライト・オペレーションや海兵隊のナビゲーションに関する事例の中にヒントがある。NASAの創生期にフォン・ブラウンによって構築されたコミュニケーション・システム，とくに彼の担当部署からの毎週月曜日集約の非公式な経過報告書に関するTompkins（1993）の説明の中にも集合精神についてのヒントがある。また，新生児集中治療室で生じる問題（それは集合精神があまり発展していない場合に生じる問題であるように思える）に関するHeimer（1992）の記述の中にもヒントがある。

　集合的センスメーキングの研究をいっそう推し進めることが重要である。なぜならば，それによって，心理学の概念に裏付けられた個人レベルの分析を用いて理解されるミクロな問題に組織のセンスメーキングの問題を矮小化する傾向に歯止めがかけられるからである。そうした矮小化を正す方法は，

Staw and Sutton（1993）のマクロな組織心理学に関する議論の中ですでに示されている。

センスメーキングの未来；実践

　これまでは，集合的センスメーキングとは，言葉を用いて，現実的結果をもたらす場や構造を構築することで，それについてさまざまに論じてきた。人は言葉や意味や行為をいくらかコントロールできるので，自分たちを組織化すること，好機を見出すこと，そしてプロジェクトを追及することもいくらかコントロールできる。不確実やあいまいや驚きのときのある種の感覚が意味不明であれば，その不安な状態を修復してくれる実践や行動原理はありがたいし，大きな影響力を持つだろう。本節で，そうした実践や行動原理がどのようなものかについていくらか示唆できればと思う（同じことを言った人として次の人たちが挙げられる，Limerick, 1990; Peters, 1980, 1982; Pfeffer, 1981; Trujillo, 1987）。私はそれをあえて言葉で表現してみる。というのは，見事なセンスメーキングの行為には即興，ブリコラージュ，実行，機知といった言葉を寄せつけぬ要素があるからだ。しかし，言葉で表現することによって，物語やもっともらしさや会話を魅力的にしている折角のものを台無しにしてしまうようなレシピやルーティンの正体がわかってこよう。それはともかく，私のこれまでの話にも実践への示唆がいくらかあるように思えるが，その示唆は各人の必要に応じて埋めるべき余地を残している。

　7つの示唆について説明する前に，次のことを言っておきたい。つまり，人びとが混乱に陥ったときに無意識にやっていることについて読者を前もって意識させたという意味で，本書全体が実践のための訓練になっていた，と。私は，人びとがこれまでほとんど意識せずにやってきたことについて自覚的になればなるほど，本書の記述の巧妙な点や豊かさに気づかれるだろう，と考えている。リッチな意識的処理が自動的かつ慣習的になるにつれて，関係付けの能力は高まり，それにともなって能率とアイデンティティも

高まるだろう。たとえ，これまでの章が組織について高い知識を持つ研究者のために書かれていたとしても，組織での経験を積んだ人に注意深く読んでいただければ，これまで意思決定という人目を引く仕掛けの裏に隠されてきた組織の生の特性についていっそう自覚が高まるだろう。つまるところ，読者が私の話からどんな場のためにどんな"教訓"を引き出したとしても，それはすべて実践のための信頼しうる示唆なのである。

これまでの分析を行為のための原則に翻訳すると，それはおおよそ次のような話になろう。

1．行ったことを語れ

管理者は自分の説教したことを実践するよう常に求められるので，他の人たちもその説教をマジメに受け取り，それを仕事の中で実行するようになる。そこでは偽善は罪で，してはならぬことなので，管理者は"言ったことは行え"と常々聞かされている（Tichy & Sherman, 1993）。この忠告に反論する気はないが，ただしそれは，人間がたくさんのことを語り，語りは騙りと割り切れる名人ならばの話である。管理者が言ったことを行うときでも，部下がその言葉をまったく別の言葉に結びつけるならば，その行いも偽善になってしまうということがよく生ずる。言行一致とか同行同見とよくいわれるが，それらは行為に過剰な言葉の中から矛盾する言葉を結びつけないようにとのかなわぬ願いを表したものである。組織の生の多元的なリアリティーの中では，こうした問題はどれもごく自然で当たり前の話である。

言ったことを行おうとするとき失敗する理由の一端は，そもそもそうしようとすることが最初から失敗するようになっているからだ，というのが本書の論点である。彼らは物事を逆さまにやっているから，失敗は避けられないのだ。行うことは，語るに値する何ものかを発見するための手段である。人は自分の言ったこと，自分の感じたもの，自分の歩いたところを知ることによって自分の考えていることを発見する。話すことによって意味が生まれるがそれは行ったことについてであって，言ったことをもっともうまく行える人とは，もっとも頻繁に，もっとも集中的に，そしてもっとも満足に行った

ことを実際に語る人である。私が行うことを私が知らずして私が評価しているものをどうして知りえようか？　人は自分の行為，つまり行ったり語ったりすることについて意味を生み出すのである。もし言ったことを行うよう強いられるなら，それはアカウンタビリティーを高めるが，警戒心と惰性をも高め，リスク・テイキングとイノベーションを減じるだろう。そのような結果は，恐れから生じるのではない。それは，言ったことを行うべしと思い込んでいる人はよく分からない言葉のために何かを行ってみたり探究してみようとはなかなか思わないことから生じるのである。よく理解できないものはコントロールできないものと見なされやすいので，好機の面よりも脅威の面ばかりが目についてしまう。かくして，イノベーションは断たれる。

　人は考えるために行為する（Isenberg, 1986）。あたかも，自分の考えていることを知るために語るように。あるいは，ここの言葉で言えば，人は語るに値するものを見つけるために行う。語ったことを行えと言われるとき，発見を宿している行いは規制されてしまう。行いが，過去の手持ちの言葉の正しさの保証書に矮小化される。こうして，人は既製の言葉では不適切で，新しい言葉が必要になるものを見つけるような行いをしなくなる。"行ったことを語れ"ということは，その言葉のもっとも良い意味において機会主義的である。現在の行いの意味を与えてくれる言葉を探索することによって，いまだハッキリしない原因に適応することができるようになる。

2．管理者は作家である

　行ったことを語る人でも，その語りが微妙さ（Trujillo, 1987, p.55）や香りに欠け，陳腐な決まり文句で満たされているならば，そのセンスメーキングは物足りないものとなろう。言葉の選択こそ大事である。なぜ大事かと言えば，フィルタリングに関する議論からもわかるように，信ずることは見ることだからである。われわれは見たいものを見，そうした予期は，それを運ぶ言葉次第で鋭くなったり鈍くなったりする。"不適切な手当て"という言葉では"幼児虐待症候群"ほど注意を引かないし，行為のきっかけにもならない。ミセス・フィールドというクッキー・ショップのオーナーは，クッ

キーの匂いと試食品で商売を盛り立てているが，そうした手法を指してお客に"寄せ餌をまいている"と言ったら露骨に過ぎるだろう。戦略空軍司令部が，"平和こそわれわれの仕事"から"戦争こそわれわれの仕事：平和はその結果だ"にスローガンを変えれば，まゆをひそめられる。"たなぼた税"とか"大量首切り工場"といった言い回しは，なんということもない行為の特性を際立たせ，記憶しやすく忘れがたくしている。

　行為自体というよりは行為のイメージが人から人へと伝わっていくが，そんな行為の世界では，語彙の豊富さが大事である。豊富な語彙を有していれば，行為の意味をあれこれ解釈する機会が増え，ともすれば脅威と見なされたであろうものに潜在的な好機を見出せるようになるかもしれない。

3．管理者は歴史家である

　これまでの話から，決定ということの新しい意味がおわかりいただけただろう。それによれば，決定者とは，ある結果を取り出し，その結果を直接導いたように見える歴史を回顧的に構築する人のことである。人は，そのときそうは思っていなかったとしても，自分がもともと決定的であったと考えるものだ。しかし，（回顧的でなく）先見的意味では，決定性はふつう不可能であり，そのため管理者は偽善者のように見えてもくる。先見的決定性は，予期せざる事象や最初の行為の予測できない結果によって徐々に軌道修正される。回顧的決定性は，そうした誤った始点や迷走の跡を消している。こうした消去はひどい歪曲のように見えるかもしれないが，それこそ実際には逆向きの学習なのである。2つの学習がある。一つは，決定を下すことから始め無数の試行錯誤にかかわりその過ちから学習し最後に一つの結果にいたる過程でのものと，いま一つは，結果から始め，そこにいたる物語をまとめることによって学習したものを要約する歴史を再構築する過程でのものである。回顧的に見れば，歴史はあらゆる段階において，現実にそれが生きられたときよりも，焦点が鮮明で，能率的で，洞察的である。歴史が繰り返される限り，人はこの無駄を排した説明によって将来も能率的かつ決定的であることができる。たとえ秩序的な過去と秩序なき現在との類似が誇張だとし

ても、人はその誇張によって大きな自信が与えられるのだ。思い出された方も多いと思うが、自信は環境をイナクトする上で重要な要因である。自信のある人のほうが、予測も対処もできる環境を創造するだろう。決定促進的回顧は、自己成就的予言のように機能する予期やスクリプトを創り出すことで、後続の決定性を高める。

上で示されている意思決定の見方は、災害の後、責任者を特定し、同種の災害を防ぐために召集される調査委員会のそれとよく似ている（Gephart, 1993; Sagan, 1993; Tasca, 1990）。これらの委員会のやっていることは、ある結果を取り出し、その結果を（決定した時点ではふつう決定とは見なされない）一連の決定の帰結と解釈することである。結果がそれ以前の状況を定義づけるのである。災害の歴史は、Garfinkel の陪審員のケースでのように、決定解釈的である。調査委員会は、管理者がいつもやっていることを、目に見える形で行っているのだ。

決定をすると言ったとき、現実に生じていることは回顧的に行われているのだという主張が本節でベースになっている現象学である。いかなる出来事にも決定が下されているハズだと往々にして思うものだが、それは、手元にある結果があって、それが以前のある選択によって生み出されたに違いないと思ってのことである。意思決定とは、過去のある選択を取り上げ、脚色・承認し、それを現在に結びつけ、それがまさに下された決定だと言い張ることである。決定が下されたと宣言される以前に、決定は実際にすでに行われているのである。手元にある暫定的な結果から、どの決定が結果を説明できるかをチェックするために最近の歴史が回顧的に眺められる。もっともらしい決定とは、みなが決定だというものである。決定とは選択行為というよりもむしろ解釈行為である、これが押さえておくべき要点である。

このように言ったからといって、いかなる意味においても、意思決定という行為を貶めたり軽視したりする気はない。ここでやろうとしているのは、よりよい決定をするためのいま一つの道を提示することである。それは、どの意思決定者の能力もその人の記憶以上のものにはなりえず、記憶もその中にコード化されている細部以上のものにはならないだろう、ということである。優れた意思決定者は、活性化された良い記憶を持つだけでなく、過去の

事象の流れをもっともらしく区切れたであろう決定点にもとりわけ優れた目を持っている。もし実行されなかった選択肢があったなら，その選択肢は，現在に結び付けられ，現在の決定として宣言されうる潜在的選択肢でもあるのだ。他方，ある活動が外部からの圧力をほとんど受けずに続行されているならば，それも現在の結果を説明する選択であり，将来の選択として認めることができる。良い意思決定とは，現在生じつつあることを正確に読み取ることからはもちろん，これまで生じてきていることを正確に読み取ることからも生まれるのである。

　こうしたことは，ささいなことを不必要に弄んでいるように見えるかもしれない。私がこの点にこだわってきた理由の一つは，意思決定こそ管理者の行っていることだというイメージが支配的だからである。研究者は，管理者が持っているものをどう意味づけ，それが選択をいかに制約しているかという問題よりも，彼らが持っている情報からいかに選択をするかといった問題により多くの注意を払っている。その上，管理者は野心的な計画を創造するビジョンの人になるよう常々言われるが，ビジョンの源泉については，人びとを元気づけたり気落ちさせたりする能力がそうであるように，あまり関心が払われていない。そうした源泉や能力は，人が過去をいかに知り，そのとき手元にどのような結果があったのかといったことに多くの注意を払えば，いま少しわかるようになろう。

4．会議は意味を生み出す

　これまでの話の中でもっとも不条理に響く示唆はおそらく，もっと頻繁に会議を開く必要があるという提言だったのではないか。あえてそう提言したのは，人びとが不確実性の問題よりも実はあいまい性や多義性の問題に直面していることをなかなか認めたがらないからである。人は多量の情報を生み出せるテクノロジーに莫大な投資をしているから，組織の問題をことさら無知の問題としてラベル付けするのである。組織は無知を取り除く能力を持っていて，その能力がたまたま不確実性の問題なら解決できるので，自らの問題を不確実性の問題としてラベル付けするわけだ。エンジニアリング，情報

システム，財務，会計，および生産を専らとしている人は，自分たちがコントロールしているテクノロジーが無知を削減するのに適した手段であるがゆえに無知こそが問題だとの考えに陥りやすい。

　こうしたシナリオで見失われているのは，絶えず変化している世界では，疑わしきは古い解だけではないという事実である。古い問もまた疑わしいのである。そして，何が尋ねるべき問なのかがわからなくなると，自分が直面しているのは何で，解はどのようなものかについての理解に取引が生ずる。いまや脅威か好機かが問題となり，同じ事象も人が異なれば異なることを意味し，そうしたところでは情報をさらに集めても何の助けにもならない。そのとき助けとなるのは，さまざまなメディアからのリッチなデータを用いて，行為－結果を結びつける新鮮なフレームワークをいくつも構築し，複数の解釈を許す議論の場である。この困難な仕事をやり遂げるのに欠かせない多様なデータは，さまざまな対面的会議でもっとも手に入りやすい。

　すでに会議にうんざりされている方，またこの示唆が象牙の塔での夢想に過ぎないと思われる方には，あなた方を現在辟易させている会議をもっと注意深く見るようお勧めしたい。私の直観から言えば，会議の多くは確かに非生産的だが，それは，別のメディアが用いられたならもっと能率的に処理される不確実性の問題に会議が使われているからである。かといって，会議はあいまい性の問題に使われてもうまくその問題に対処できないだろう。なぜなら，潜在的にリッチなメディアも，独裁的なリーダーシップ，服従を是とする規範，上司に反論することのリスクの回避，いま生じていることについてわからないのを認めたくない心理等によって会議のもつせっかくの能力が殺がれてしまうからである。複数の解釈が存在することが，組織の外の混乱を測る正確なバロメーターというよりも組織文化の弱さの表れとして見なされがちである。こうしたところでは，あいまい性を取り除く会議など期待しようもない。

　さらに，あいまい性に取り組むのに適した会議は混乱しやすい。自分たちが実際に取り組むべきものは何か，解と問題についての理解をどう取引すればよいのか，についてはっきりさせようとするとき，あまりに多くの手掛りと解釈，そしてあまりにわずかな落としどころしかない状態が長く続く。

集まるのは臆病だからではない。それは，たくさんのあいまい性があって，それに対してたくさんの人が不確実性削減のゲームとレッテルを貼ろうとしたがるからである。人は，その情報がたとえ間違った問題に投入され続けることになろうとも，いくらでも情報を掘り出してこれる。"混乱"とラベル付けされた問題よりも，"無知"とラベル付けされた問題を解くほうが簡単である。われわれは情報を大量に投入することで無知を取り扱える。それに比べ，混乱は一筋縄ではいかない。より多くの情報，さらなる量は，事態を悪化させるだけである。混乱は質の問題であり，計量カップのようなものでは解決しえない問題である。

あいまい性が集中しやすい組織の上層部で（5章，156ページ）とりわけ会議を避けるべきでない最後の理由は，「会議はセンスメーカーである」（6章，191ページ）からだ。会議は組織を具現化し，それに実質を与える。会議はまた，組織の直面する多様性を感知し規制するために，必要多様性を動員することのできる主要な場の一つである。

5．動詞を使え

組織化に関する私の前著では（Weick, 1979），組織化を理解するためには，名詞を根絶しなければならないと論じた（p.44；邦訳58ページ）。**環境**や**組織**といった名詞は，組織化が流れや変化やプロセスにかかわっているという事実を隠してしまう。そして，いわゆる安定した構造は取り組みやすいといった理由で，その部分が注目される。だから，今日の悲劇に対するレシピは，"この安定なるものを忘れよ"とでもなろうか。この安定なるものとは，終始固定している何か（人はそれに規制されて次の問題に取り組む）と見なされる。固定された実体と言ってもそれはもともと人が固定したものなのだが，いったん固定されるとそれは固定し続けるものと思われてしまう。それこそまさに名詞の世界である。それは完全に一貫した構造の世界である。ところが，組織にはそれに符合するものがほとんどないというところに問題が生ずる。

問題は解決するものというよりもやりくりするもの（たとえば，Dutton

& Dukerich, 1991, pp.518-519)という考えのほうが，組織の性質にふさわしい。問題は，違う形でとはいえ，繰り返し生じる。問題が完全になくなることなど望むべくもない。問題はほとんど，トレード・オフやジレンマの類で，コンテクストの変化に応じてなんとか解決されるものなので，問題が繰り返し現れても落胆する必要はない。組織の中で移動せず，防衛的で，短気な人は，世界を一回限りで解決できる問題で満たされていると考える人である。単純な理由から問題はそのようには運ばない。プロセス，連鎖，ルーティンそしてパターン，つまり世界の素材は繰り返す傾向があって，問題とはプロセスの一瞬一瞬の中断に過ぎない。中断が問題解決という名の下で修復されると，プロセスはまた展開し続け，中断の可能性が再び膨らんでゆく。問題は繰り返し現れる，なぜなら解決といってもプロセスのダイナミクスを変えることはほとんどないからだ。

　これこそ動詞が登場するところである。動詞はセンスメーキングのための軌跡をつける行為を捉える。動詞はものごとを動くまま捉え，そのためセンスメーキングの構造と，（そうした構造が適応しようとする）移り行く要請をともに捉える。動詞を用いることで，人が抵抗などでなく環境の活動に向き合っていることに気づく。動詞は，コミットメントとしてふさわしい行為を指示し，それが正当化しようとしている行為か否かについて考えさせる。動詞で考える人は，組織の生を，守るべき縄張りとか，昇るべきヒエラルヒーの階層とか，打ち壊されるべき構造とは考えずに，自らが投げ込まれている進行中の事象として受け入れるだろう。センスメーキングはそれ自体常に進行中で，そこから生み出される意味はつかの間のものである。動詞はわれわれをそのことに向き合わせるが，名詞はそうでない。動詞はプロセスのダイナミクスに親しいので，動詞を変えることがプロセスを変える初めの一歩となるのである。

6．経験を共有せよ

　組織文化の接着剤は「共有された意味」（たとえば，Smircich, 1983）であるとよく言われるが，その表現には次のような問題がある。つまり，自分

たちの来し方の意味を推論するために何かをやったとしても，個々人はそれまで異なる経験を持っているために，その意味がそれぞれ異なったものになってしまう。共有された意味を手に入れるのは難しい。しかし，これまでの分析から，別の種類の接着剤なら手に入ることがわかる。人は意味を共有しないかもしれないが，経験は共有する。この共有された経験が，意味類似性（similar meanings）によってではなく，等意味性（equivalent meanings）によって回顧的に有意味になる。個々人の歴史は意味類似性を生み出すにはあまりに多様だ。だから，もし人びとが何かを共有しているとすれば，彼らの共有しているのは行為であり，活動であり，会話であり，共同のタスクである。そして人はそれらほどは同じではないカテゴリーを用いてそれらを意味づける。もし人が類似の経験をしてもそれに異なるラベルを貼りつけるとすれば，意味の共有という経験はわれわれが考える以上に複雑なものである。

　意味を共有したいならば，共有された経験が発生したすぐ近くでそれについて語り，その経験をコード化し話すための共通の方法を作り上げる必要がある。皆が共に発生したと思うことについて学習するためには，その経験についての共通した語り方を皆が知っていなければならない。野外でのアドベンチャー研修がチームを作り上げるのに適した手段と見なされる理由はここにあるのだろう。誰もが既製のラベルを持っていなくて，その経験が誰の心の中でも真新しいうちに，その場で共通のボキャブラリーによって有意味にされるような，真新しい共通経験というものがあるものだ。人びとは共有された経験に対して共有された意味を構築するのである。

　しかし，共有された経験と共有されない意味という現実に対処する別のやり方もある。それは，共有された経験を要約したり，ラベル付けすることを避けるやり方である。その代わり，共有された経験をあるがままに受け入れるのである。そして，もし共有された意味を連想させるような同じ心構えを呼び起こしたければ，単に共有された経験を詳しく列挙するのである。共通の指示物を確立するには，経験をラベル付けしたり要約したりあるいは分類したりせずに，ただ経験の細部を列挙するだけでよいのだ。人びとが各指示物にどのような意味を付与するかは偶発的である。文化と同じような効果を

生み出すためには，管理者は共通の経験を際立たせるだけでよい。こうしたことがいったん生ずれば，人は心の中に共通したフレーム，つまり共有された意味としての文化という言葉に暗示されているフレームを持つようになる。この新しい見方からすれば，文化とは，そこここでわれわれが行ってきたものであって，行っているものではない。

　文化を共にすることは，共通経験に関する物語を語ることである。"あのときのわれわれを思い出す"ことは，共有というものを呼び起こすことで，それは捉えにくく基盤のない共有された意味という名の人工物と同じように機能する（Brown, 1985）。一緒に何かを行う人たちは，たとえ行ったことについて共通の解釈を共有するのに失敗しても，強力な文化を構築する。共通経験があれば，彼らが共有するのは，記述的に再現できる指示物である。そして，もし意味が行為から推論されるのであれば，その個々の意味は，たとえ類似していなくても等価であるだろう。もし私が共通経験に関する私の理解にもとづいて行為し，あなたがその同じ経験に関するあなたの理解にもとづいて行為するなら，われわれはそれらの理解に共通する根源によって共に結び付けられているのである。われわれが何をどうしてやったのかとそれぞれ別々に尋ねられたら，われわれの答はともかくも同じ経験から生じている。その共通性によって，われわれは共に結びつき，互いに相手の付与した意味を理解できるようになるのである。

7．予期はリアルである

　これまで本文中で**リアリティー**とか，**リアル**，**リアリズム**といった言葉が出てきたときはいつも，それらがそもそも何を意味するかを問うている文脈の中で出てきた。さらに，人は発見することよりも，構築することの方に多くの時間を費やすものだとも論じてきた。よしんば人が何かを発見するとしても，通常当人が構築したものを発見するのである。この何やら腰の定まらぬ心地の悪さが人を悩ますとすれば，それはデカルト的不安のせいである (p.51)。

　それはともかくこのように考えると，**リアル**という言葉の指示物を指定す

第8章 センスメーキングの未来　251

るのが難しくなる。実践家のためのメッセージの一つとして言うなら，リアルなものは，意外に手に入りやすいということだ。それは，実践家の抱く前提が，他者にとってのリアリティーに多大な影響力を及ぼしうるということを意味する。さらに，管理者は，これと思うようなリアリティーを創作し，検討し，批判する必要がある。彼らはそうしたリアリティーを自明視したり，他の誰にとってもわかりきったことだなどとは思ってはならない。また，リアリティーはたしかにあるが，ただしそれはこれこれの場所，しかじかの形で存在するという制限文を添えることも同じく重要である。

　これまでの議論で基盤となり安定した準拠点となっていたものは何であったかといえば，それは見れるだろうと予期するものであった。予期はフィルターの働きをする。予期は，とりわけすばやい行動が求められるときに，指針となる。予期が力強く一貫していれば，他者の行為を予期された方向に向かわせることができる。予期に対する自信は，人的でない環境でさえも変えることができる。

　センスメーキングにおいて予期が強力なリアリティーであるとすれば，人は予期を作り上げる際に注意深くなければならない。このようなことをなぜ言うかといえば，予期は，神話，同僚からの圧力，アクシデント，ステレオタイプ，うわさ，回避されたテスト，フィクション，迫真性，そして希望的観測などがまとまりなく混じり合ったものにもとづいて，思いつき程度で作られるきらいがあるからだ。予期の根源のこの雑然さは変えがたいとしても，その結果としての予期は変えられる。そのとき必要なのは，熟慮，意識的情報処理，慎重さなどである。1950年代の"ニュー・ルック"研究のいまだ有効な知見，またカテゴリーないしスキーマ主導のトップダウン処理に関する近年の研究によれば，強い予期は状況に関係なく昂奮をもたらしやすく，予期を確認するような情報をあまり収集しようとせず，予期を脅かすような矛盾した情報を多く収集しようとすることが実証されている。予期の強制力は非常に大きいので，それを明らかにし，詳細にモニターし，利害が変わるごとに修正していく必要がある（誰の"利害"が変化をコントロールしているかという点はきわめて重要であるが，ここでは触れない）。そうした明示化，モニターそして修正するためのコツのようなものについてほとんど

論議されていない。というのは，予期に関するほとんどの議論は生産性の文脈の中で行われ，もっぱら予期の高揚に焦点が当てられているからである（たとえば，Eden, 1990, p.158）。

　予期に用心せよとは何を意味しているのか，それは次の警句の中に表現されている：「私は信頼も大事だと思うが，疑いは私を教育してくれる」（Mizner, Bridges, 1991, p.92 からの引用）。人は，重要な状況の中で自分が予期しているものを求め，次にそれと合致しないデータを意識して探さなければならない（Weick, 1979, pp.224-228；邦訳291-297ページ）。なぜなら，予期を覆すよりも確認することのほうがどうしても容易だからだ。予期を覆すもっとも簡単な方法は，信頼できるパートナーを持つことである。なぜなら，パートナーは，あなたの予期を確認するのに，あなたほど利害関係に縛られないからだ。予期したことが将来生じるのか，またなぜ生じるのか，を可能な限り書き出してみよう。そして，状況が展開した後に，状況の経緯と予期とを比較してみなさい。こうした比較作業をすると，ある重要な予期が明らかにされ，将来のモニタリングに利用できるようになる。そしていったんそれがわかれば，その予期を再修正でき，実際に修正し，検証を繰り返すことができるようになる。そして，そうした予期やそれに含まれているカテゴリーといった抽象レベルで実験することができるようになる。検証するときには，予期自体が事象の展開を予期された方向にいかに導いていったか，あるいは導いていかなかったかも調べるべきである。それは，どこが自己成就的予言なのかを知ることでもある。

センスメーキングの心構え

　センスメーキングの研究と実践においては，センスメーキングを探求するための心構え，すなわち自分自身の生をデータとして積極的に利用しようとすること，そして魅力的な出来事やアイディアを探索することを常に念頭においていなければならない。次に引用するStarbuck and Milliken（1988）がいみじくも語っているように，センスメーキングに取り組むためのコツと

は，まず記述に没頭することから始め，次に浮かび上がってきた連想を逃さぬためにただちに書き留めたり観察したり内省したりすることである。そうした連想がいかなるものであれ，それはセンスメーキングを習得する上で適切な叩き台になる。そうした連想の探索とはどのようなものか，その概要がここに述べられている：

> いくつものセンスメーキング・フレームワークがあって，そのあるものは他よりも有効な行動を生み出すことができるというのはもちろんである。しかし，その有効性の基準となると数多くしかも相互に矛盾していて，知覚者は普通回顧的にしか有効性を評価できない。最も正確な知覚者とは，すみやかに自分の考えを変えられる人か，あるいは自分の確信をイナクトするのに十分強い信念を持っている人である。そして，最も幸せな知覚者とは，最も正確でない人である。世界のあいまい性と複雑性を考えると，知覚者は，事象を評価する際に複数のセンスメーキング・フレームワークを用いることによって利益を得るだろう；しかし，物事を単純に見る知覚者は強制的かつ効果的に行為するようになり，そのとき複数のフレームワークは，組織の政治構造を突き崩すかもしれない（Brunsson 1985; Wildavsky, 1972）。柔な世界では，影響力を行使する機会を指示してくれるフレームワークは知覚者にとって有難く，それによって利益を得ることができるだろうが，世界を変えるとき，意図せざる結果や，ときには意図とは正反対の結果を生み出すこともよくある。自分自身および自分の環境を理解している知覚者は，センスメーキングのフレームワークには歪みがつきものだということをよく心得ている。しかし，そうした賢明な人はまた，何が自分にとって善なのか実際に知っているという確信にも疑念を抱き，最もためになる誤りとは最も人を驚かす誤りであるということも重々承知している。幸いにも，人は柔軟に思考することができる。人は，仮説が正しいという観点からそれを検証し，結果が現在のフレームワーク内で解釈できる限り，それを変更する必要はなく，あるいは評価さえするものだ（Snyder, 1981）。さらに，環境事象に適切に対応しているか否かがセンスメーキングによって決められてしまうかもしれない；なぜなら

ば，人はまず初めに行為し，それから結果を意味づけることがよくあるからだ（Starbuck, 1983; Weick, 1983）。(p.60)

　この記述は，本書の中で言及されてきた多くのテーマに触れている。だから，あえて私はセンスメーキングを探究するための第一段階としてこの記述を読み直すべきだと言うのである。2，3のキー・ポイント（本書ではすでに触れているのだが）に注意していただきたい。優れたセンスメーキングの"基準"は明確ではない。正確性は，考えをしばしば変える文脈と，考えはまったく変えずに操作を専らとする文脈とでは，意味するところが違ってくる。正確性よりももっともらしさのほうがポジティヴな感情を生み出してくれるだろう（幸せな人は正確でないかもしれない）。センスメーキングする際に複数のフレームワークを多用すれば，操作によるセンスメーキングに訴えることは少なくなるだろう。操作は，人びとが物事を単純に見ているときのものであり，したがって，イデオロギーや第三次コントロールとは行為が確信を形成するセンスメーキング・プロセスを促すものであることがわかる。組織の政治構造は，複数のフレームワークによって"突き崩"されるのではなく，むしろ組織はこのフレームワークの増殖によっていっそう政治化されるのである。また，"好機"を指示してくれるフレームワークは，何かにつけ脅威／好機のラベルが問題となるので，組織のセンスメーキングにおいて大きな影響力がある。Starbuck and Millikenによる"自分自身および自分の環境を理解している知覚者"への言及は，複雑な環境を把握するのに十分な多様性を具えている複雑なセンサーがセンスメーキングにとって重要であることを再確認させてくれる。この引用文全体には，"誤り"は，驚きやリフレーミングあるいは理解の修正のきっかけになるという暗黙の認識があるが，それはイノベーションや少数派の影響力に関する議論の中でわれわれがすでに論じてきたテーマである。

　Starbuck and Milliken（1988）は，われわれがセンスメーキングに真剣に取り組み，それを生き，その生を内省するときに，われわれが巻き込まれる世界がいかなるものかをうまく捉えている。センスメーキングを向上させようとするとき，研究者と実践家の双方が採りうる最良のスタンスはおそら

く内省することであろう。この助言は実は，Emerson（1884）の有名なエッセイ「アメリカの学者」の言わんとするところを改めて要約したものである。Emersonはそのエッセイの中で次のように語っている。

> 参加できるにもかかわらず，臆病や不注意のために，行為を見合わせるなどということがどうしてできるのか私にはわからない。・・・骨の折れる仕事，大災害，激怒，欠乏さえもみな雄弁や知恵を導いてくれる。真の学者とは，どのような行為の機会も見逃そうとはしない，それは活力を失うことになるからだ。素材があってこそ知が立派な作品を作れるのである。・・・いまや精神が思考し；行為する；そして双方の調和が互いを再生産する。芸術家［Nisbet, 1962を参照］が絵を描き尽くし，空想力が枯渇し，思想も空しくなり，そして書物も退屈しかもたらさないとき，——けれど真の学者は生きる力の源を常に持っている。・・・彼はその生においてわずかな時間をも逃さない。（pp.76-80）

後にMills（1959）が次のように述べるとき，同じことが論じられている。「あなたが入ろうと決心した学者の世界でもっとも優れた思索をする人は，自分の仕事と生活を切り離すことがない。彼はそうした分離を許さないほどあまりに真剣にその双方に取り組んでおり，また生活と研究の双方を豊かにするため互いを利用したいと考えているようだ」（p195）。

EmersonやMillsの助言に従うからといって，マクロな組織的研究が排除されるわけではなく，そのことはEvered and Louis（1981），McGuire（1983），Merton（1972），Staw（1991），そしてStaw and Sutton（1993）の研究から明らかである。そうした助言に従うということがどのようなことかは，学者としてのキャリアの段階がまったく異なる二人の人間の経験が語っている。最初の例は，その名も高い『アカデミー・オブ・マネジメント・レヴュー』に掲載された数少ない詩の一編である。Mary Van Sell（1977）がまだ博士課程の学生で初めて全国大会に参加したときに書かれたその詩は，センスメーキング，新参者の社会化，強烈な感情，驚き，推論そして間主観性に関する感銘深い説明となっており，それは研究と生活を切り

離すにはあまりに真剣にその2つに取り組んでいる人によって書かれたものである。ニュー・オリンズで開かれたアカデミー・オブ・マネジメントの1975年度大会についての彼女の描写は次のようなものである：

非線形の回顧：
ある学生が経験した初めての学会

よく見知ったお名前ばかり！
サマー・スーツとサマー・ドレス　ホッと
ひと息
一杯のコーヒー　こぼさぬように
テーブルに一人一年生のよそ者の私
輪の中に連れ出され
　（一回の質問に一回の微笑み）スムースに
また脱け出る　スムースに
また集まり　話し　知り合うために

みんな　中心　批判のエネルギーが（ここでは：
洗練された50年の質問
ゆったりとしたブラウン・スーツでやさしく紳士的な
（ふざけた？）微笑み）拡散する
（「面白いアイディアですね，ところでどう操作化するのですか・・・」）協力的
緊張で
価値観（「トンプソンの・・・検定を使ったフィールド実験・・・」）で
質問で
みんな緩やかに結びついている大きな輪の中では（"D.C.の誰かが
実際にジョンを訪ねて行って，彼に尋ねたね
200ものホテルの部屋をどうやってとったんだろう
俺は知ってんだ，副議長の席がまだ空いてるのを・・・」）

一瞬一人ぼっち：
私の先生が話しかけてくれる
どうしたんだい？
本当に大丈夫かね？　俺も最初は
寂しくて
怖かった。では紹介してやろう

すごい緊張！
奮い立ち　傷つくのを恐れながら
（"やたら撃つな，集中せよ"）
心は意味に向けられ（リフレーミング　リグルーピング）
秩序に向けられ（"何てことなの！すべて政治的決定　あの人は見えてない・・・"）
生産性に向けられ（"性に関する論文ね，私なんかにはとてもわからない，つまり・・・"）ていく

相互作用：その晩，通りの向こうから
多尖頭テントの中から流れる
ディキシー・ジャズの調べ　辺りを跳ね回っていた
最新の会話を求める声がうずまくなか
10階のバルコニーからたった一人の私が聞いた
トランペットを
誰かが喜びのトランペットを吹き鳴らした
がなりたてられた質問が見捨てられた
それぞれのフレーズは
それぞれのテントの中で音楽を作った
トランペットは応えてくれる音を求めて
陽気に吹かれた

コミュニティー！

質問の
価値観の
緊張感（"いい，必ず送ってネ"）の輪（リシェイピング　リタッチング）
の中に引き摺り込まれたエキサイティングな夜
すべては暖かな無数の（「・・・このアドレスはたぶん君の役に立つから・・・」）声からできあがっている
質問者のジャズ・バンド
多尖頭テント！

Mary Van Sell
Academy of Management Review
から許可を得て転載

　研究者としてのキャリアが彼女よりはるかに豊富な Lou Pondy もまた，生活と研究を切り離すことができないくらい真剣に双方に取り組んでいたが，彼の創造性とそれゆえの苦悩の様子は Mike Moch（1989）が生々しく描いている。

　きっかけさえあれば，彼は意図的に——しかしもしかしたら無意識的に——より多くのデータを生み出す目的で行為に取り組んでいたようだ；彼は経験を糧にその大きな知的欲求を満たしていた。それはおそらく彼のジレンマになっていたことだろう。彼は成長するために，多様で絶えず変化するさまざまな経験を必要としているように見えた；しかしながら，それが彼を，なじみの薄い，それゆえしばしば居心地の悪い立場に置くことになった。ある文献体系や，専門的ないし制度的役割，あるいは一定分野の知識について理解ないし納得したと思うやいなや，彼はすぐに別の舞台に跳び移り，別の"状況"をイナクトするのである。ある人たちには，こうした行動は単なる刺激ゲームにすぎない。しかし，Lou は"こうしたすべての状況"に真剣に取り組んでいたのである。・・・そうした彼の苦闘は痛みをともなうことが多かった。絶えず自己を観察する彼の性向は，ほとんど安らぎを与えなかった。彼は何よりも，痛みをともなう苦境を避

けるために一段高いところに身を置くような観察者ではなかった；彼は何よりも，行為の中で自分自身を観察できる能力をもった行為者だったのである。（pp.74-75）

　個人的経験は（Ellis & Flaherty, 1992），それが他の経験と比較する基準のように用いられるなら，またその社会的特性やコンテクスト性が詳しく記述されるなら，それが発生した時間と場所を越えてどのように拡大し，発散し，どれほど影響しているかに注意が払われるなら，そしてその経験が求めているプロトタイプの一特殊事例として扱われるならば，個人的経験は探求の出発点として有用である（上記4つの基準すべてを満たしている一つの事例として，Frank, 1991, 1992を参照されたい）。この後半の規定に関しては，法則定立的な探求とパターン定立的な探求との違いを精緻にしようとしたMarceil（1977）の試みが念頭に置かれている。彼によれば，研究者は，数少ない事例を深く掘り下げるタイプか数多くの事例を広範に調べるタイプのどちらかに属し，また人間はおおよそ似通っていると仮定するタイプかお互いあまり似通っていないと仮定するタイプのどちらかに属する。自分自身をセンスメーキングのプロトタイプとして扱う研究者は，人間はおおよそ似通っていると仮定した上で，一つのケースを理解できれば一般の人間についてよくわかるようになると確信し，集中的に一つのケースに焦点を当てる。別の組合せならば（たとえば，少数のケースで，お互い似通っていないとする場合），別のアプローチが好まれ，おそらく個人的経験はさほど用いられないだろう。自分自身の経験は出発点としてもっとも明白で，もっとも身近な拠り所であるが，近年，読者の置かれているような場面で働き，読者が直面するであろうようなパズルに取り組んでいる現場の人を詳細に検討することのできる自叙伝もまた続々と公刊されている（たとえば，Bedeian, 1992; Berger, 1990）。そのような自叙伝は，センスメーキングについてのアイディアの源泉として，あるいは自分自身の生活と比較する（それがまたアイディアを生み出すかもしれない）上で役に立つ。

　ラベルを探索するときのプロトタイプとして自分自身の生活を扱うことは可能だけれども，個人的経験を拡張するとき，そのような経験を捉えるため

に用いられるのは言葉で，その言葉にかなり依存しなければならない。専ら説得のためのツールとして書かれたものが爆発的に増えているが（たとえば，Richardson, 1990; Van Maanen, 1988)，多くの人が見落としているのは，それらが理解のためのツールとしても利用できる点である。自分の言うことを知ることによって自分の考えていることがわかるのであれば，その発話の多様性，ニュアンス，微妙さ，精密性は，人が何を見，疑問に思い，追求するかに影響を及ぼすだろう。社会科学におけるレトリックについて書いているほとんどの人は，自信，個性そしてニュアンスをもって書いており，そもそも彼ら自身の言語能力があってはじめてレトリックの問題を指摘し，ラベルづけ，理解できるのだということをまったく疑っていないように思える。彼らは，科学的な説明の中に潜む隠れたメッセージをわれわれに説得することができるが，そもそもそのメッセージを彼らが発見できたのはその同じ言語があったればこそなのである。Daft & Wiginton (1979) によれば，組織の研究者は，多様性の高いものを描写するのに多様性の低い言語を使っているので，ハンディを背負っている。Daft (1979) はこのことを実証的に追跡調査し，組織に適用されるモデルの複雑性とそのモデルを論じるために使われている言語の単純性との間の溝が深まりつつあることを明らかにした。ここで忠告できることは単純である。すなわち，あなたの使っている言語の多様性が増すのなら何でもやってみなさい，ということだ。William Meredith の詩 (1987) は，このことを見事に表現している：

私がまだ若かったころ
作家が教えてくれたことを想い出して (Muriel Rukeyser のために)

世界を峻しく見なさい，彼らは言った――
もしできるならば，やさしく
でもやはり峻しく。
途方もないほどのデータを見るために，
自分自身少しばかりの距離を置かなければならない
最後まで。
正しい言葉を学びなさい，

第 8 章　センスメーキングの未来　　261

君が出会う無数の問題のために，
装われた苦悩，悲惨を避けながら。
そして，喜びの正確な言葉の
スペクトルになりなさい，
そのあるものは，古めかしいかもしれないが，
すべてがきっと役に立つから。

彼らが私に話し掛けてくれたとき
彼らの目的が集うことだと感じた。
黒髪の女が言うには
言葉は水彩画のようなもの，
それはたやすく滲む，
君は，自分が何を求めているかを知っていなければならない，
そしてすぐに。
すべては，と彼女は言った，
あなたや誰かの涙で
濡らされる，遅かれ早かれ。
コントラストは
混ざり合いたいと望むものだが，
それを許してはいけない。
君は，コントラストによって見ているのだから。
言葉の蔵をいつもドライにしておきなさい。

        William Meredith
        From PARTIAL ACCOUNTS by William Meredith.
        Copyright 1987 by William Meredith
        Reprinted by permission of Alfred A.Knopf, Inc.

　ドライな言葉の蔵こそ，センスメーキングをセンスあるものにする最高の源である。

欧文参考文献

Abolafia, M. Y., & Kilduff, M. (1988). Enacting market crisis: The social construction of a speculative bubble. *Administrative Science Quarterly, 33,* 177-193.

Allnutt, M. (1982). Human factors: Basic principles. In R. Hurst & L. R. Hurst (Eds.), *Pilot error* (2nd ed., pp. 1-22). New York: Jason Aronson.

Allport, G. W. (1985). The historical background of social psychology. In G. Lindzey & E. Aronson (Eds.), *Handbook of social psychology* (3rd ed., Vol. 1, pp. 1-46). New York: Random House.

Anderson, K. J. (1990). Arousal and the inverted-U hypothesis: A critique of Neiss's "reconceptualizing arousal." *Psychological Bulletin, 107,* 96-100.

Anderson, P. A. (1983). Decision making by objection and the Cuban missile crisis. *Administrative Science Quarterly, 28,* 201-222.

Aram, J. D. (1976). *Dilemmas of administrative behavior.* Englewood Cliffs, NJ: Prentice Hall.

Argyris, C. (1976). *Increasing leadership effectiveness.* New York: John Wiley.

Arrington, C. E., & Schweiker, W. (1992). The rhetoric and rationality of accounting research. *Accounting, Organizations, and Society, 17,* 511-533.

Asch, S. E. (1952). *Social psychology.* Englewood Cliffs, NJ: Prentice Hall.

Ashmos, D. P., & Huber, G. P. (1987). The systems paradigm in organization theory: Correcting the record and suggesting the future. *Academy of Management Review, 12,* 607-621.

Astley, W. G., & Van de Ven, A. H. (1983). Central perspectives and debates in organization theory. *Administrative Science Quarterly, 28,* 245-273.

Atkinson, R. (1993). *Crusade: The untold story of the Gulf War.* New York: HarperCollins.

Averill, J. R. (1984). The acquisition of emotions during adulthood. In C. Z. Malatesta & C. E. Izard (Eds.), *Emotions in adult development* (pp. 23-43). Beverly Hills, CA: Sage.

Baddeley, A. D. (1972). Selective attention and performance in dangerous environments. *British Journal of Psychology, 63,* 537-546.

Bantz, C. R. (1993). *Understanding organizations: Interpreting organizational communication cultures.* Columbia: University of South Carolina Press.

Barley, S. (1986). Technology as an occasion for structuring: Evidence from observations of CAT scanners and the social order of radiology departments. *Administrative Science Quarterly, 31,* 78-108.

Barnard, C. I. (1938). *The functions of the executive.* Cambridge, MA: Harvard University Press.

Barr, P. S., Stimpert, J. L., & Huff, A. S. (1992). Cognitive change, strategic action, and organizational renewal. *Strategic Management Journal, 13,* 15-36.

Barthol, R. P., & Ku, N. D. (1959). Regression under stress to first learned behavior. *Journal of Abnormal and Social Psychology, 59,* 134-136.

Bartlett, F. C. (1932). *Remembering.* Cambridge, UK: Cambridge University Press.

Bateson, G. (1972). *Steps to an ecology of mind.* New York: Chandler.

Bedeian, A. G. (1986, March). The serial transmission effect: Implications for academe. *Bulletin of the Association for Business Communication,* pp. 34-36.

Bedeian, A. G. (Ed.). (1992). *Management laureates: A collection of autobiographical essays* (Vol. 1). Greenwich, CT: JAI.

Bellah, R. N., Madsen, R., Sullivan, W. M., Swidler, A., & Tipton, S. M. (1991). *The good society.* New York: Knopf.
Berger, M. (Ed.). (1990). *Authors of their own lives.* Berkeley: University of California Press.
Berger, P. L., & Luckmann, T. (1967). *The social construction of reality.* New York: Doubleday Anchor.
Berscheid, E. (1983). Emotion. In H. H. Kelley, E. Berscheid, A. Christensen, J. Harvey, T. Huston, G. Levinger, E. McClintock, A. Peplau, & D. R. Peterson (Eds.), *Close relationships* (pp. 110-168). San Francisco: Freeman.
Berscheid, E., Gangestad, S. W., & Kulaskowski, D. (1983). *Emotion in close relationships: Implications for relationship counseling.* Unpublished manuscript, University of Minnesota.
Berscheid, E., Snyder, M., & Omoto, A. M. (1989). The relationship closeness inventory: Assessing the closeness of interpersonal relationships. *Journal of Personality and Social Psychology, 57,* 792-807.
Beyer, J. M. (1981). Ideologies, values, and decision making in organizations. In P. C. Nystrom & W. H. Starbuck (Eds.), *Handbook of organizational design* (Vol. 2, pp. 166-202). New York: Oxford University Press.
Billig, M. (1989). *Arguing and thinking: A rhetorical approach to social psychology.* Cambridge, UK: Cambridge University Press.
Bittner, E. (1965). The concept of organization. *Social Research, 31,* 240-255.
Blau, J. R., & Alba, R. D. (1982). Empowering nets of participation. *Administrative Science Quarterly, 27,* 363-379.
Blumer, H. (1969). *Symbolic interactionism: Perspective and method.* Englewood Cliffs, NJ: Prentice Hall.
Boje, D. M. (1991). The storytelling organization: A study of story performance in an office-supply firm. *Administrative Science Quarterly, 36,* 106-126.
Boland, R. J., Jr. (1984). Sense-making of accounting data as a technique of organizational diagnosis. *Management Science, 30,* 868-882.
Boland, R. J., Jr. (1993). Accounting and the interpretive act. *Accounting, Organizations, and Society, 18,* 125-146.
Bolger, N., DeLongis, A., Kessler, R. C., & Schilling, E. A. (1989). Effects of daily stress on negative mood. *Journal of Personality and Social Psychology, 57,* 808-818.
Bougon, M. G., Weick, K. E., & Binkhorst, D. (1977). Cognition in organizations: An analysis of the Utrecht Jazz Orchestra. *Administrative Science Quarterly, 22,* 606-639.
Boulding, K. E. (1956). General systems theory: The skeleton of science. *Management Science, 2,* 197-208.
Brands, H. W. (1992, Fall). Fractal history, or Clio and the chaotics. *Diplomatic History,* pp. 495-510.
Brickman, P. (1987). *Commitment, conflict, and caring.* Englewood Cliffs, NJ: Prentice Hall.
Bridges, W. (1991). *Managing transitions.* Reading, MA: Addison-Wesley.
Brockner, J., & Wiesenfeld, B. (1993). Living on the edge of social and organizational psychology: The effects of job layoffs on those who remain. In J. K. Murnighan (Ed.), *Social psychology in organizations: Advances in theory and research* (pp. 119-140). Englewood Cliffs, NJ: Prentice Hall.
Brockriede, W. (1974). Rhetorical criticism as argument. *Quarterly Journal of Speech, 60,* 165-174.
Brown, J. S., & Duguid, P. (1991). Organizational learning and communities-of-practice: Toward a unified view of working, learning, and innovation. *Organization Science, 2,* 40-57.
Brown, M. H. (1985). That reminds me of a story: Speech action in organizational socialization. *Western Journal of Speech Communication, 49,* 27-42.

Brown, R. H. (1978). Bureaucracy as proxis: Toward a political phenomenology of formal organizations. *Administrative Science Quarterly, 23,* 365-382.

Bruner, J. (1986). *Actual minds, possible worlds.* Cambridge, MA: Harvard University Press.

Bruner, J. (1990). Culture and human development: A new look. *Human Development, 33,* 344-355.

Bruner, J. S. (1973). *Beyond the information given.* New York: Norton.

Brunsson, N. (1982). The irrationality of action and action rationality: Decisions, ideologies and organizational actions. *Journal of Management Studies, 19,* 29-44.

Brunsson, N. (1985). *The irrational organization: Irrationality as a basis for organizational action and change.* Chichester, UK: Wiley.

Bryman, A., Bresnen, M., Beardsworth, A. D., Ford, J., & Keil, E. T. (1987). The concept of the temporary system: The case of the construction project. *Research in the Sociology of Organizations, 5,* 253-283.

Buckley, W. (1968). Society as a complex adoptive system. In W. Buckley (Ed.), *Modern systems research for the behavioral scientist* (pp. 490-513). Chicago: Aldine.

Burke, K. (1969). *A grammar of motives.* Berkeley: University of California Press.

Burns, T., & Stalker, G. M. (1961). *The management of innovation.* London: Tavistock.

Burrell, G., & Morgan, G. (1979). *Sociological paradigms and organizational analysis.* London: Heinemann.

Calder, B. J. (1977). An attribution theory of leadership. In B. M. Staw & G. R. Salancik (Eds.), *New directions in organizational behavior* (pp. 179-204). Chicago: St. Clair.

Campbell, D. T. (1986). Science's social system of validity-enhancing collective belief change and the problems of the social sciences. In D. W. Fiske & R. A. Shweder (Eds.), *Metatheory in social science* (pp. 108-135). Chicago: University of Chicago Press.

Cantor, N., & Mischel, W. (1977). Traits as prototypes: Effects on recognition memory. *Journal of Personality and Social Psychology, 35,* 38-48.

Cantril, H. (1941). *The psychology of social movements.* New York: John Wiley.

Carley, K. (1991). A theory of group stability. *American Sociological Review, 56,* 331-354.

Chaffee, E. E. (1985). Three models of strategy. *Academy of Management Review, 10,* 89-98.

Chatman, J. A., Bell, N. E., & Staw, B. M. (1986). The managed thought: The role of self-justification and impression management in organizational settings. In H. P. Sims, Jr. & D. A. Gioia (Eds.), *The thinking organization* (pp. 191-214). San Francisco: Jossey-Bass.

Christianson, S. A. (1992). Emotional stress and eyewitness memory: A critical review. *Psychological Bulletin, 112,* 284-309.

Clark, R. E., & Halford, L. (1980). Reducing uncertainty and building trust: The special case of auctions. In S. Fiddle (Ed.), *Uncertainty: Behavioral and social dimensions* (pp. 305-322). New York: Praeger.

Cohen, E. A., & Gooch, J. (1990). *Military misfortunes: The anatomy of failure in war.* New York: Vintage.

Cohen, M. D., & March, J. G. (1974). *Leadership and ambiguity: The American college president.* New York: McGraw-Hill.

Cohen, M. D., March, J. G., & Olsen, J. P. (1972). A garbage can model of organizational choice. *Administrative Science Quarterly, 17,* 1-25.

Cole, M. (1991). Conclusion. In L. B. Resnick, J. M. Levine, & S. D. Teasley (Eds.), *Perspectives on socially shared cognition* (pp. 398-417). Washington, DC: American Psychological Association.

Collini, S. (Ed.). (1992). *Interpretation and overinterpretation.* Cambridge, UK: Cambridge University Press.

Conant, R. C., & Ashby, R. W. (1970). Every good regulation of a system must be a good model of that system. *International Journal of Systems Science, 1*(2), 89-97.

Conger, J. A. (1991). Inspiring others: The language of leadership. *Academy of Management Executive, 5*(1), 31-45.

Cook, S.D.N., & Yanow, D. (1993). Culture and organizational learning. *Journal of Management Inquiry, 2,* 373-390.

Cooley, C. H. (1902). *Human nature and the social order.* New York: Scribner.

Cooper, J., & Fazio, R. H. (1984). A new look at dissonance theory. In L. Berkowitz (Ed.), *Advances in experimental social psychology* (Vol. 17, pp. 229-266). Orlando, FL: Academic Press.

Courtright, J. A., Fairhurst, G. T., & Rogers, L. E. (1989). Interaction patterns in organic and mechanistic systems. *Academy of Management Journal, 32,* 773-802.

Cowan, D. A. (1986). Developing a process model of problem recognition. *Academy of Management Review, 11,* 763-776.

Crovitz, H. F. (1970). *Galton's walk.* New York: Harper & Row.

Cyert, R. M., & March, J. G. (1963). *A behavioral theory of the firm.* Englewood Cliffs, NJ: Prentice Hall.

Czarniawska-Joerges, B. (1992). *Exploring complex organizations: A cultural perspective.* Newbury Park, CA: Sage.

Daft, R. L. (1980). The evolution of organization analysis in ASQ, 1959-1979. *Administrative Science Quarterly, 25,* 623-636.

Daft, R. L., & Lengel, R. H. (1984). Information richness: A new approach to managerial behavior and organization design. In B. M. Staw & L. L. Cummings (Eds.), *Research in organizational behavior* (Vol. 6, pp. 191-233). Greenwich, CT: JAI.

Daft, R. L., & Lengel, R. H. (1986). Organizational information requirements, media richness, and structural design. *Management Science, 32,* 554-571.

Daft, R. L., Lengel, R. H., & Trevino, L. K. (1987, September). Message equivocality, media selection, and manager performance: Implications for information systems. *MIS Quarterly,* pp. 355-366.

Daft, R. L., & Macintosh, N. B. (1981). A tentative explanation into the amount and equivocality of information processing in organizational work units. *Administrative Science Quarterly, 26,* 207-224.

Daft, R. L., Sormunen, J., & Parks, D. (1988). Chief executive scanning, environmental characteristics, and company performance: An empirical study. *Strategic Management Journal, 9,* 123-139.

Daft, R. L., & Weick, K. E. (1984). Toward a model of organizations as interpretation systems. *Academy of Management Review, 9,* 284-295.

Daft, R. L., & Wiginton, J. C. (1979). Language and organization. *Academy of Management Review, 4,* 179-191.

Dalton, M. (1959). *Men who manage: Fusions of feeling and theory in administration.* New York: John Wiley.

Darley, J. M., & Fazio, R. H. (1980). Expectancy confirmation processes arising in the social interaction sequence. *American Psychologist, 35,* 867-881.

Darley, J. M., & Oleson, K. C. (1993). Introduction to research on interpersonal expectations. In P. D. Blanck (Ed.), *Interpersonal expectations: Theory, research, and applications* (pp. 45-63). Cambridge, UK: Cambridge University Press.

D'Aveni, R. A., & MacMillan, I. (1990). Crisis and the content of managerial communications: A study of the focus of attention of top managers in surviving and failing firms. *Administrative*

Science Quarterly, 35, 634-657.

Deutsch, M., & Gerard, H. B. (1955). A study of normative and informational social influence upon individual judgment. *Journal of Abnormal and Social Psychology, 36,* 451-462.

Donnellon, A., Gray, B., & Bougon, M. G. (1986). Communication, meaning, and organizational action. *Administrative Science Quarterly, 31,* 43-55.

Drucker, P. E. (1974). *Management: Tasks, responsibilities, practices.* New York: Harper & Row.

Dubin, R. (1976). Theory building in applied areas. In M. D. Dunnette (Ed.), *Handbook of industrial and organizational psychology* (pp. 17-39). Chicago: Rand McNally.

Dunbar, R.L.M. (1981). Designs for organizational control. In P. C. Nystrom & W. H. Starbuck (Eds.), *Handbook of organizational design* (Vol. 2, pp. 85-115). New York: Oxford University Press.

Duncan, R. (1972). Characteristics of organizational environments and perceived environmental uncertainty. *Administrative Science Quarterly, 17,* 313-327.

Dutton, J. E. (1988). Understanding strategic agenda building and its implications for managing change. In L. R. Pondy, R. J. Boland, & H. Thomas (Eds.), *Managing ambiguity and change* (pp. 127-144). Chichester, UK: Wiley.

Dutton, J. E., & Dukerich, J. M. (1991). Keeping an eye on the mirror: Image and identity in organizational adaptation. *Academy of Management Journal, 34,* 517-554.

Dutton, J. E., & Jackson, S. E. (1987). Categorizing strategic issues: Links to organizational action. *Academy of Management Review, 12,* 76-90.

Dutton, J. E., & Ottensmeyer, E. (1987). Strategic issue management systems: Forms, functions, and contexts. *Academy of Management Review, 12,* 355-365.

Eagleton, T. (1990). *The significance of theory.* Oxford, UK: Basil Blackwell.

Easterbrook, J. A. (1959). The effect of emotion on cue utilization and the organization of behavior. *Psychological Review, 66,* 183-201.

Eccles, R. G., & Nohria, N. (1992). *Beyond the hype: Rediscovering the essence of management.* Cambridge, MA: Harvard Business School Press.

Eden, D. (1990). *Pygmalion in management: Productivity as a self-fulfilling prophecy.* Lexington, MA: D. C. Heath.

Eden, D. (1992). Leadership and expectations: Pygmalion effects and other self-fulfilling prophecies in organizations. *Leadership Quarterly, 3,* 271-306.

Eisenberg, E. M. (1984). Ambiguity as strategy in organizational communication. *Communication Monographs, 51,* 227-242.

Eisenberg, E. M. (1990). Jamming: Transcendence through organizing. *Communication Research, 17,* 139-164.

Eisenhardt, K. M. (1989). Making fast strategic decisions in high-velocity environments. *Academy of Management Journal, 32,* 543-576.

Eisenhardt, K. M. (1990). Speed and strategic choice: How managers accelerate decision making. *California Management Review, 32*(3), 39-54.

Eisenhardt, K. M., & Bourgeois, L. J. (1988). Polities of strategic decision-making in high velocity environments: Toward a midrange theory. *Academy of Management Journal, 31,* 737-770.

Ellis, C., & Flaherty, M. G. (Eds.). (1992). *Investigating subjectivity: Research on lived experience.* Newbury Park, CA: Sage.

Elsbach, K. D. (1994). Managing organizational legitimacy in the California cattle industry: The construction and effectiveness of verbal accounts. *Administrative Science Quarterly, 39,* 57-88.

Emerson, R. W. (1884). The American Scholar. In R. W. Emerson, *Miscellanies* (pp. 63-94). London: Macmillan.

Erez, M., & Earley, P. C. (1993). *Culture, self-identity, and work.* New York: Oxford University Press.

Evered, R., & Louis, M. R. (1981). Alternative perspectives in the organizational sciences: "Inquiry from the inside" and "inquiry from the outside." *Academy of Management Review, 6,* 385-395.
Feldman, M. S. (1989). *Order without design.* Stanford, CA: Stanford University Press.
Festinger, L. (1954). A theory of social comparison processes. *Human Relations, 7,* 117-140.
Festinger, L. (1957). *A theory of cognitive dissonance.* Stanford, CA: Stanford University Press.
Fine, G. A. (1993). The sad demise, mysterious disappearance, and glorious triumph of symbolic interactionism. *Annual Review of Sociology, 19,* 61-87.
Fineman, S. (1983). Work meanings, non-work, and the taken-for-granted. *Journal of Management Studies, 20,* 143-157.
Fiol, C. M. (1989). A semiotic analysis of corporate language: Organizational boundaries and joint venturing. *Administrative Science Quarterly, 34,* 277-303.
Firestone, W. A. (1990). Accommodation: Toward a paradigm-praxis dialectic. In E. Guba (Ed.), *The paradigm dialog* (pp. 105-135). Newbury Park, CA: Sage.
Fisher, W. (1984). Narration as a human communication paradigm: The case of public moral argument. *Communication Monographs, 51,* 1-22.
Fiske, S. T. (1992). Thinking is for doing: Portraits of social cognition from daguerreotype to laserphoto. *Journal of Personality and Social Psychology, 63,* 877-889.
Fiske, S. T., & Taylor, S. E. (1991). *Social cognition* (2nd ed.). New York: McGraw-Hill.
Follett, M. P. (1924). *Creative experience.* New York: Longmans, Green.
Fondas, N., & Stewart, R. (1994). Enactment in managerial jobs: A role analysis. *Journal of Management Studies, 31,* 83-103.
Frank, A. (1991). *At the will of the body.* Boston: Houghton Mifflin.
Frank, A. W. (1992). The pedagogy of suffering. *Theory and Psychology, 2,* 467-485.
Frederickson, J. W., & Iaquinto, A. L. (1989). Inertia and creeping rationality in strategic decisions. *Academy of Management Journal, 32,* 516-542.
Freese, L. (1980). The problem of cumulative knowledge. In L. Freese (Ed.), *Theoretical methods in sociology: Seven essays* (pp. 13-69). Pittsburgh, PA: University of Pittsburgh Press.
Frijda, N. H. (1988). The laws of emotion. *American Psychologist, 43,* 349-358.
Frost, P. J., & Morgan, G. (1983). Symbols and sensemaking: The realization of a framework. In L. R. Pondy, P. J. Frost, G. Morgan, & T. C. Dandridge (Eds.), *Organizational symbolism* (pp. 207-236). Greenwich, CT: JAI.
Fuentes, C. (1990). *Myself with others.* New York: Farrar, Straus, Giroux.
Fulk, J. (1993). Social construction of communication technology. *Academy of Management Journal, 36,* 921-950.
Gagliardi, P. (Ed.). (1990). *Symbols and artifacts: Views of the corporate landscape.* New York: deGruyter.
Garfinkel, H. (1963). A conception of, and experiment with, "trust" as a condition of stable connected actions. In O. J. Harvey (Ed.), *Motivation and social interaction* (pp. 183-238). New York: Ronald.
Garfinkel, H. (1967). *Studies in ethnomethodology.* Englewood Cliffs, NJ: Prentice Hall.
Gephart, R. P., Jr. (1992). Sensemaking, communicative distortion and the logic of public inquiry legitimation. *Industrial Crisis Quarterly, 6,* 115-135.
Gephart, R. P., Jr. (1993). The textual approach: Risk and blame in disaster sensemaking. *Academy of Management Journal, 36,* 1465-1514.
Giddens, A. (1976). *New rules of sociological method.* London: Hutchinson.
Gigerenzer, G. (1991). How to make cognitive illusions disappear: Beyond "heuristics and biases." In W. Stroebe & M. Hewstone (Eds.), *European review of social psychology* (Vol. 2., pp. 83-115).

New York: John Wiley.

Ginnett, R. C. (1990). Airline cockpit crew. In J. R. Hackman (Ed.), *Groups that work (and those that don't)* (pp. 427-448). San Francisco: Jossey-Bass.

Gioia, D. A. (1992). Pinto fires and personal ethics: A script analysis of missed opportunities. *Journal of Business Ethics, 11,* 379-389.

Gioia, D. A., & Chittipeddi, K. (1991). Sensemaking and sensegiving in strategic change initiation. *Strategic Management Journal, 12,* 433-448.

Glick, W. H., Miller, C. C., & Huber, G. P. (1993). The impact of upper-echelon diversity on organizational performance. In G. Huber & W. H. Glick (Eds.), *Organizational change and redesign* (pp. 176-214). New York: Oxford University Press.

Goffman, E. (1961). On the characteristics of total institutions. In E. Goffman, *Asylums* (pp. 3-124). New York: Doubleday Anchor.

Goffman, E. (1974). *Frame analysis.* Cambridge, MA: Harvard University Press.

Goleman, D. (1985). *Vital lies, simple truths: The psychology of self-deception.* New York: Simon & Schuster.

Gollwitzer, P. M. (1990). Action phases and mind-sets. In J. S. Uleman & J. A. Bargh (Eds.), *Unintended thought* (pp. 53-92). New York: Guilford.

Goodman, R. A. (1981). *Temporary systems.* New York: Praeger.

Goodman, R. A., & Goodman, L. P. (1976). Some management issues in temporary systems: A study of professional development and manpower—The theater case. *Administrative Science Quarterly, 21,* 494-501.

Gronn, P. C. (1983). Talk as the work: The accomplishment of school administration. *Administrative Science Quarterly, 28,* 1-21.

Guba, E. G. (1990). The alternative paradigm dialogue. In E. Guba (Ed.), *The paradigm dialog* (pp. 17-27). Newbury Park, CA: Sage.

Hage, J. (1980). *Theories of organizations: Form, process, and transformation.* New York: John Wiley.

Hall, R. I. (1984). The natural logic of management policy making: Its implications for the survival of an organization. *Management Science, 30,* 905-927.

Hambrick, D. C., Geletkanycz, M. A., & Fredrickson, J. W. (1993). Top executive commitment to the status quo: Some tests of its determinants. *Strategic Management Journal, 14,* 401-418.

Handel, W. (1982). *Ethnomethodology: How people make sense.* Englewood Cliffs, NJ: Prentice Hall.

Hannan, M. T., & Freeman, J. (1977). The population ecology of organizations. *American Journal of Sociology, 82,* 929-964.

Hartshorne, C. (1962). Mind as memory and creative love. In J. M. Scher (Ed.), *Theories of the mind* (pp. 440-463). New York: Free Press.

Hassard, J. (1991). Multiple paradigms and organizational analysis: A case study. *Organization Studies, 12,* 275-299.

Hassard, J., & Parker, M. (Eds.). (1993). *Postmodernism and organizations.* London: Sage.

Hawkins, S. A., & Hastie, R. (1990). Hindsight: Biased judgments of past events after the outcomes are known. *Psychological Bulletin, 107,* 311-327.

Heap, J. (1975). What are sense making practices? *Sociological Inquiry, 46,* 107-115.

Hedberg, B. (1981). How organizations learn and unlearn. In P. C. Nystrom & W. H. Starbuck (Eds.), *Handbook of organizational design* (Vol. 1, pp. 3-27). New York: Oxford University Press.

Hedberg, B.L.T., Nystrom, P. C., & Starbuck, W. H. (1976). Camping on seesaws: Prescriptions for a self-designing organization. *Administrative Science Quarterly, 21,* 41-65.

Heider, F. (1959). Thing and medium. *Psychological Issues, 1*(3), 1-34.
Heimer, C. A. (1992). Your baby's fine, just fine: Certification procedures, meetings, and the supply of information in neonatal intensive care units. In J. F. Short, Jr. & L. Clarke (Eds.), *Organizations, uncertainties, and risks* (pp. 161-188). Boulder, CO: Westview.
Helson, H. (1964). *Adaptation-level theory*. New York: Harper & Row.
Henshel, R. L. (1987, September). *Credibility and confidence feedback loops in social prediction*. Paper presented at the Plenary Session of the 7th International Congress of Cybernetics and Systems, University of London.
Herman, W., & Troup, S. (1990). *The woodchopper's ball*. New York: E. P. Dutton.
Hickson, D. J., Butler, R. J., Cray, D., Mallory, G. R., & Wilson, D. C. (1986). *Top decisions: Strategic decision-making in organizations*. San Francisco: Jossey-Bass.
Higham, T. M. (1951). The experimental study of the transmission of rumour. *British Journal of Psychology, 42,* 42-55.
Hirsch, P., Michaels, S., & Friedman, R. (1987). "Dirty hands" versus "clean models": Is sociology in danger of being seduced by economies? *Theory and Society, 16,* 317-336.
Hochschild, A. R. (1983). *The managed heart*. Berkeley: University of California Press.
Holsti, O. R. (1972). *Crisis, escalation, war*. Montreal: McGill-Queen's University Press.
Holub, M. (1977, February 4). Brief thoughts on maps. *The Times Literary Supplement,* p. 118.
Huber, G. P., & Daft, R. L. (1987). The information environments of organizations. In F. M. Jablin, L. L. Putnam, K. H. Roberts, & L. W. Porter (Eds.), *Handbook of organizational communication* (pp. 130-164). Newbury Park, CA: Sage.
Huber, G. P., & Glick, W. H. (1993). Sources and forms of organizational change. In G. P. Huber & W. H. Glick (Eds.), *Organizational change and redesign* (pp. 3-15). New York: Oxford University Press.
Huber, G. P., Ullman, J., & Leifer, R. (1979). Optimum organization design: An analytic-adoptive approach. *Academy of Management Review, 4,* 567-578.
Huff, A. (Ed.). (1990). *Mapping strategic thought*. Chichester, UK: Wiley.
Huff, A. S. (1988). Politics and argument as a means of coping with ambiguity and change. In L. R. Pondy, R. J. Boland, Jr., & H. Thomas (Eds.), *Managing ambiguity and change* (pp. 79-90). New York: John Wiley.
Hurst, D. K., Rush, J. C., & White, R. E. (1989). Top management team and organizational renewal. *Strategic Management Journal, 10,* 87-105.
Hutchins, E. (1991). The social organization of distributed cognition. In L. B. Resnick, J. M. Levine, & S. D. Teasley (Eds.), *Perspectives on socially shared cognition* (pp. 283-307). Washington, DC: American Psychological Association.
Isabella, L. A. (1990). Evolving interpretations as a change unfolds: How managers construe key organizational events. *Academy of Management Journal, 33,* 7-41.
Isenberg, D. J. (1986). The structure and process of understanding: Implications for managerial action. In H. P. Sims, Jr. & D. A. Gioia (Eds.), *The thinking organization* (pp. 238-262). San Francisco: Jossey-Bass.
Jackson, S. E., & Dutton, J. E. (1988). Discerning threats and opportunities. *Administrative Science Quarterly, 33,* 370-387.
James, W. (1950). *The principles of psychology* (Vols. 1 & 2). New York: Dover. (Original work published 1890)
James, W. (1956). Is life worth living? In W. James, *The will to believe* (pp. 32-62). New York: Dover. (Original work published 1885)
Janis, I. R. (1982). *Victims of groupthink* (2nd ed.). Boston: Houghton Mifflin.

Jaques, E. (1951). *The changing culture of a factory.* London: Tavistock.
Jeffcutt, P. (1994). The interpretation of organization: A contemporary analysis and critique. *Journal of Management Studies, 31,* 225-250.
Jermier, J. M., Gaines, J., & McIntosh, N. J. (1989). Reactions to physically dangerous work: A conceptual and empirical analysis. *Journal of Organizational Behavior, 10,* 15-33.
Jones, R. A. (1977). *Self-fulfilling prophecies.* Hillsdale, NJ: Lawrence Erlbaum.
Jussim, L. (1991). Social perception and social reality: A reflection-construction model. *Psychological Review, 98,* 54-73.
Kahlbaugh, P. A. (1993). James Mark Baldwin: A bridge between social and cognitive theories of development. *Journal for the Theory of Social Behaviour, 23,* 79-103.
Kahn, R. L., Wolfe, D. M., Quinn, R. P., Snoek, J. D., & Rosenthal, R. A. (1964). *Organizational stress: Studies in role conflict and ambiguity.* New York: John Wiley.
Kammerer, E., & Crowston, K. (1993). *Coordination and collective mind in software requirements development.* Unpublished manuscript, University of Michigan, School of Business Administration.
Katz, D., & Kahn, R. L. (1966). *The social psychology of organizations.* New York: John Wiley.
Kaufman, H. (1967). *The forest ranger.* Baltimore, MD: Johns Hopkins University Press.
Keesing, R. M. (1987). Anthropology as interpretive quest. *Current Anthropology, 28,* 161-176.
Kelman, H. C. (1962). The induction of action and attitude change. In S. Coopersmith (Ed.), *Personality research.* Copenhagen: Munksgaard.
Kiesler, C. A. (1971). *The psychology of commitment.* New York: Academic Press.
Kiesler, S., & Sproull, L. (1982). Managerial response to changing environments: Perspectives on problem sensing from social cognition. *Administrative Science Quarterly, 27,* 548-570.
Klein, G. A. (1989). Recognition-primed decisions. In W. B. Rouse (Ed.), *Advances in man-machine systems research* (Vol. 5, pp. 47-92). Greenwich, CT: JAI.
Klein, G. A., Calderwood, R., & Clinton-Cirocco, A. (1986). Rapid decision making on the fire ground. *Proceedings of the Human Factors Society 30th Annual Meeting, 1,* 576-580.
Knorr-Cetina, K. D. (1981). The microsociological challenge of macro-sociology: Toward a reconstruction of social theory and methodology. In K. Knorr-Cetina & A. V. Cicourel (Eds.), *Advances in social theory and methodology* (pp. 1-47). Boston: Routledge & Kegan Paul.
Krieger, S. (1979). *Hip capitalism.* Beverly Hills, CA: Sage.
Kuhn, A., & Beam, R. D. (1982). *The logic of organization.* San Francisco: Jossey-Bass.
Kuhn, T. S. (1970). *The structure of scientific revolutions* (2nd ed.). Chicago: University of Chicago Press.
Langer, E. J. (1989). Minding matters: The consequences of mindlessness-mindfulness. In L. Berkowitz (Ed.), *Advances in experimental social psychology* (Vol. 22, pp. 137-173). New York: Academic Press.
Lanir, Z. (1989). The reasonable choice of disaster—The shooting down of the Libyan airliner on 21 February 1973. *Journal of Strategic Studies, 12,* 479-493.
Lanir, Z., Fischoff, B., & Johnson, S. (1988). Military risk-taking: C^3I and the cognitive functions of boldness in war. *Journal of Strategic Studies, 11,* 96-113.
Lanzara, G. F. (1983). Ephemeral organizations in extreme environments: Emergence, strategy, extinction. *Journal of Management Studies, 20,* 71-95.
Lave, J., & Wenger, E. (1991). *Situated learning: Legitimate peripheral participation.* New York: Cambridge University Press.
Lazarus, R. S., & Folkman, S. (1984). *Stress, appraisal, and coping.* New York: Springer.
Leach, E. R. (1967). An anthropologist's reflections on a social survey. In D. G. Jongmans & P. C.

Gutking (Ed.), *Anthropologists in the field.* Atlantic Highlands, NJ: Humanities Press.
Leiter, K. (1980). *A primer on ethnomethodology.* New York: Oxford University Press.
Levine, D. N. (1985). *The flight from ambiguity.* Chicago: University of Chicago Press.
Levitt, B., & Nass, C. (1989). The lid on the garbage can: Institutional constraints on decision making in the technical care of college-text publishers. *Administrative Science Quarterly, 34,* 190-207.
Lewin, K. (1935). *Dynamic theory of personality.* New York: McGraw-Hill.
Liang, D. W., Moreland, R., & Argote, L. (in press). Group versus individual training and group performance: The mediating role of transactive memory. *Personality and Social Psychology Bulletin.*
Limerick, D. C. (1990). Managers of meaning: From Bob Geldof's Band Aid to Australian CEO's. *Organizational Dynamics, 18*(4), 22-33.
Lincoln, Y. S., & Guba, E. G. (1985). *Naturalistic inquiry.* Beverly Hills, CA: Sage.
Linell, P., & Markova, I. (1993). Acts in discourse: From monological speech acts to dialogical inter-acts. *Journal for the Theory of Social Behaviour, 23,* 173-195.
Lodahl, J., & Gordon, G. (1972). The structure of scientific fields and the functioning of university graduate departments. *American Sociological Review, 37,* 57-72.
Louis, M. (1980). Surprise and sensemaking: What newcomers experience in entering unfamiliar organizational settings. *Administrative Science Quarterly, 25,* 226-251.
Louis, M. R., & Sutton, R. I. (1991). Switching cognitive gears: From habits of mind to active thinking. *Human Relations, 44,* 55-76.
Maass, A., & Clark, R. D., III. (1984). Hidden impact of minorities: Fifteen years of minority influence research. *Psychological Bulletin, 95,* 428-450.
Maass, A., West, S. G., & Cialdini, R. B. (1987). Minority influence and conversion. In C. Hendrick (Ed.), *Group processes* (pp. 55-79). Newbury Park, CA: Sage.
Macquarrie, J. (1972). *Existentialism.* New York: Penguin.
Mailloux, S. (1990). Interpretation. In F. Lentricchia & T. McLaughlin (Eds.), *Critical terms for literary study* (pp. 121-134). Chicago: University of Chicago Press.
Mandler, G. (1982). Stress and thought processes. In L. Goldberger & S. Breznitz (Eds.), *Handbook of stress* (pp. 88-104). New York: Free Press.
Mandler, G. (1984). *Mind and body: Psychology of emotion and stress.* New York: Norton.
Manning, P. K. (1988). *Symbolic communication: Signifying calls and the police response.* Cambridge: MIT Press.
Marceil, J. C. (1977). Implicit dimensions of ideography and nomothesis: A reformulation. *American Psychologist, 32,* 1046-1055.
March, J. G. (1984). How we talk and how we act: Administrative theory and administrative life. In T. J. Sergiovanni & J. E. Corbolly (Eds.), *Leadership and organizational culture* (pp. 18-35). Urbana: University of Illinois Press.
March, J. G. (1994). *A primer on decision making.* New York: Free Press.
March, J. G., & Olsen, J. P. (1976). *Ambiguity and choice in organizations.* Bergen, Norway: Universitetsforlaget.
March, J. G., & Olsen, J. P. (1989). *Rediscovering institutions: The organizational basis of politics.* New York: Free Press.
March, J. G., & Simon, H. A. (1958). *Organizations.* New York: John Wiley.
Markus, H., & Zajonc, R. B. (1985). The cognitive perspective in social psychology. In G. Lindzey & E. Aronson (Eds.), *The handbook of social psychology* (3rd ed., Vol. 1, pp. 137-230). New York: Random House.

Markus, H. R., & Kitayama, S. (1991). Culture and the self: Implications for cognition, emotion, and motivation. *Psychological Review, 98,* 224-253.
Martin, J. (1992). *Cultures in organizations.* New York: Oxford University Press.
Martin, J., Feldman, M. S., Hatch, M. J., & Sitkin, S. B. (1983). The uniqueness paradox in organizational stories. *Administrative Science Quarterly, 28,* 438-452.
Martin, J., & Meyerson, D. (1988). Organizational cultures and the denial, channeling, and acknowledgment of ambiguity. In L. R. Pondy, R. J. Boland, Jr., & H. Thomas (Eds.), *Managing ambiguity and change* (pp. 93-125). New York: John Wiley.
Maynard, D. W., & Manzo, J. F. (1993). On the sociology of justice: Theoretical notes from an actual jury deliberation. *Sociological Theory, 11,* 171-193.
McCaskey, M. B. (1982). *The executive challenge: Managing change and ambiguity.* Marshfield, MA: Pitman.
McGrath, J. E. (1976). Stress and behavior in organizations. In M. D. Dunnette (Ed.), *Handbook in industrial and organizational psychology* (pp. 1351-1395). Chicago: Rand McNally.
McGuire, J. (1986). Management and qualitative methodology. *Journal of Management, 12,* 1-20.
McGuire, J. B. (1992). A qualitative analysis of dialectical processes in educational organizations. *Human Relations, 45,* 387-410.
McGuire, W. J. (1983). A contextual theory of knowledge: Its implications for innovation and reform in psychological research. In L. Berkowitz (Ed.), *Advances in experimental social psychology* (Vol. 16, pp. 1-47). New York: Academic Press.
Mead, G. H. (1934). *Mind, self, and society.* Chicago: University of Chicago Press.
Mead, G. H. (1956). *The social psychology of George Herbert Mead* (A. M. Strauss, Ed.). Chicago: University of Chicago Press.
Meredith, W. (1987). *Partial accounts: New and selected poems.* New York: Knopf.
Merton, R. (1948). The self-fulfilling prophecy. *Antioch Review, 8,* 193-210.
Merton, R. K. (1967). *On theoretical sociology.* New York: Free Press.
Merton, R. K. (1972). Insiders and outsiders: A chapter in the sociology of knowledge. *American Journal of Sociology, 78,* 9-47.
Meyer, A. D. (1982a). Adapting to environmental jolts, *Admistrative Science Quarterly, 27,* 515-537.
Meyer, A. D. (1982b). How ideologies supplant formal structures and shape responses to environment. *Journal of Management Studies, 19,* 45-61.
Miles, M. B. (1964). On temporary systems. In M. B. Miles (Ed.), *Innovation in education* (pp. 437-490). New York: Teachers College Bureau of Publications.
Milgram, S. (1963). Behavioral study of obedience. *Journal of Abnormal and Social Psychology, 67,* 371-378.
Miller, D. (1990). *The Icarus paradox.* New York: Harper.
Miller, D. (1993). The architecture of simplicity. *Academy of Management Review, 18,* 116-138.
Miller, J. G. (1978). *Living systems.* New York: McGraw-Hill.
Milliken, F. J. (1987). Three types of perceived uncertainty about the environment: State, effect, and response uncertainty. *Academy of Management Review, 12,* 133-143.
Milliken, F. J. (1990). Perceiving and interpreting environmental change: An examination of college administrators' interpretation of changing demographics. *Academy of Management Journal, 33,* 42-63.
Milliken, F. J., & Lant, T. K. (1991). The effect of an organization's recent performance history on strategic persistence and change: The role of managerial interpretations. *Advances in Strategic Management, 7,* 129-156.

Mills, C. W. (1959). *The sociological imagination.* New York: Oxford University Press.
Miner, A. S. (1990). Structural evolution through idiosyncratic jobs: The potential for unplanned learning. *Organization Science, 1,* 195-210.
Mintzberg, H. (1978). Patterns in strategy formation. *Management Science, 24,* 934-948.
Mintzberg, H. (1987). The strategy concept I, II. *California Management Review, 30,* 11-32.
Mintzberg, H., & McHugh, A. (1985). Strategy formation in an adhocracy. *Administrative Science Quarterly, 30,* 160-197.
Mirvis, P. H. (1985). Negotiations after the sale: The roots and ramifications of conflict in an acquisition. *Journal of Occupational Behaviour, 6,* 65-84.
Mitroff, I. I., & Kilmann, R. H. (1976). On organization stories: An approach to the design and analysis of organizations through myths and stories. In R. H. Kilmann, L. R. Pondy, & D. P. Slevin (Eds.), *The management of organization design* (Vol. 1, pp. 189-207). New York: North-Holland.
Moch, M. (1989). Letter in memory of Louis Pondy. *Journal of Organizational Change Management, 2*(2), 74-76.
Morgan, G. (1980). Paradigms, metaphors, and puzzle solving in organization theory. *Administrative Science Quarterly, 25,* 605-622.
Morgan, G., Frost, P. J., & Pondy, L. R. (1983). Organizational symbolism. In L. R. Pondy, P. J. Frost, G. Morgan, & T. C. Dandridge (Eds.), *Organizational symbolism* (pp. 3-35). Greenwich, CT: JAI.
Moscovici, S. (1980). Toward a theory of conversion behavior. In L. Berkowitz (Ed.), *Advances in experimental social psychology* (Vol. 13, pp. 209-239). New York: Academic Press.
Mowday, R. T., & Sutton, R. I. (1993). Organizational behavior: Linking individuals and groups to organizational contexts. *Annual Review of Psychology, 44,* 195-229.
Nail, P. R. (1986). Toward an integration of some models and theories of social response. *Psychological Bulletin, 100,* 190-206.
Nayyar, P. R., & Kazanjian, R. K. (1993). Organizing to attain potential benefits from information asymmetries and economies of scope in related diversified firms. *Academy of Management Review, 18,* 735-759.
Neiss, R. (1988). Reconceptualizing arousal: Psychological states in motor performance. *Psychological Bulletin, 103,* 345-366.
Neiss, R. (1990). Ending arousal's reign of error: A reply to Anderson. *Psychological Bulletin, 107,* 101-105.
Nemeth, C. J. (1986). Differential contributions of majority and minority influence. *Psychological Review, 93,* 23-32.
Nemeth, C. J., & Staw, B. M. (1989). The tradeoffs of social control and innovation in groups and organizations. In L. Berkowitz (Ed.), *Advances in experimental social psychology* (Vol. 22, pp. 175-210). New York: Academic Press.
Neruda, P. (1968). *We are many.* New York: Grossman.
Neuberg, S. L. (1989). The goal of forming accurate impressions during social interactions: Attenuating the impact of negative expectancies. *Journal of Personality and Social Psychology, 56,* 374-386.
Nisbet, R. A. (1962). Sociology as an art form. *Pacific Sociological Review, 5,* 67-74.
Noble, D. (1993). A model to support development of situation assessment aids. In G. A. Klein, J. Orasanu, R. Calderwood, & C. E. Zsambok (Eds.), *Decision making in action* (pp. 287-305). Norwood, NJ: Ablex.
Olsen, J. P. (1976). Choice in an organized anarchy. In J. G. March & J. P. Olsen, *Ambiguity and choice in organizations* (pp. 82-139). Bergen, Norway: Universitetsforlaget.

O'Reilly, C. A., & Caldwell, D. F. (1981). The commitment and job tenure of new employees: Some evidence of postdecisional justification. *Administrative Science Quarterly, 26,* 597-616.
Orlikowski, W. J. (1991). Integrated information environment or matrix control? The contradictory implications of information technology. *Accounting Management and Information Technology, 1,* 9-42.
Orr, J. (1987). Narratives at work. *Field Service Manager,* pp. 47-60.
Orr, J. E. (1990). Sharing knowledge, celebrating identity: Community memory in a service culture. In D. Middleton & D. Edwards (Eds.), *Collective remembering* (pp. 169-189). London: Sage.
Pagonis, W. G. (1992). *Moving mountains.* Cambridge, MA: Harvard Business School Press.
Parsons, T. (1960). *Structure and process in modern societies.* Glencoe, IL: Free Press.
Pentland, B. T. (1992). Organizing moves in software support lines. *Administrative Science Quarterly, 37,* 527-548.
Perrow, C. (1983). The organizational context of human factors engineering. *Administrative Science Quarterly, 28,* 521-541.
Perrow, C. (1984). *Normal accidents.* New York: Basic Books.
Perrow, C. (1986). *Complex organizations* (3rd ed.). New York: Random House.
Perry, R. B. (1922). Is there a social mind? *American Journal of Sociology, 27,* 561-572, 721-736.
Peters, T. (1992). *Liberation management.* New York: Knopf.
Peters, T. J. (1980, Summer). Management systems: The language of organizational character and competence. *Organizational Dynamics,* pp. 3-26.
Peters, T. J. (1982). Symbols, patterns and settings: An optimistic case for getting things done. In D. A. Nadler, M. L. Tushman, & N. G. Hatvany (Eds.), *Managing organizations* (pp. 460-475). Boston: Little, Brown.
Peters, T. J., & Waterman, R. H., Jr. (1982). *In search of excellence.* New York: Harper & Row.
Pfeffer, J. (1981). Management as symbolic action. In L. L. Cummings & B. M. Staw (Eds.), *Research in organizational behavior* (Vol. 3, pp. 1-52). Greenwich, CT: JAI.
Pfeffer, J. (1981). *Power in organizations.* Marshfield, MA: Pitman.
Pfeffer, J. (1982). *Organizations and organization theory.* Boston: Pitman.
Pfeffer, J. (1985). Organizations and organization theory. In G. Lindzey & E. Aronson (Eds.), *Handbook of social psychology* (Vol. 1, pp. 379-440). New York: Random House.
Pfeffer, J., & Salancik, G. R. (1978). *The external control of organizations.* New York: Harper & Row.
Polkinghorne, D. E. (1988). *Narrative knowing and the human sciences.* Albany: State University of New York Press.
Pondy, L. R. (1978). Leadership is a language game. In M. W. McCall, Jr. & M. M. Lombardo (Eds.), *Leadership: Where else can we go?* (pp. 87-99). Durham, NC: Duke University Press.
Pondy, L. R., & Mitroff, I. I. (1979). Beyond open systems models of organization. In B. M. Staw (Ed.), *Research in organizational behavior* (Vol. 1, pp. 3-39). Greenwich, CT: JAI.
Popper, K. R. (1972). Epistemology without a knowing subject. In K. R. Popper, *Objective knowledge: An evolutionary approach* (pp. 106-152). London: Oxford University Press.
Porac, J. F., Thomas, H., & Baden-Fuller, C. (1989). Competitive groups as cognitive communities: The case of Scottish knitwear manufacturers. *Journal of Management Studies, 26,* 397-416.
Powell, W. W. (1985). *Getting into print: The decision-making process in scholarly publishing.* Chicago: University of Chicago Press.
Powers, W. T. (1973). *Behavior: The control of perception.* Chicago: Aldine.
Prasad, P. (1993). Symbolic processes in the implementation of technological change: A symbolic interactionist study of work computerization. *Academy of Management Journal, 36,* 1400-1429.

Putnam, L. L. (1983). The interpretive perspective: An alternative to functionalism. In L. L. Putnam & M. E. Pacanowsky (Eds.), *Communication and organization* (pp. 31-54). Beverly Hills, CA: Sage.

Rabinow, P., & Sullivan, W. M. (1987). *Interpretive social science: A second look.* Berkeley: University of California Press.

Ranson, S., Hinings, B., & Greenwood, R. (1980). The structuring of organizational structures. *Administrative Science Quarterly, 25,* 1-17.

Rasmussen, J., Brehmer, B., & Leplat, J. (1991). *Distributed decision making.* Chichester, UK: Wiley.

Reason, J. (1988). Stress and cognitive failure. In S. Fisher & J. Reason (Eds.), *Handbook of life stress, cognition and health* (pp. 405-421). Chichester, UK: Wiley.

Reason, J. (1990). *Human error.* Cambridge, UK: Cambridge University Press.

Resnick, L. B., Levine, J. M., & Teasley, S. D. (Eds.). (1991). *Perspectives on socially shared cognition.* Washington, DC: American Psychological Association.

Richardson, L. (1990). *Writing strategies: Reaching diverse audiences.* Newbury Park, CA: Sage.

Rickman, H. P. (1976). *Dilthey: Selected writings.* London: Cambridge University Press.

Ring, P. S., & Rands, G. P. (1989). Sensemaking, understanding, and committing: Emergent interpersonal transaction processes in the evolution of 3M's microgravity research program. In A. H. Van de Ven, H. L. Angle, & M. S. Poole (Eds.), *Research on the management of innovation: The Minnesota studies* (pp. 337-366). New York: Ballinger.

Ring, P. S., & Van de Ven, A. H. (1989). Formal and informal dimensions of transactions. In A. H. Van de Ven, H. L. Angle, & M. S. Poole (Eds.), *Research on the management of innovation: The Minnesota studies* (pp. 171-192). New York: Ballinger.

Robinson, J. A. (1981). Personal narratives reconsidered. *Journal of American Folklore, 94,* 58-85.

Robinson, J. A., & Hawpe, L. (1986). Narrative thinking as a heuristic process. In T. R. Sarbin (Ed.), *Narrative psychology* (pp. 111-125). New York: Praeger.

Roethlisberger, F. J., & Dickson, W. J. (1939). *Management and the worker.* Cambridge, MA: Harvard University Press.

Rogers, E. V., & Dearing, J. W. (1988). Agenda-setting research: Where has it been, where is it going? In J. W. Anderson (Ed.), *Communication yearbook* (Vol. 11, pp. 555-594). Newbury Park, CA: Sage.

Rorty, R. (1982). *Consequences of pragmatism.* Minneapolis: University of Minnesota Press.

Rorty, R. (1989). *Contingency, irony, and solidarity.* Cambridge, UK: Cambridge University Press.

Rosenthal, R. (1993). Interpersonal expectations: Some antecedents and some consequences. In P. D. Blanck (Ed.), *Interpersonal expectations: Theory, research, and applications* (pp. 3-24). Cambridge, UK: Cambridge University Press.

Rosenthal, R., & Jacobson, L. (1966). Teacher's expectations: Determinants of pupils' IQ gains. *Psychological Reports, 19,* 115-118.

Rosenthal, R., & Jacobson, L. (1968). *Pygmalion in the classroom.* New York: Holt, Rinehart & Winston.

Ross, J., & Staw, B. M. (1993). Organizational escalation and exit: Lessons from the Shoreham nuclear power plant. *Academy of Management Journal, 36,* 701-732.

Ross, L., & Nisbett, R. E. (1991). *The person and the situation.* New York: McGraw-Hill.

Rothbaum, F., Weiss, J. R., & Snyder, S. S. (1982). Changing the world and changing the self: A two-process model of perceived control. *Journal of Personality and Social Psychology, 42,* 5-37.

Ryle, G. (1949). *The concept of mind.* Chicago: University of Chicago Press.

Sackman, S. A. (1991). *Cultural knowledge in organizations: Exploring the collective mind.* New-

bury Park, CA: Sage.
Sackmann, S. A. (1992). Culture and subcultures: An analysis of organizational knowledge. *Administrative Science Quarterly, 37,* 140-161.
Sagan, S. D. (1993). *The limits of safety.* Princeton, NJ: Princeton University Press.
Salancik, G. R. (1977). Commitment and the control of organizational behavior and belief. In B. M. Staw & G. R. Salancik (Eds.), *New directions in organizational behavior* (pp. 1-54). Chicago: St. Clair.
Salancik, G. R., & Pfeffer, J. (1978). A social information processing approach to job attitudes and task design. *Administrative Science Quarterly, 23,* 224-253.
Sandelands, L., & Drazin, R. (1989). On the language of organizational theory. *Organization Studies, 10,* 457-478.
Sandelands, L. E., & Stablein, R. E. (1987). The concept of organization mind. In S. Bacharach & N. DiTimaso (Eds.), *Research in the sociology of organizations* (Vol. 5, pp. 135-161). Greenwich, CT: JAI.
Schall, M. S. (1983). A communication-rules approach to organizational culture. *Administrative Science Quarterly, 28,* 557-581.
Schein, E. H. (1985). *Organizational culture and leadership.* San Francisco: Jossey-Bass.
Scher, S. J., & Cooper, J. (1989). Motivational basis of dissonance: The singular role of behavioral consequences. *Journal of Personality and Social Psychology, 56,* 899-906.
Schmidt, K. (1991). Cooperative work: A conceptual framework. In J. Rasmussen, B. Brehmer, & J. Leplat (Eds.), *Distributed decision making: Cognitive models for cooperative work* (pp. 75-110). Chichester, UK: Wiley.
Schneider, W., & Shiffrin, R. M. (1977). Controlled and automatic human information processing: I. Detection, search, and attention. *Psychological Review, 84,* 1-66.
Scholes, R. (1981). Language, narrative, and anti-narrative. In W.J.T. Mitchell (Ed.), *On narrativity* (pp. 200-208). Chicago: University of Chicago Press.
Schön, D. A. (1983b). *The reflective practitioner.* New York: Basic Books.
Schroeder, R. G., Van de Ven, A. H., Scudder, G. D., & Polley, D. (1989). The development of innovation ideas. In A. H. Van de Ven, H. L. Angle, & M. S. Poole (Eds.), *Research in the management of innovation: The Minnesota studies* (pp. 107-134). New York: Ballinger.
Schutz, A. (1964). The stranger: An essay in social psychology. In *Collective papers* (Vol. 2, pp. 91-105). The Hague, Netherlands: Martinus Nijhoff.
Schutz, A. (1967). *The phenomenology of the social world.* Evanston, IL: Northwestern University Press.
Schwartz, B. (1991). Social change and collective memory: The democratization of George Washington. *American Sociological Review, 56,* 221-236.
Schwartzman, H. B. (1987). The significance of meetings in an American mental health center. *American Ethnologist, 14,* 271-294.
Schwartzman, H. B. (1989). *The meeting: Gatherings in organizations and communities.* New York: Plenum.
Scott, W. R. (1987). *Organizations: Rational, natural, and open systems* (2nd ed.). Englewood Cliffs, NJ: Prentice Hall.
Selznick, P. (1949). *TVA and the grass roots.* Berkeley: University of California Press.
Selznick, P. (1957). *Leadership in administration.* New York: Harper & Row.
Shils, E. (1981). *Tradition.* Chicago: University of Chicago Press.
Shotter, J. (1983). "Duality of structure" and "intentionality" in an ecological psychology. *Journal for the Theory of Social Behaviour, 13,* 19-43.

Shotter, J. (1993). *Conversational realities: Constructing life through language*. London: Sage.
Sills, D. L., & Merton, R. K. (Eds.). (1991). *International encyclopedia of the social sciences: Social science quotations* (Vol. 19). New York: Macmillan.
Silverman, D. (1970). *The theory of organisations*. New York: Basic Books.
Simon, H. A. (1957). *Administrative behavior* (2nd ed.). New York: Macmillan.
Singer, I. B. (1961). *The Spinoza of Market Street*. New York: Farrar, Straus, Cudahy.
Smircich, L. (1983). Organizations as shared meanings. In L. R. Pondy, P. J. Frost, G. Morgan, & T. C. Dandridge (Eds.), *Organizational symbolism* (pp. 55-65). Greenwich, CT: JAI.
Smircich, L., & Morgan, G. (1982). Leadership: The management of meaning. *Journal of Applied Behavioral Science, 18*, 257-273.
Smircich, L., & Stubbart, C. (1985). Strategic management in an enacted world. *Academy of Management Review, 10*, 724-736.
Smith, C. W. (1989). *Auctions: The social construction of value*. New York: Free Press.
Smith, G. F. (1988). Towards a heuristic theory of problem structuring. *Management Science, 34*, 1489-1506.
Smith, G. F. (1989). Defining managerial problems: A framework for prescriptive theorizing. *Management Science, 35*, 963-981.
Smith, J. F., & Kida, T. (1991). Heuristics and biases: Expertise and task realism in auditing. *Psychological Bulletin, 109*, 472-489.
Snow, D. A., Rochford, E. B., Jr., Worden, S. K., & Benford, R. D. (1986). Frame alignment processes, micromobilization, and movement participation. *American Sociological Review, 51*, 464-481.
Snyder, M. (1981). Seek and ye shall find: Testing hypotheses about other people. In E. T. Higgins, C. P. Herman, & M. P. Zanna (Eds.), *Social cognition: The Ontario Symposium* (Vol. 1, pp. 277-303). Hillsdale, NJ: Lawrence Erlbaum.
Snyder, M. (1984). When belief creates reality. In L. Berkowitz (Ed.), *Advances in experimental social psychology* (Vol. 18, pp. 248-305). Orlando, FL: Academic Press.
Snyder, M. (1992). Motivational foundations of behavioral confirmation. In M. Zanna (Ed.), *Advances in experimental social psychology* (Vol. 25, pp. 67-114). San Diego, CA: Academic Press.
Snyder, M., & Haugen, J. A. (1990, August). *Why does behavioral confirmation occur? A functional perspective*. Paper presented at the annual meetings of the American Psychological Association, Boston.
Snyder, M., & Swann, W. B., Jr. (1978). Hypothesis-testing processes in social interaction. *Journal of Personality and Social Psychology, 36*, 1202-1212.
Snyder, M., & White, P. (1982). Moods and memories: Elation, depression, and the remembering of the events of one's life. *Journal of Personality, 50*, 149-167.
Spender, J. -C. (1989). *Industry recipes*. New York: Basil Blackwell.
Sproull, L. (1981). Beliefs in organizations. In P. C. Nystrom & W. H. Starbuck (Eds.), *Handbook of organizational design* (Vol. 2, pp. 203-249). New York: Oxford University Press.
Starbuck, W. H. (1976). Organizations and their environments. In M. D. Dunnette (Ed.), *Handbook of industrial and organizational behavior* (pp. 1069-1123). Chicago: Rand McNally.
Starbuck, W. H. (1983). Organizations as action generators. *American Sociological Review, 48*, 91-102.
Starbuck, W. H. (1993). Strategizing in the real world. *International Journal of Technology Management, 8*, 77-85.
Starbuck, W. H., & Milliken, F. J. (1988). Executives' perceptual filters: What they notice and how

they make sense. In D. C. Hambrick (Ed.), *The executive effect: Concepts and methods for studying top managers* (pp. 35-65). Greenwich, CT: JAI.
Starbuck, W. H., & Nystrom, P. C. (1981). Why the world needs organizational design. *Journal of General Management, 6,* 3-17.
Staw, B. M. (1975). Attribution of the "causes" of performance: A general alternative interpretation of cross-sectional research on organizations. *Organizational Behavior and Human Performance, 13,* 414-432.
Staw, B. M. (1977). Motivation in organizations: Toward synthesis and redirection. In B. M. Staw & G. R. Salancik (Eds.), *New directions in organizational behavior* (pp. 55-95). Chicago: St. Clair.
Staw, B. M. (1980). Rationality and justification in organizational life. In B. M. Staw & L. L. Cummings (Eds.), *Research in organizational behavior* (Vol. 2, pp. 45-80). Greenwich, CT: JAI.
Staw, B. M. (1981). The escalation of commitment to a course of action. *Academy of Management Review, 6,* 577-587.
Staw, B. M. (1982). Counterforces to change. In P. S. Goodman & Associates (Eds.), *Change in organizations: New perspectives on theory, research, and practice* (pp. 87-121). San Francisco: Jossey-Bass.
Staw, B. M. (1991). Dressing up like an organization: When psychological theories can explain organizational action. *Journal of Management, 17,* 805-819.
Staw, B. M., McKechnie, P. I., & Puffer, S. M. (1993). The justification of organizational performance. *Administrative Science Quarterly, 28,* 582-600.
Staw, B. M., & Ross, J. (1987). Behavior in escalation situations: Antecedents, prototypes and solutions. In L. L. Cummings & B. M. Staw (Eds.), *Research in organizational behavior* (Vol. 9, pp. 39-78). Greenwich, CT: JAI.
Staw, B. M., Sandelands, L. E., & Dutton, J. E. (1981). Threat-rigidity effects in organizational behavior: A multi-level analysis. *Administrative Science Quarterly, 26,* 501-524.
Staw, B. M., & Sutton, R. I. (1993). Macro organizational psychology. In J. K. Murnighan (Ed.), *Social psychology in organizations: Advances in theory and research* (pp. 350-384). Englewood Cliffs, NJ: Prentice Hall.
Steele, C. M. (1988). The psychology of self-affirmation: Sustaining the integrity of the self. In L. Berkowitz (Ed.), *Advances in experimental social psychology* (Vol. 21, pp. 261-302). New York: Academic Press.
Steinbruner, J. D. (1974). *The cybernetic theory of decision.* Princeton, NJ: Princeton University Press.
Stephan, W. G. (1985). Intergroup relations. In G. Lindzey & E. Aronson (Eds.), *Handbook of social psychology* (Vol. 2, pp. 599-658). New York: Random House.
Stewart, R. (1976). *Contrasts in management.* New York: McGraw-Hill.
Stinchcombe, A. L. (1990). *Information and organizations.* Berkeley: University of California Press.
Sutcliffe, K. M. (1994). What executives notice: Accurate perceptions in top management teams. *Academy of Management Journal, 37,* 1360-1378.
Sutton, R. I., & Kahn, R. L. (1987). Prediction, understanding, and control as antidotes to organizational stress. In J. W. Lorsch (Ed.), *Handbook of organizational behavior* (pp. 272-285). Englewood Cliffs, NJ: Prentice Hall.
Sutton, R. I., & Louis, M. R. (1987). How selecting and socializing newcomers influences insiders. *Human Resource Management, 26,* 347-361.
Swann, W. B., Jr. (1984). Quest for accuracy in person perception: A matter of pragmatics. *Psychological Review, 91,* 457-477.

Tanford, S., & Penrod, S. (1984). Social influence model: A formal integration of research on majority and minority influence processes. *Psychological Bulletin, 95,* 189-225.

Tasca, L. L. (1990). *The social construction of human error.* Unpublished doctoral dissertation, State University of New York at Stony Brook.

Taylor, C. (1987). Interpretation and the sciences of man. In P. Rabinow & W. M. Sullivan (Eds.), *Interpretive social science: A second look* (pp. 33-81). Berkeley: University of California Press.

Taylor, S. E. (1989). *Positive illusions.* New York: Basic Books.

Taylor, S. E. (1991). Asymmetrical effects of positive and negative events: The mobilization-minimization hypothesis. *Psychological Bulletin, 110,* 67-85.

Tetlock, P. E. (1991). An alternative metaphor in the study of judgment and choice: People as politicians. *Theory and Psychology, 1,* 451-475.

Tetlock, P. E., Peterson, R. S., McGuire, C., Chang, S., & Feld, P. (1992). Assessing political group dynamics: A test of the groupthink model. *Journal of Personality and Social Psychology, 63,* 403-425.

Thayer, L. (1988). Leadership/communication: A critical review and a modest proposal. In G. M. Goldhaber & G. A. Barnett (Eds.), *Handbook of organizational communication* (pp. 231-263). Norwood, NJ: Ablex.

Thibodeau, R., & Aronson, E. (1992). Taking a closer look: Reasserting the role of the self-concept in dissonance theory. *Personality and Social Psychology Bulletin, 18,* 591-602.

Thoits, P. A. (1984). Coping, social support, and psychological outcomes: The central role of emotion. In P. Shaver (Ed.), *Review of personality and social psychology* (Vol. 5, pp. 219-238). Beverly Hills, CA: Sage.

Thomas, J. B., Clark, S. M., & Gioia, D. A. (1993). Strategic sensemaking and organizational performance: Linkages among scanning, interpretation, action, and outcomes. *Academy of Management Journal, 36,* 239-270.

Thomas, W. I., & Thomas, D. S. (1928). *The child in America: Behavior problems and programs.* New York: Knopf.

Thompson, J. D., & Tuden, A. (1959). Strategies, structures, and processes of organizational decision. In J. D. Thompson (Ed.), *Comparative studies in organization* (pp. 195-216). Pittsburgh, PA: University of Pittsburgh Press.

Tice, D. M. (1992). Self-concept change and self-presentation: The looking glass self is also a magnifying glass. *Journal of Personality and Social Psychology, 63,* 435-451.

Tichy, N. M. (1981). Networks in organizations. In P. C. Nystrom & W. H. Starbuck (Eds.), *Handbook of organizational design* (Vol. 2, pp. 225-249). New York: Oxford University Press.

Tichy, N. M., & Sherman, S. (1993). Walking the talk at GE. *Training and Development, 47*(6), 26-35.

Tompkins, E. V. B., Tompkins, P. K., & Cheney, G. (1989). Organizations as arguments: Discovering, expressing, and analyzing the premises for decisions. *Journal of Management Systems, 1,* 35-48.

Tompkins, P. K. (1987). Translating organizational theory: Symbolism over substance. In F. M. Jablin, L. L. Putnam, K. E. Roberts, & L. W. Porter (Eds.), *Handbook of organizational communication* (pp. 70-96). Newbury Park, CA: Sage.

Tompkins, P. K. (1993). *Organizational communication imperatives: Lessons of the space program.* Los Angeles: Roxbury.

Tompkins, P. K., & Cheney, G. (1985). Communication and unobtrusive control in contemporary organizations. In R. D. McPhee & P. K. Tompkins (Eds.), *Organizational communication: Traditional themes and new directions* (pp. 179-210). Beverly Hills, CA: Sage.

Trice, H. M., & Beyer, J. M. (1993). *The cultures of work organizations.* Englewood Cliffs, NJ:

Prentice Hall.
Trujillo, N. (1987). Implications of interpretive approaches for organizational communication research and practice. In L. Thayer (Ed.), *Organizational ↔ communication: Emerging perspectives II* (pp. 46-63). Norwood, NJ: Ablex.
Tulin, R. (1984). *A machinist's semi-automated life.* San Pedro, CA: Singlejack.
Turner, B. A. (1971). *Exploring the industrial subculture.* London: Macmillan.
Turner, J. H. (1987). Toward a sociological theory of motivation. *American Sociological Review, 52*, 15-27.
Tushman, M. L., Newman, W. H., & Romanelli, E. (1986). Convergence and upheaval: Managing the unsteady pace of organizational evolution. *California Management Review, 29*(1), 29-44.
Upton, A. (1961). *Design for thinking.* Palo Alto, CA: Pacific.
Van Maanen, J. (1988). *Tales of the field.* Chicago: University of Chicago Press.
Van Maanen, J. (1990). The smile factory. In P. J. Frost, L. F. Moore, M. R. Louis, C. C. Lundberg, & J. Martin (Eds.), *Reframing organizational culture* (pp. 58-76). Newbury Park, CA: Sage.
Van Maanen, J., & Barley, S. R. (1984). Occupational communities: Culture and control in organizations. In B. M. Staw & L. L. Cummings (Eds.), *Research in organizational behavior* (Vol. 6, pp. 287-365). Greenwich, CT: JAI.
Van Maanen, J., & Kunda, G. (1989). "Real feelings": Emotional expression and organizational culture. In L. L. Cummings & B. M. Staw (Eds.), *Research in organizational behavior* (Vol. 11, pp. 43-103). Greenwich, CT: JAI.
Van Sell, M. (1977). Nonlinear retrospective: A student's first academy meeting. *Academy of Management Review, 2,* 62-63.
Varadarajan, P. J., Clark, T., & Pride, W. M. (1992, Winter). Controlling the uncontrollable: Managing your market environment. *Sloan Management Review,* pp. 39-47.
Varela, F. J., Thompson, E., & Rosch, E. (1991). *The embodied mind: Cognitive science and human experience.* Cambridge: MIT Press.
Voyer, J. J., & Faulkner, R. R. (1989). Organizational cognition in a jazz ensemble. *Empirical Studies of the Arts, 7*(1), 57-77.
Wachtel, P. L. (1967). Conceptions of broad and narrow attention. *Psychological Bulletin, 68,* 417-429.
Wallas, G. (1926). *The art of thought.* New York: Harcourt Brace.
Walsh, J. P., Henderson, C. M., & Deighton, J. (1988). Negotiated belief structures and decision performance: An empirical investigation. *Organizational Behavior and Human Performance, 42,* 194-216.
Walsh, J. P., & Ungson, G. R. (1991). Organizational memory. *Academy of Management Review, 16,* 57-91.
Waterman, R. H., Jr. (1990). *Adhocracy: The power to change.* Memphis, TN: Whittle Direct Books.
Watzlawick, P. (1976). *How real is real?* New York: Random House.
Weber, M. (1947). *The theory of social and economic organization* (A. H. Henderson & T. Parsons, Eds. & Trans.). Glencoe, IL: Free Press.
Webster's Dictionary of Synonyms. (1951). Springfield, MA: G. C. Merriam.
Wegner, D. M. (1987). Transactive memory: A contemporary analysis of the group mind. In B. Mullen & G. R. Goethals (Eds.), *Theories of group behavior* (pp. 185-208). New York: Springer-Verlag.
Weick, K. E. (1969). *The social psychology of organizing.* Reading, MA: Addison-Wesley.
Weick, K. E. (1977). Enactment processes in organizations. In B. M. Staw & G. Salancik (Eds.), *New directions in organizational behavior* (pp. 267-300). Chicago: St. Clair.

Weick, K. E. (1979). *The social psychology of organizing* (2nd ed.). Reading, MA: Addison-Wesley.
Weick, K. E. (1983). Managerial thought in the context of action. In S. Srivastava (Ed.), *The executive mind* (pp. 221-242). San Francisco: Jossey-Bass.
Weick, K. E. (1984). Small wins: Redefining the scale of social problems. *American Psychologist, 39,* 40-49.
Weick, K. E. (1985). Sources of order in underorganized systems: Themes in recent organizational theory. In Y. S. Lincoln (Ed.), *Organizational theory and inquiry* (pp. 106-136). Beverly Hills, CA: Sage.
Weick, K. E. (1988). Enacted sensemaking in crisis situations. *Journal of Management Studies, 25,* 305-317.
Weick, K. E. (1989). Theory construction as disciplined imagination. *Academy of Management Review, 14,* 516-531.
Weick, K. E. (1990a). Technology as equivoque: Sensemaking in new technologies. In P. S. Goodman & L. Sproull (Eds.), *Technology and organizations* (pp. 1-44). San Francisco: Jossey-Bass.
Weick, K. E. (1990b). The vulnerable system: An analysis of the Tenerife air disaster. *Journal of Management, 16,* 571-593.
Weick, K. E. (1993a). Sensemaking in organizations: Small structures with large consequences. In J. K. Murnighan (Ed.), *Social psychology in organizations: Advances in theory and research* (pp. 10-37). Englewood Cliffs, NJ: Prentice Hall.
Weick, K. E. (1993b). The collapse of sensemaking in organizations: The Mann Gulch disaster. *Administrative Science Quarterly, 38,* 628-652.
Weick, K. E., & Browning, L. (1986). Arguments and narration in organizational communication. *Journal of Management, 12,* 243-259.
Weick, K. E., Gilfillan, D. P., & Keith, T. (1973). The effect of composer credibility on orchestra performance. *Sociometry, 36,* 435-462.
Weick, K. E., & McDaniel, R. R., Jr. (1989). How professional organizations work: Implications for school organization and management. In T. J. Sergiovanni & J. H. Moore (Eds.), *Schooling for tomorrow* (pp. 330-355). Boston: Allyn and Bacon.
Weick, K. E., & Meader, D. (1993). Sensemaking support systems. In L. M. Jessup & J. S. Valecich (Eds.), *Group support systems: New perspectives* (pp. 230-252). New York: Macmillan.
Weick, K. E., & Roberts, K. H. (1993). Collective mind in organizations: Heedful interrelating on flight decks. *Administrative Science Quarterly, 38,* 357-381.
Weltman, G., Smith, J. E., & Egstrom, G. H. (1971). Perceptual narrowing during simulated pressure chamber exposure. *Human Factors, 13,* 99-107.
Westley, F. (1992). Vision worlds: Strategic vision as social interaction. In P. Shrivastava, A. Huff, & J. Dutton (Eds.), *Advances in strategic management* (Vol. 8, pp. 271-305). Greenwich, CT: JAI.
Westley, F. R. (1990). Middle managers and strategy: Microdynamics of inclusion. *Strategic Management Journal, 11,* 337-351.
Westrum, R. (1982). Social intelligence about hidden events. *Knowledge, 3*(3), 381-400.
White, H. (1981). The value of narrativity in the representation of reality. In W.J.T. Mitchell (Ed.), *On narrativity* (pp. 1-23). Chicago: University of Chicago Press.
White, J. B. (1990). *Justice as translation.* Chicago: University of Chicago Press.
Wicker, A. W. (1992). Making sense of environments. In W. B. Walsh, K. H. Craik, & R. H. Price (Eds.), *Person-environment psychology: Models and perspectives* (pp. 157-192). Hillsdale, NJ: Lawrence Erlbaum.
Wildavsky, A. B. (1972). The self-evaluating organization. *Public Administration Review, 32,*

509-520.
Wiley, N. (1988). The micro-macro problem in social theory. *Sociological Theory, 6,* 254-261.
Wilkins, A. L. (1983). Organizational stories as symbols which control the organization. In L. R. Pondy, P. J. Frost, G. Morgan, & T. C. Dandridge (Eds.), *Organizational symbolism* (pp. 81-92). Greenwich, CT: JAI.
Wilkins, A. L. (1984). The creation of company cultures: The role of stories and human resource systems. *Human Resource Management, 23,* 41-60.
Winner, L. (1986). *The whale and the reactor: A search for limits in an age of high technology.* Chicago: University of Chicago Press.
Winograd, T., & Flores, F. (1986). *Understanding computers and cognition: A new foundation for design.* Norwood, NJ: Ablex.
Winokur, J. (1990). *Zen to go.* New York: Penguin.
Wood, W., Lundgren, S., Ouellette, J. A., Busceme, S., & Blackstone, T. (1994). Minority influence: A meta-analytic review of social influence processes. *Psychological Bulletin, 115,* 323-345.
Zadny, J., & Gerard, H. B. (1974). Attributed intentions and informational selectivity. *Journal of Experimental Social Psychology, 10,* 34-52.
Zimbardo, P. G. (1969). *The cognitive control of motivation: The consequences of choice and dissonance.* Glenview, IL: Scott, Foresman.
Zucker, L. G. (1991). The role of institutionalization in cultural persistence. In W. W. Powell & P. J. DiMaggio (Eds.), *The new institutionalism in organizational analysis* (pp. 83-107). Chicago: University of Chicago Press.
Zukier, H. (1986). The paradigmatic and narrative modes in goal-guided inference. In R. M. Sorrentino & E. T. Higgins (Eds.), *Handbook of motivation and cognition* (pp. 465-502). New York: Guilford.

和文参考文献

Barnard, C. I. (1938). *The functions of the executive.* Cambridge, MA: Harvard University Press.［山本安次郎・田杉競・飯野春樹訳『新訳　経営者の役割』ダイヤモンド社，1968］

Bartlett, F. C. (1932). *Remembering.* Cambridge, UK: Cambridge University Press.［宇津木保・辻正三訳『想起の心理学　――実験的社会的心理学における一研究――』誠信書房，1983］

Bateson, G. (1972). *Steps to an ecology of mind.* New York: Chandler.［佐藤良明他訳『精神の生態学』新思索社，2000］

Berger, P. L. & Luckmann, T. (1967). *The social construction of reality.* New York: Doubleday Anchor.［山口節朗訳『日常世界の構成』新曜社，1977］

Blumer, H. (1969). *Symbolic interactionism: Perspective and method.* Englewood Cliffs, NJ: Prentice Hall.［後藤将之訳『シンボリック相互作用論　――パースペクティヴと方法――』勁草書房，1991］

Boulding, K. E. (1956). General systems theory: The skeleton of science. *Management Science, 2,* pp.197-208.［公文俊平訳『経済学を越えて　改訳版』所収，学習研究社，1975］

Bruner, J. (1986). *Actual minds, possible worlds.* Cambridge, MA : Harvard University Press.［田中一彦訳『可能世界の心理』みすず書房，1998］

Bruner, J. S. (1973). *Beyond the information given.* New York : Norton.［平光昭久・大沢正子訳『認識の心理学　――与えられる情報をのりこえる――』明治図書出版，1978］

Burke, K. (1969). *A grammar of motives.* Berkeley: University of California Press.［森常治訳『動機の文法』晶文社，1982］

Burrell,G., & Morgan,G. (1979). *Sociological paradigms and organizational analysis.* London : Heinemann.［鎌田伸一・金井一頼・野中郁次郎訳『組織理論のパラダイム　――機能主義の分析枠組――』（原著書第1-5章に該当）千倉書房，1986］

Cantril, H. (1941). *The psychology of social movements.* New York: J. Wiley.［南博他訳『社会運動の心理学』岩波書店，1959］

Collini, S. (Ed.). (1992). *Interpretation and overinterpretation.* Cambridge, UK: Cambridge University Press.［柳谷啓子・具島靖訳『エーコの読みと深読み』岩波書店，1993］

Cooley, C. H. (1902). *Human nature and the social order.* New York: Scribner.［納武津譯訳『社会と我　――人間性と社會秩序――』日本評論社，1921］

Cyert, R. M., & March, J. G. (1963). *A behavioral theory of the firm.* Englewood Cliffs, N.J. : Prentice-Hall.［松田武彦監訳，井上恒夫訳『企業の行動理論』ダイヤモンド社，1967］

Dalton, M. (1959). *Men who manage: Fusions of feeling and theory in administration.* New York : John Wiley.［高橋達男・栗山盛彦共訳『伝統的管理論の終焉』産業能率短期大学出版部，1969］

Drucker, P. E. (1974). *Management: Tasks, responsibilities, practices.* New York : Harper & Row.［野田一夫・村上恒夫監訳『マネジメント　――課題・責任・実践――』ダイヤモンド社，1975］

Eagleton, T. (1990). *The significance of theory*. Oxford, UK: Basil Blackwell. [山形和美訳『理論の意味作用』法政大学出版局, 1997]

Festinger, L. (1957). *A theory of cognitive dissonance*. Stanford, CA: Stanford University Press. [末永俊郎監訳『認知的不協和の理論 ——社会心理学序説——』誠信書房, 1965]

Frank, A. (1991). *At the will of the body*. Boston: Houghton Mifflin. [井上哲彰訳『からだの知恵に聴く ——人間尊重の医療を求めて——』日本教文社, 1996]

Giddens, A. (1976). *New rules of sociological method*. London: Hutchinson. [松尾精文他訳『社会学の新しい方法規準 ——理解社会学の共感的批判——』而立書房, 2000]

Hochschild, A. R. (1983). *The managed heart*. Berkeley: University of California Press. [石川准・室伏亜希訳『管理される心 ——感情が商品になるとき——』世界思想社, 2000]

Kahn, R. L., Wolfe, D. M., Quinn, R. P., Snock, J. D., & Rosenthal, R. A. (1964). *Organizational stress: Studies in role conflict and ambiguity*. New York : J. Wiley. [奥田俊介・岡田充雄・篠塚真吾訳『組織のストレス ——葛藤にさらされた現代組織の歪み——』産業能率短期大学出版部, 1973]

Kuhn, T. S. (1970). *The structure of scientific revolutions* (2nd ed.). Chicago: University of Chicago Press. [中山茂訳『科学革命の構造』みすず書房, 1971]

Lave, J., & Wenger, E. (1991). *Situated learning: Legitimate peripheral participation*. New York: Cambridge University Press. [佐伯胖訳『状況に埋め込まれた学習 ——正統的周辺参加——』産業図書, 1995]

Lazarus, R. S., & Folkman, S. (1984). *Stress, appraisal, and coping*. New York: Springer. [本明寛・春木豊・織田正美監訳『ストレスの心理学 ——認知的評価と対処の研究——』実務教育出版, 1991]

Leiter, K. (1980). *A primer of ethnomethodology*. New York: Oxford University Press. [高山眞知子訳『エスノメソドロジーとは何か』新曜社, 1987]

Lewin, K. (1935). *Dynamic theory of personality*. New York: McGraw-Hill. [相良守次・小川隆訳『パーソナリティの力学説』岩波書店, 1957]

Mailloux, S. (1990). Interpretation. In F. Lentricchia & T. McLaughlin (Eds.), *Critical terms for literary study* (pp.121-134). Chicago: University of Chicago Press. [大橋洋一訳『現代比評理論：22の基本概念』所収, 平凡社, 1994]

Mandler, G. (1984). *Mind and body: Psychology of emotion and stress*. New York: Norton. [田中正敏・津田彰監訳『情動とストレス』誠信書房, 1987]

March, J. G. & Olsen, J. P. (1976). *Ambiguity and choice in organizations*. Bergen: Universitetsforlaget. [遠田雄志『組織におけるあいまいさと決定』有斐閣, 1986]

March, J. G. & Olsen, J. P. (1989). *Rediscovering institutions: The organizational basis of politics*. New York: Free Press. [遠田雄志訳『やわらかな制度 ——あいまい理論からの提言——』日刊工業新聞社, 1994]

March, J. G. & Simon, H. A. (1958). *Organizations*. New York: Wiley. [土屋守章訳『オーガニゼーションズ』ダイヤモンド社, 1977]

Mead, G. H. (1934). *Mind, self, and society*. Chicago: Univ. of Chicago Press. [稲葉三千男・滝沢正樹・中野収訳『精神・自我・社会』青木書店, 1973]

Mills, C. W. (1959). *The sociological imagination*. New York: Oxford University Press. [鈴木広訳『社会学的想像力』紀伊國屋書店, 1995]

Pagonis, W. G. (1992). *Moving mountains*. Boston, Mass.: Harvard Business School Press. [佐々淳行監修『山動く』同文書院, 1992]

Peters, T. (1992). *Liberation management*. New York: A. A. Knopf.［大前研一監訳，小木曽昭元訳『ファッションの時代(上)，組織解体のすすめ(下)』ダイヤモンド社，1994］

Peters, T. J. & Waterman, R. H. (1982). *In search of excellence*. New York : Harper & Row.［大前研一訳『エクセレント・カンパニー』講談社，1986］

Reason, J. (1990). *Human error*. Cambridge, UK; New York: Cambridge University Press.［林喜男監訳『ヒューマンエラー ──認知科学的アプローチ──』海文堂出版，1994］

Rorty, R. (1982). *Consequences of pragmatism*. Minneapolis, Minn.: University of Minnesota Press.［室井尚・吉岡洋・加藤哲弘・浜日出夫・庁茂訳『哲学の脱構築 ──プラグマティズムの帰結──』御茶の水書房，1994］

Rorty, R. (1989). *Contingency, irony, and solidarity*. Cambridge, UK: Cambridge University Press.［齋藤純一・山岡龍一・大川正彦訳『偶然性・アイロニー・連帯 ──リベラル・ユートピアの可能性──』岩波書店，2000］

Ryle, G. (1949). *The concept of mind*. Chicago : University of Chicago Press.［坂本百大・宮下治子・服部裕幸共訳『心の概念』みすず書房，1987］

Schutz, A. (1964). The stranger: An essay in social psychology. In *Collected papers* (Vol. 2, pp.91-105). The Hague, Netherlands: Martinus Nijhoff.［渡部光・那須壽・西原和久訳『アルフレッド・シュッツ著作集 第3巻 社会理論の研究』所収，マルジュ社，1991］

Schutz, A. (1967). *The phenomenology of the social world*. Evanston, IL: Northwestern University Press.［佐藤嘉一訳『社会的世界の意味構成』木鐸社，1992］

Schein, E. H. (1985). *Organizational culture and leadership*. San Franciso : Jossey-Bass Publishers.［清水紀彦・浜田幸雄訳『組織文化とリーダーシップ：リーダーは文化をどう変革するか』ダイヤモンド社，1989］

Selznick, P. (1957). *Leadership in administration*. New York: Harper & Row.［北野利信訳『組織とリーダーシップ』ダイヤモンド社，1975］

Simon, H. A. (1957). *Administrative behavior* (2nd ed.). New York: Macmillan.［松田武彦・高柳暁・二村敏子訳『経営行動 ──経営組織における意思決定プロセスの研究──』ダイヤモンド社，1989］

Taylor, S. E. (1989). *Positive illusions*. New York: Basic Books.［宮崎茂子訳『それでも人は，楽天的な方がいい ──ポジティブ・マインドと自己説得の心理学──』日本教文社，1998］

Van Maanen, J. (1988). *Tales of the field*. Chicago: University of Chicago Press.［森川渉訳『フィールドワークの物語 ──エスノグラフィーの文章作法──』現代書館，1999］

Waterman, R. H., Jr. (1990). *Adhocracy: The power to change*. Memphis, TN: Whittle Direct Books.［平野勇夫訳『アドホクラシー ──変革への挑戦──』TBSブリタニカ，1990］

Watzlawick, P. (1976). *How real is real?* New York: Random House.［小林薫訳『あなたは誤解されている ──意思疎通の技術──』光文社，1978］

Weick, K. E. (1969). *The social psychology of organizing*. Reading, Mass.: Addison-Wesley Pub. Co.［金児暁嗣訳『組織化の心理学』誠信書房，1980］

Weick, K. E. (1979). *The social psychology of organizing* (2nd.). Reading, Mass.: Addison-Wesley Pub. Co.［遠田雄志訳『組織化の社会心理学』文眞堂，1997］

Weick, K. E. (1985). Sources of order in underorganized systems: Themes in recent organizational theory. In Y. S. Lincoln (Ed.), *Organizational theory and inquiry* (pp.106-136). Beverly Hills, CA: Sage.［寺本義也・神田良・小林一・岸真理子訳『組織理論のパラダイム革命』所収，白桃書房，1990］

人名索引

A

Abolafia 14
Alba 232
Allnutt 140
Allport 53
Anderson, K. 136
Anderson, P. 182
Aram 99
Argote 239
Argyris 164
Aronson 14
Arrington 161
Asch 19
Ashby 121
Ashmos 59
Astley 214, 218
Atkinson 237
Averill 63

B

Baddeley 139
Baden-Fuller 10, 22, 50, 87, 93, 103, 110, 164, 178, 222, 230
Bantz 171
Barley 93, 97, 99, 140, 147, 159, 230
Barnard 89, 95
Barr 164
Barthol 138
Bartlett 78, 169
Bateson 21
Bavelas 114
Beardsworth 222
Bedeian 169, 259
Bellah 159
Benford 148

Berger 91, 259
Berscheid 62, 66, 231
Beyer 150, 152, 154, 158
Billig 181, 183, 188, 193
Binkhorst 92
Bittner 91
Blackstone 187
Blau 232
Blumer 50, 55, 58, 91
Boje 171, 228
Boland 36, 228
Bolger 140
Bougon 57, 92
Boulding 90, 96
Bourgeois 119
Brands 88
Brehmer 57
Bresnen 222
Brickman 212, 230
Bridges 252
Brockner 230
Brockriede 184
Brown 159
Brown, J. 239
Brown, M. 176, 250
Brown, R. 92, 159
Browning 171, 187
Bruner 79, 80
Bruner 171, 194
Brunsson 38, 82, 194, 214, 253
Bryman 222
Buckley 96
Burke 162
Burns 53, 88, 90, 100, 128, 133, 232
Burrell 46, 59, 95, 102, 182, 233
Busceme 187

人名索引 287

Butler 213

C

Caffey 1, 116
Calder 15
Calderwood 228
Caldwell 15, 210
Campbell 173
Cantor 198
Cantril 5
Carley 228
Chaffee 9
Chang 232
Chatman 30, 229
Cheney 154, 182
Chittipeddi 7, 35, 94, 227, 228, 229, 239
Christianson 136
Cialdini 188
Clark, R. D. 188
Clark, R. E. 132
Clark, S. M. 6
Clark, T. 219
Clinton-Cirocco 228
Cohen, E. A. 116
Cohen, M. D. 61, 182, 192, 234
Cole 238
Collini 8
Conant 121
Conger 230
Cook 161, 168
Cooley 28
Cooper 14
Courtright 232
Cowan 120
Cray 213
Crovitz 149
Crowston 239
Cyert 70
Czarniawska-Joerges 3, 16, 20, 48, 57, 58, 86, 101, 219, 227

D

Daft 5, 9, 18, 70, 92, 93, 100, 118, 119, 131, 132, 134, 146, 220, 238, 260
Dalton 90, 228
Darley 197, 200, 202
D'Aveni 80

Dearing 152
Deighton 164
DeLongis 140
Derrida 52
Deutsch 90
Dickinson 7
Dickson 89, 95
Dilthey 59
Donnellon 57
Drazin 238
Drucker 19
Dubin 233
Duguid 239
Dukerich 27, 94, 230, 248
Dunbar 5
Duncan 117
Dutton 27, 36, 93, 94, 137, 152, 229, 230, 239, 247

E

Eagleton 51
Earley 26
Easterbrook 137
Eccles 61
Eden 193, 252
Egstrom 137
Eisenberg 57, 162
Eisenhardt 119
Eliot 138
Ellis 259
Elsbach 94, 146
Emerson 255
Erez 26
Evered 255

F

Fairhurst 232
Faulkner 164
Fazio 14, 197, 200
Feld 232
Feldman 6, 93, 227, 234
Festinger 14, 90, 108
Fine 56
Fineman 228
Fiol 228
Firestone 161
Fischoff 36

Fisher 171
Fiske 36, 71, 78, 204
Flaherty 259
Flores 59
Folkman 120
Follett 42, 44
Fondas 216
Ford 222
Frank 259
Fredrickson 80, 119
Freeman 45
Freese 88, 145
Friedman 227
Frijda 63
Frost 18
Fuentes 227
Fulk 234

G

Gagliardi 83
Gaines 234
Gangestad 66
Garfinkel 13, 19, 69, 91, 127
Geletkanycz 80
Gephart 15, 16, 36, 244
Gerard 90, 198
Giddens 92
Gigerenzer 78
Gilfillan 227
Ginnett 140
Gioia 6, 7, 35, 94, 227, 228, 229, 239
Glick 119, 217
Goffman 47, 70, 234
Goleman 5
Gollwitzer 38
Gooch 116
Goodman, L. P. 222
Goodman, R. A. 222
Gordon 160
Gray 57
Greenwood 92
Gronn 56
Guba 159, 228

H

Hage 99, 182
Halford 132
Hall 72, 81
Halson 115
Hambrick 80
Handel 15
Hannan 45
Hartshorne 32
Hassard 51, 233
Hastie 35, 37
Hatch 93
Haugen 203
Hawkins 35, 37
Hawpe 172
Heap 15
Hedberg 47, 163, 219
Heidegger 59, 123
Heider 47
Heimer 234, 239
Henderson 164
Henshel 200
Herman 168
Hickson 213
Higham 169
Hinings 92
Hirsch 227
Hochschild 63
Holsti 138
Holub 74
Huber 5, 9, 37, 59, 118, 119, 217
Huff 160, 163, 164, 182, 190, 192
Hurst 230
Hutchins 238, 239

I

Iaquinto 119
Isabella 47, 94, 230
Isenberg 76, 242

J

Jackson 36, 93, 229, 230
Jacobson 198
James 33, 35, 52, 67, 73, 89, 100, 186, 195
Janis 232
Jaques 90
Jeffcutt 9
Jermier 234
Johnson 36
Jones 197

人名索引　289

Jussim 196

K

Kahlbaugh 54
Kahn 59, 91, 96, 173
Kahnemann 78
Kammerer 239
Katz 59, 91, 96
Kaufman 153
Kazanjian 135
Keesing 233
Keil 222
Keith 227
Kessler 140
Kida 78
Kiesler, C. A. 207
Kiesler, S. 71, 92
Kilduff 14
Kilmann 170
Kitayama 65
Klein 150, 195, 228
Knorr-Cetina 26, 148
Krieger 228
Ku 138
Kuhn 161
Kulaskowski 66
Kunda 66

L

Langer 61
Lanir 35, 82, 116, 235
Lant 110
Lanzara 220
Lave ⅲ, 55
Lazarus 120
Leach 227
Leifer 37, 70, 72
Lengel 93, 100, 132, 134
Leplat 57
Levine 52, 124
Levitt 227
Lewin 183
Liang 240
Limerick 230, 240
Lincoln 228
Linell 97
Lodahl 160

Louis 5, 31, 47, 55, 92, 122, 222, 227, 255
Luckmann 91
Lundgren 187

M

Maass 188, 190
Macintosh 134
MacMillian 80
Madsen 159
Mailloux 9, 72, 182
Mallory 213
Mandler 62, 123, 135, 137, 141
Manning 222, 230
Manzo 13
Marceil 259
March 9, 56, 61, 70, 90, 91, 123, 125, 128, 133, 154, 182, 210, 217, 234, 238
Markova 97
Markus 16, 65
Martin 93, 125, 159
Maynard 13
McCaskey 126
McDaniel 151, 234
McGrath 176
McGuire, C. 232
McGuire, J. 228
McGuire, W. J. 255
McHugh 93, 230
McIntosh 234
McKechnie 15
Mead 24, 34, 56, 89, 144, 186
Meader 154, 237
Mecquarrie 211
Meredith 260
Merton 81, 127, 196, 255
Meyer 92, 152, 213
Meyerson 159
Michaels 227
Mikkiken 82
Miles 222
Milgram 19, 131
Miller, C. C. 119
Miller, D. 58, 159
Miller, J. G. 78, 118
Milliken 5, 38, 47, 48, 70, 72, 76, 93, 105, 110, 115, 129, 135, 148, 151, 183, 229, 234, 239, 252

Mills 123, 255
Miner 226
Mintzberg 39, 93, 107, 230
Mirvis 182
Mischel 198
Mitroff 41, 49, 170
Mizner 252
Moch 258
Moreland 239
Morgan 18, 46, 59, 68, 95, 102, 159, 161, 182, 230, 233
Morrison 143
Moscovici 187, 188
Mowday 72

N

Nail 187
Nass 227
Nayyar 135
Neiss 136
Nemeth 99, 188
Neruda 24
Neuberg 203
Newman 98
Nisbet 255
Nisbett 131
Noble 195
Nohria 61
Nystrom 32, 47, 219

O

Olesen 200, 202
Olsen 9, 56, 61, 91, 182, 212, 217, 234
O'Reilly 15, 210
Orlikowski 234, 237
Orr 171
Otomo 231
Ottensmeyer 230, 239
Ouellette 187

P

Pagonis 236
Parker 51
Parks 131
Parsons 95
Penrod 188
Pentland 94, 234

Perrow 116, 119, 153, 175, 236
Perry 238
Peters 100, 153, 167, 179, 240
Peterson 232
Pfeffer 72, 92, 159, 160, 167, 218, 234, 240
Pirsig 32
Policastro 172
Polkinghorne 171
Polley 114
Pondy 4, 18, 41, 49, 92, 230, 258
Popper 98
Porac 10, 22, 50, 87, 93, 103, 110, 164, 178, 222, 230
Powell 118, 227
Powers 195
Prasad 234
Pride 219
Puffer 15
Putnam 93

Q

Quinn 91

R

Rabinow 8
Rands 7, 54
Ranson 92, 154
Rasmussen 57
Reason 31, 38, 139
Resnick 52
Richardson 260
Rickman 60
Ring 7, 29, 49, 54, 70, 215
Roberts 229, 238, 239
Robinson 171, 172
Rochford 148
Roethlisberger 89, 95
Rogers 152, 232
Romanelli 98
Rorty 35, 144
Rosch 51
Rosenthal 91, 198
Ross 131, 214
Rothbaum 196
Rush 230
Ryle iv, 166, 238

S

Sackman　6, 146
Sagan　235, 244
Salancik　15, 72, 92, 208, 210, 218, 234
Sandelands　137, 238, 239
Schön　11
Schall　101
Schein　153
Scher　14
Schilling　140
Schmidt　182
Schneider　122
Scholes　173
Schroeder　114, 115
Schutz　32, 37, 56, 91
Schwartz　35
Schwarzman　191
Schweiker　161
Scott　95, 156
Scudder　114
Selznick　90, 153
Sherman　241
Shiffrin　122
Shils　167, 226
Shotter　11, 12, 46, 56, 68
Sills　81
Silverman　1, 165
Simon　90, 95, 123, 154, 210
Singer　73
Sitkin　93
Smircich　68, 88, 93, 100, 230, 248
Smith J. F.　78
Smith, C. W.　132
Smith, G. F.　120
Smith, J. E.　137
Snoek　91
Snow　148
Snyder, S. S.　196
Snyder, M.　66, 146, 196, 197, 198, 203, 229, 231, 235
Sormunen　131
Spender　120, 229
Sproull　71, 92, 178
Stablein　238, 239
Stalker　53, 88, 90, 100, 128, 133, 232
Starbuck　5, 32, 38, 47, 48, 61, 70, 72, 75, 76, 82, 93, 105, 107, 115, 135, 148, 151, 179, 183, 210, 216, 219, 229, 252, 254
Staw　15, 39, 91, 99, 137, 158, 208, 214, 240, 255
Steele　30
Stein　172
Steinbruner　91
Stephan　195
Stewart　210, 216
Stimpert　164
Stinchcombe　129
Stubbart　88, 93, 100
Sullivan　8, 159
Sutcliffe　77, 129
Sutton　72, 122, 173, 222, 224, 240, 255
Swann　18, 79, 80, 198
Swidler　159
Szent-Gyorti　74

T

Tanford　188
Tasca　244
Taylor　71, 204, 233
Teasley　52
Tetlock　210, 232
Thaler　78
Thayer　11, 12, 230
Thibodeau　14
Thoits　63
Thomas, D. S.　89
Thomas, H.　10, 22, 50, 87, 93, 103, 110, 164, 178, 222, 230
Thomas, J. B.　6, 41, 228
Thomas, W. I.　89
Thompson, E.　51
Thompson, J. D.　90, 151, 160
Thucydides　146
Tice　29
Tichy　232, 241
Tipton　159
Tompkins, E. V. B.　182
Tompkins, P. K.　154, 161, 182, 239
Trevino　134
Trice　150, 152, 154, 158
Troup　168
Trujillo　240, 242
Tuden　90, 151, 160
Tulin　234

Turner, B. A. 58
Turner, J. H. 18, 29
Tushuman 98
Tversky 78

U

Ullman 37
Ungson 52, 150
Upton 148

V

Van de Ven 29, 49, 70, 114, 214, 215, 218
Van Maanen 66, 159, 234, 260
Van Sell 255
Varadarajan 219
Varela 51
Voyer 164

W

Wachtel 137
Wallas 16
Walsh 52, 150, 164
Waterman 5, 153
Watzlawick 113
Weber 90, 95
Wegner 238, 239
Weick 14, 16, 18, 23, 32, 39, 42, 46, 56, 69, 70, 73, 74, 91, 92, 93, 94, 118, 122, 128, 138, 141, 151, 154, 171, 187, 202, 203, 218, 220, 227, 229, 234, 237, 238, 239, 247, 252, 254
Weiss 196
Weltman 137

Wenger ⅲ, 55
West 188
Westley 5, 100, 148, 153, 227
Westrum 1
White, H. 172
White, J. B. 8, 143, 146
White, P. 66
"White, R. E. 230
Wiesenfeld 230
Wiginton 92, 146, 260
Wildavsky 253
Wilensky 138
Wiley 96
Wilkins 174, 176
Wilson 213
Winner 236
Winograd 59
Winokur 32
Wolfe 91
Wood 187
Worden 148

Y

Yanow 161, 168

Z

Zadny 198
Zajonc 16
Zimbardo 211
Zucker 152
Zukier 171, 172

293

事 項 索 引

ア行

アイアコッカ　218
アイデンティティ（identity）　3, 24, 84, 105, 237
あいまい性　4, 9, 90, 118, 127, 157, 182, 245
　　——という言葉のあいまい性　128
アカウンタビリティー　208, 210, 225
後知恵　35, 37, 78, 106, 107, 172, 181, 237
アノミー　213
ア・プリオリな信頼性　190
アメリカ的なイデオロギー　158
アルプス　74
安定性　203
意識的情報処理　122
意思決定　19, 126, 130, 151, 154, 182, 236, 244
意志性（volition）　209
一方向コミュニケーション　54
イデオロギー　150, 166
イナクト　40, 203, 244, 253
　　——された環境　218
　　——された手掛り　110
イナクトメント（enactment）　3, 41, 49, 73, 84, 107, 229
イノベーション　99, 115, 225, 242
イベント　61
意味（sense）　5, 12, 143, 146, 211, 227
　　——帰属　6
　　——単位　148, 181
　　——共有　57, 249
　　——を付与する（make sense）　20
イメージ　220, 226
因果関係　163
因果マップ　92, 163
インセンティヴ　4
インデクシカルズ　70

Woodchopper's Ball　168
エスカレーション　214
エスノメソドロジー　16
MBWA　100
Mann Gulchの悲劇　94, 141
MBSA　100
円錐状の光　35
往還運動　225
オークション　132
驚き　6, 255
面白い　83, 114

カ行

海岸線　149
会議（meeting）　190, 245
回顧（retrospect）　3, 13, 32, 66, 84, 91, 106, 218, 237, 243
　　——によるセンスメーキング　15
外在化　10
解釈（interpretation）　8, 17, 72, 91, 124, 162, 200, 244
　　——学的循環　59
　　——システム　220, 239
　　——図式　37, 92
　　——パラダイム　95
乖離　15
会話　56, 143
顔　12
鏡に映る自己　28
学者　255
確信（belief）　76, 151, 178
攪乱性　118, 119
囲い込み（bracketing）　48
過剰決定　180, 189
仮説　113, 197
ガソリンの王子　42

価値観　151
感覚　39
環境　42, 214, 221, 247
関係　121, 149
　　──づけ　44
間主観　225, 231
　　──的（intersubjective）　96
感情／努力理論　198
完全議論　185
観念論　76
寛容性（munificence）　77
管理者　12, 79, 242
官僚制　213
記憶　32, 237
機会主義　242
起業家　220
記号論　228
記述（description）　185, 253
基準　254
擬人化　80
鍛え上げられた想像力　23
気づき（noticing）　70
帰納　160, 162, 171, 176, 186
客体　43
客観　107
ギャップ　120
キューバ・ミサイル危機　182
脅威　36, 93, 129, 176, 229, 242, 246, 254
境界条件　232
狂気　7
教室のピグマリオン　198
協働　99, 153
共有　238
議論（arguing）　178, 183
近似　9, 145
食い違い　123
区切り（punctuating）　48
グラウンデッド・セオリー　228
経営者　41
経験の共有　57
経験の流れ（stream of experience）　33
警察官　41
形式　178
形成（making）　5
結果　44, 180, 208
決定合理性　194
言語　4, 60, 122, 147, 239, 260

言語ゲーム　20
言説　56
権力　9, 162, 182, 226, 233
行為（action）　6, 60, 76, 82, 146, 168, 178, 200, 206, 226, 228, 242, 255
合意　160, 161, 162, 227
行為合理性　194, 214, 220, 122
行為のイメージ　168
行為の理論　163
効果不確実性　129
好機　36, 93, 122, 129, 229, 242, 246, 254
構造　12, 157, 178, 206
　　──化　93
　　──の二重性　68
肯定的情動　64
公的性（publicity）　209
行動による確認（behavioral confirmation）　198, 229
昂奮（arousal）　62, 137, 141, 157, 175, 184, 189
合理性　39, 91
コード化　169, 200
コーヒー・ショップ　221
言葉　143, 145, 146, 161, 177, 240
誤謬　113, 196, 199
コミット（committing）　180
コミットメント（commitment）　207, 230
ゴミ箱モデル　192
コミュニケーション　102, 225
コンテクスト　70, 88, 110, 228, 233, 259
コントロール　99, 225
コンフリクト　160, 182
混乱　134, 247

サ行

最小構造　197
　　──有意味構造　147
再認（recognition）の瞬間　149
細胞　113
作家　56, 242
参与観察　228
死　114
C^3I　235
閾　114, 194
刺激－反応　34, 43, 163
自己啓発欲求　27
自己言及的　30, 31
自己斉合欲求　27

事項索引　295

自己修正　196
自己成就的予言　47, 74, 179, 196, 197, 244
仕事　226
自己導出欲求（self-derived needs）　26
自己の定義　26
自己有能動機　27
自信　244, 260
システム　90, 95
自然誌的調査法　228
実験室研究　228
実在論　76, 116
実践の理論　165
自動的情報処理　122
シナリオ　231
社会　144
　──化　5, 47, 55, 63, 166, 255, 227, 255
　──構造　97
　──参加（engagement）　18
　──的　52, 84, 108, 259
　──的形態　103
　──的構築　49, 57, 101, 218, 234
　──的接触（social contact）　3
　──的相互作用の連鎖　200
　──的プレッシャー　190
　──のボキャブラリー　150
ジャズ・ミュージシャン　87
周縁　137, 141, 175
集合行為のネット　3
集合的センスメーキング　238
自由裁量権　233
集主観　225, 231
　──的（generic subjective）　97
従属実験　131
集団思考　232
主観　107
種子　68, 162
主体　43
　──との関係　97
手段－目的　155, 167
受容可能　9
循環サイクル　5
準拠点　68, 74, 206, 251
準拠枠（frame of reference）　5
純粋意味　98
純粋持続（pure duration）　33, 59
状況の定義　26, 165, 199
少数派　187

状態不確実性　129
情動　62, 66, 109
情報処理能力　136
情報負荷　118
初期段階　19, 117
職業のボキャブラリー　159
ショック　114, 124
所与　19
自律系　62
　──神経系　136
ジレンマ　77, 122, 248
人為の主導　123
新奇　115, 123, 136, 138, 172
進行中　59, 84, 109
　──の事象（ongoing events）　3
人工物　161, 227
信ずることは見ること　178
人生　52, 73
人的互換性　225
信奉されている理論　166
シンボリック　55, 83
　──相互作用論　56
シンボル　4, 169
信頼　201, 252
推定　73
推論　67, 183, 255
　──の跳躍　184
スキャンニング　70, 71, 93, 131
スクリプト　93, 94, 97, 169, 174, 244
ストレス　138
スピード　36, 79, 137, 204
3M　54
西欧　65
正確性　36, 77, 111, 203
政治　9, 72, 126, 161, 182, 192, 217, 226, 253
精神　144
神経系　194
生成　12
精緻化　82, 114, 163
制度　226
正当化　207, 210, 229
　──によるセンスメーキング　15
　──の社会的構築　15
正統的周縁参加　iii
制度化　49
制度理論　151, 164, 167
制約　218

──された正確性　80
西洋人　19
世界観　108, 161
責任　180, 208
世代　167
接着剤　58, 248
説明（explanation）　186
ゼネラリスト　63
先人のボキャブラリー　167
センス　18, 76
　──ギビング　94, 229, 239
　──メーカー　24, 191, 247
　──メーキング　1, 17, 21, 70, 76, 94, 112, 178, 193, 197, 216, 234
　──メーキング支援システム　237
　──メーキングのきっかけ　113
　──メーキングの実質　146
選択　211
選択的認知　105
前提コントロール　153
先導的行為（proaction）　31
先入観　37
専門家の死角　2, 153
戦略　39, 74, 93, 106, 179
　──的あいまい性　162
染料　67
想起　66
相互
　──作用性　100
　──浸透（interpenetrating）　43
　──連結ルーティン　3
操作（manipulating）　180, 214, 216
創作　11
創造　11
想像　53, 76
創発　97, 222
双方向コミュニケーション　54
組織　65, 98, 112, 191, 216, 225, 247
　──アイデンティティ　29
　──化　98, 112, 191, 247
　──化された無秩序　212
　──記憶　150
　──設計　157
　──という概念　95
　──の生（organizational life）　10, 65, 80, 86, 125, 241
　──のセンスメーキング　86, 225

──のボキャブラリー　153
──文化　226, 246, 248
即興　240
存在論　194, 233
　──上のふらつき（ontological oscillation）　46

タ行

第三次コントロール　153
対象　78
対処のボキャブラリー　163
対人認知　18, 79
タイト　110, 175, 200, 237
対物認知　18, 80
代名詞　24, 85
多義　80, 93, 124, 128, 151, 245
　──性　9
多元的現実　102, 196
　──なリアリティー　47, 241
多数派　8, 187
ただ中　59, 109
脱構築　51
達成動詞　238
　──物　20
多様性（variation）　77, 118, 226, 260
探索　70
単純化　82, 99
短命な組織　220
知覚　195
　──可能な（sensable）　5
地図　145, 163, 166
注意　34, 71, 184, 190
抽出された手掛り　67, 84, 110
中心　141, 175
　──性の誤謬　3
中断　62, 135, 142, 174, 248
超主観的（extrasubjective）　97
直観　60
追従（compliance）　187
出会い（meeting）　43
定義　91
抵抗　45
手掛り（cues）　2, 3, 137, 148, 178, 195
デカルト的不安　51, 250
適応可能性　221
適合　55
テクスト　8, 18, 20, 31, 51

事項索引　297

テクノロジー　140, 156, 160, 226, 234, 245
転化（conversion）　187
伝統　167
等意味性（equivalent meanings）　57, 249
投企　30
統合（intergrating）　45
動詞　146, 247
ドキュメンタリー・メソッド　69
特殊　69
トップ・マネジメント　157
ドラム缶　127

ナ行

内主観的（intrasubjective）　97
内省　34, 122, 253, 255
内容　178
　　——を知る（knowledge that）　166
流れ（flow）　59, 145, 247
NASA　54
夏時間　219
7つの特性　22
ナノセカンドの90年代　167
ニア・ミス　42, 174
日常生活　60, 140
日常のセンスメーキング　86
日本人　19
ニュース　4, 129
ニューヨーク港湾局　27, 94
ニュー・ルック　251
人間の条件　115, 117
認識　4
認知　117
　　——的寡占　105, 222
　　——的不協和理論　14
　　——マップ　7, 163
ノーマル・アクシデント　116, 237

ハ行

バイアス　78
陪審員　13, 126, 244
パイロット　140
橋渡し　99, 103
発見　18
発明　18, 48, 114, 120, 221
発話　179
パラダイム　159, 161
パラドックス　122, 125

判事　201
反証　116
反応的行為（reaction）　31
反応不確実性　129
ヒエラルヒー　73, 231
非議論　185
必要多様性　46, 77, 247
　　——の法則　121
否定的情動　64
被投性（thrownness）　60
ヒューリスティクス　159, 169, 173
標準実施手続（SOPs）　63, 159, 174
評論（appreciation）　185
非ルーティン　156, 234
フィールド観察　228
フィルター　78, 229, 251
フィルタリング　99, 151, 172, 195
49ers　41
不可逆性（irrevocability）　209, 213
不確実性　93, 98, 117, 124, 128, 151, 245
複雑性　118, 175
複数の自己　24
2つの実体　30
　　——不連続　99
不適切な手当て　4, 242
普遍　69, 78
プラグマティズム　37
プラグマティック　35, 58, 81, 142
ブリコラージュ　240
フレーム　70, 147, 148, 159
　　——ワーク　183, 253
不連続　145
プロジェクト　35, 36, 62, 81, 141, 174
プロタゴラスの公理　183, 189, 193
プロフェッショナル　11
文化　150, 161, 169
分類（classification）　185
兵士　116, 124
ペロポネソス戦争　146
包括的正確性　79
方法を知る（knowledge how）　166
法律制定者　41
ホーイック　49, 105
ボキャブラリー　148
ポストモダン　115
ボパール　218
翻訳　9

マ行

満足化 58
見え（vision） 32
ミクロ・ダイナミクス 231
見本例（exemplar） 88, 159, 161
未来完了思考 39
見る前に跳べ 223
向き合い 190
向き合うこと（confronting） 45
矛盾の精神 193
ムスタング 174
無知 133, 134, 247
名詞 146, 247
目立つ 190
メタファー 20
メンタル・モデル 49, 93, 104, 164
目標 35, 50, 120, 126, 153, 179, 182
──解釈型 202
もっともらしい推論 76
もっともらしさ（plausibility） 3, 84, 111, 229
物語 61, 83, 93, 114, 146, 162, 169, 170, 187, 236
模倣 178
問題 11, 120, 247
──感知（problem sensing） 71
──を定義すること 19

ヤ行

役割 97, 126
柔 82, 253
有意味で（sensible） 5
有意味な生きられた経験（meaningful lived experience） 32
幼児虐待 4
──症候群 1, 242
要素 148, 149
予期（expecting） 6, 63, 135, 171, 179, 194, 244, 250, 251
予想 197
よそ者 56

ラ行

ラベリング 122
リアリティー 20, 97, 103, 171, 188, 215, 250
リアル 89, 250
リーダー 12, 68, 75, 92, 230
理解 7, 173
──不能性 158, 189
離散的断片（discrete segments） 33
リスク 131, 184
リスト 173
理性的選択の悲劇 116
リッチ 134, 246
リハーサル 175, 227
輪郭ゲージ 46
類型化された言説的構築物 26
ルース 64, 96, 153, 175, 179, 201
ルーティン 100, 138, 226
ルール 97, 102
歴史 14, 37, 88, 172, 213, 243
レシピ 16, 84, 169, 181, 229
レトリック 161
連携（alignment） 59
連結 148
連鎖化 173
連鎖と経験のボキャブラリー 170
連続 145
ロジスティクス 236
論証 171, 236
論争的協働 182
論理階型 21

ワ行

われわれ 101, 106, 158, 250

訳者紹介

遠田雄志（えんた　ゆうし）

1942年東京都浅草に生まれる。法政大学大学院博士課程修了。現在，法政大学経営学部教授，組織認識論担当。○塾塾長。主要著訳編書：『企業理論入門』1980年，中央経済社：『あいまいだからおもしろい――組織と情報のブリコラージュ』1985年，有斐閣：『あいまい経営学』1990年，日刊工業新聞社：ジェームス・G・マーチ＝ヨハン・P・オルセン『組織におけるあいまいさと決定』（アリソン・ユングと共訳）1986年，有斐閣：レオナード・H・リン『イノベーションの本質――鉄鋼技術導入プロセスの日米比較』1986年，東洋経済新報社：ジェームス・G・マーチ＝ロージャー・ワイジンガー・ベイロン『「あいまい性」と作戦指揮』（鎌田信一・秋山信雄と共訳）1989年，東洋経済新報社：ジェームス・G・マーチ『あいまいマネジメント』（土屋守章と共訳）1992年，日刊工業新聞社：ジェームス・G・マーチ＝ヨハン・P・オルセン『やわらかな制度――あいまい理論からの提言』1994年，日刊工業新聞社：『組織の認識モード』（編著）1996年，税務経理協会：カール・E・ワイク『組織化の社会心理学（第2版）』1997年，文眞堂：『私，あいまい系です』1997年，同朋社．：『グッバイ！ミスター・マネジメント』1998年，文眞堂．：『ポストモダン経営学』2001年，文眞堂．
HP：http://www.i.hosei.ac.jp/~enta/

西本直人（にしもと　なおと）

1973年東京都雪谷に生まれる。1997年法政大学大学院経営学専攻修士課程修了。現在法政大学大学院経営学専攻博士課程在籍。主要論文「組織認識論の展望―K.E.Weick と P.K.Manning を中心として―」『法政大学大学院紀要』第41号，1998年，「Weick の組織化概念の発展に関する考察」『法政大学大学院紀要』第45号，2000年 他。
HP：http://home9.highway.ne.jp/nayako/

センスメーキング　イン　オーガニゼーションズ

2001年4月30日　第1版第1刷発行　　　　　　　　　　　検印省略

著　者	カール・E・ワイク
訳　者	遠　田　雄　志
	西　本　直　人
発行者	前　野　眞太郎
	東京都新宿区早稲田鶴巻町533
発行所	株式会社　文　眞　堂

電話　03（3202）8480
FAX　03（3203）2638
http://www.bunshin-do.co.jp
郵便番号(162/0041)振替00120-2-96437

組版／印刷・モリモト印刷　　製本・広瀬製本所　　　　©2001
定価はカバー裏に表示してあります
ISBN4-8309-4380-7　C3034